冶金工业出版社

普通高等教育“十四五”规划教材

大学生心理健康教育

付宏鹏　孟冰岚　程媛媛　主编

北　京
冶　金　工　业　出　版　社
2021

内 容 简 介

本书根据教育部发布的《普通高等学校学生心理健康教育课程教学基本要求》，针对普通高等院校学生的心理素质水平状况、表现特征和思想实际编写而成。全书共11章，主要内容包括大学生心理健康导论、大学生自我意识成长、大学生人格健康与塑造、大学生人际交往、大学生情绪管理、大学生挫折应对与压力管理、大学生恋爱与性心理、大学生学习心理、大学生职业规划与就业、大学生网络心理健康和大学生生命教育等。

本书可作为高等院校心理健康教育教学用书，也可供教育、心理工作者参考。

图书在版编目(CIP)数据

大学生心理健康教育/付宏鹏，孟冰岚，程媛媛主编．—北京：冶金工业出版社，2021.11

普通高等教育“十四五”规划教材

ISBN 978-7-5024-8971-7

Ⅰ.①大… Ⅱ.①付… ②孟… ③程… Ⅲ.①大学生—心理健康—健康教育—高等学校—教材 Ⅳ.①G444

中国版本图书馆CIP数据核字(2021)第236884号

大学生心理健康教育

出版发行	冶金工业出版社	**电　话**	(010)64027926
地　址	北京市东城区嵩祝院北巷39号	**邮　编**	100009
网　址	www.mip1953.com	**电子信箱**	service@mip1953.com

责任编辑　俞跃春　刘林烨　美术编辑　彭子赫　版式设计　郑小利

责任校对　窦　唯　责任印制　李玉山

三河市双峰印刷装订有限公司印刷

2021年11月第1版，2021年11月第1次印刷

787mm×1092mm　1/16；14.25印张；342千字；217页

定价 48.00 元

投稿电话　(010)64027932　投稿信箱　tougao@cnmip.com.cn

营销中心电话　(010)64044283

冶金工业出版社天猫旗舰店　yjgycbs.tmall.com

(本书如有印装质量问题，本社营销中心负责退换)

前　　言

随着社会的飞速发展，信息化程度越来越高，社会对人才素质的要求也不断提升。大学生作为社会的年轻力量，肩负着建设国家的重任，他们所面临的压力也越来越大，思想观念多样、学习压力增大、人际关系复杂、就业形势严峻、人才竞争激烈等一系列问题对大学生的心理健康有着巨大影响。从我国高校的普遍情况来看，大学生的心理健康状况不容乐观，特别是近年来，由于心理问题导致大学生休学、退学、犯罪甚至自杀的事件明显增多，大学生的心理健康问题已引起学校、家庭及社会的普遍关注。

本书紧紧围绕我国高等教育的人才培养目标，针对普通高等院校学生的心理素质水平、表现特征和思想实际编写而成，力求使大学生通过这门课程的学习，深入了解心理健康问题，提高心理健康水平，以适应未来社会的激烈竞争，成为社会的栋梁之材。

本书具有内容全面、结构严谨、条理清晰、语言流畅、重点突出、形式多样等特点。每个项目开篇由“案例导入”设置情境，然后介绍相关理论知识，每个项目根据需要设置了“课堂讨论”“扩展阅读”“案例”“心理训练”等栏目，既可以提高本书的可读性，也可指导学生运用所学知识解决实际生活中的问题。

本书由东北大学秦皇岛分校付宏鹏、大连财经大学孟冰岚、贵州轻工职业技术学院程媛媛担任主编，全书由付宏鹏、孟冰岚、程媛媛统编定稿。

本书在编写过程中，参考了相关文献和资料，在此向文献作者表示诚挚的谢意。

由于编者水平所限，书中不妥之处，希望读者批评指正。

编　者

2021 年 7 月

前言

目　录

第一章　健康心灵，美丽人生
——大学生心理健康导论

心语心愿

洗一个澡，看一朵花，吃一顿饭，假使你觉得快活，并非全因为澡洗得干净，花开得好，或者菜合你口味，主要因为你心上没有挂念。

——钱钟书《写在人生边上》

案例导入

灰暗的人生

小朱性格内向，平时不爱和同学说话，有什么事情总爱憋在心里。他在日记中写了这样一段话："刚读高中的时候，我还没有什么忧愁，可从高一下学期开始，无论何时何地我总会感到一阵阵烦躁，烦躁的原因有来自生活上的，也有来自学习上的。在学习上我一直都是中上水平，可后来不知怎么搞的，大概是几次考试失利的缘故吧，我感到学习特没劲，成绩也下降了，班主任找我谈了几次话，我也没什么变化，之后我对什么都无所谓了。想来想去，觉得生活真的没有意思。同学们都在学习，可学习好了又有什么用呢，究竟为了什么学习呢？成绩再好也免不了生老病死。学校有时也搞一些活动，但我觉得特别无聊。爸爸每天出入花鸟市场、打麻将、炒股，对我的学习一点都不关心；妈妈除了做家务，只会每天盯着我，唠唠叨叨说个不停，一会儿说我头发长长了，一会儿又数落我东西没放整齐……事无巨细，我都替她累。夜深人静时，独坐桌前，望着一大堆功课，我会想很多。活着真没劲，就这样一天天混下去也不知道有什么结果，真想结束这灰暗的人生，有个新的开始……"

第一节　心理健康概述

一、健康与心理健康

（一）健康

如今，健康的概念已经超越了传统的医学模式，心理的健康已成为健康概念和范畴中的必然而重要的组成部分。

1948 年，世界卫生组织（WHO，World Health Organization）在其《世界卫生组织宪章》中开宗明义地指出：健康不仅是免于疾病和虚弱，而且是保持身体上、精神上和社会适应方面的完善状态。

1989年，世界卫生组织又将健康明确规定为“躯体健康、心理健康、社会适应良好和道德健康”。这就说明，随着社会的发展，“无病即健康”的传统观念日渐为人们所抛弃，一种现代健康观应运而生。

由此可见，健康是一个综合概念，应包括生理、心理和社会适应等方面。一个健康的人，既要有健康的身体，还应有健康的心理和行为。只有当一个人身体、心理和社会适应都处在一个良好状态时，才是真正的健康。

（二）心理健康

说到心理，许多人觉得它很神秘，看不见、摸不着，无从认识，更不知道何为心理健康。实际上这是一种误解。人们研究心理，并非脱离现实生活凭空猜测。人是具有高度主观性的动物，人的言语、行为、态度、情绪无不折射出人的心理活动；也正是从这种外部表现研究人的心理活动的规律及其对人类健康的影响。那么，究竟什么才是心理健康呢?

关于心理健康，国内外许多专家学者都提出过各自不同的看法。1946年召开的第三届国际心理卫生大会曾为心理健康下过一个定义：“所谓心理健康，是指在身体、智能以及情感上与他人的心理健康不相矛盾的范围内，将个人心境发展成最佳的状态。”

世界心理卫生联合会还具体明确地指出心理健康的标志是“身体、智力、情绪十分调和；适应环境，人际关系中彼此能谦让；有幸福感；在工作和职业中，能充分发挥自己的能力，过着有效率的生活”。

《简明不列颠百科全书》指出，心理健康是指个体心理在本身及环境条件许可范围内所能达到的最佳功能状态，但不是指十全十美的绝对状态。我国学者钱频认为，心理健康者应有满意的心境、和谐的人际关系、人格完整、个人与社会协调、情绪稳定。我国学者张人骏等认为，心理健康应包括健全的认识能力、适度的情绪反应、坚强的意志品质、和谐的个性结构及良好的人际关系。由此可见，学术界对什么是心理健康的提法可以说是仁者见仁、智者见智，并没有明确而统一的定义。

综上所述，心理健康可以从广义和狭义两种角度来理解。从广义上讲，心理健康是指一种高效而满意的、持续的心理状态。从狭义上讲，心理健康是指人的基本心理活动的过程内容完整、协调一致，即认识、情感、意志、行为、人格完整而协调，能顺应社会，与社会保持同步。

（三）心理亚健康

1. 心理亚健康的含义

健康心理学根据心理测验统计结果、症状分析、个人内心体验等方面来评价人的心理健康水平，用健康与不健康来表达人的心理健康状态。事实上，在健康与不健康之间有一个很大的空间，既非健康又非疾病，“没有心理障碍与疾病，但又感觉心理不健康”，这就是心理亚健康，也称第三心理状态，如图1-1所示。

2. 心理亚健康的特点

处于心理亚健康状态的人，虽然各项体检指标均为正常，也无法证明有某种器质性疾病，但与健康人比却又显得生活质量差、工作效率低、极易疲劳，许多人常有食欲不振、

图 1-1 心理健康状况示意图

睡眠不佳、腰酸腿痛、疲劳乏力等不适。从心理健康的角度来看，处于心理亚健康状态的人，虽然没有明显的精神疾病和心理障碍，但情绪低落、反应迟缓、失眠多梦、白天困倦、注意力不集中、记忆力减退、烦躁、焦虑等。

扩展阅读

陷入心理亚健康状态的 7 大信号

（1）焦虑感——烦恼不堪，焦躁不安，生机的外表下充满无助。
（2）罪恶感——自我冲突，有一种无能、无用感。
（3）疲倦感——精疲力竭、颓废不振、厌倦、无聊。
（4）烦乱感——感觉失序、一团糟。
（5）无聊感——空虚、不知该做什么、不满足但不思动。
（6）无助感——孤立无援、人际关系如履薄冰。
（7）无用感——缺乏自信、觉得自己毫无价值、自卑内疚。

3. 心理亚健康的自我调适

心理亚健康是一种比较痛苦而又无奈的心理状态，已成为现代社会十分突出的问题。它严重影响着人的心理生活质量，将人的精力引向非建设性的渠道，降低人际吸引，毁坏人的自我感受，降低人的自我满足感，束缚人的创造性。它正在成为现代社会的“隐形杀手”。正如联合国专家预言：“从现在到 21 世纪中叶，没有任何一种灾难能像心理危机那样带给人们持续而深刻的痛苦。”因此，只有帮助个体正确认知心理亚健康状态，掌握有效的调适方法，才能摆脱心理亚健康，形成健康的心理。

扩展阅读

走出心理亚健康状态的 12 条良方

（1）重视快乐的价值。
（2）诚实待己，怡然自处。
（3）不庸人自扰，拒绝杞人忧天。
（4）抒发压抑感受，清理消极问题。

(5) 发展积极乐观的思考模式。
(6) 掌握此时此刻的时空。
(7) 确定生活目标，有组织、有计划。
(8) 降低期望水平，缓慢冲刺脚步。
(9) 追求人生理想，建立亲密关系。
(10) 追求有意义的工作，在工作中发挥创意。
(11) 尊重自己，亲近别人。
(12) 积极主动，分秒必争。

总之，大学生要保持心理健康，因为身心是否健康是关系到成才与否的头等大事，只要健康的心理素质和健康的生理素质相结合，加之其他积极因素的相互作用，大学生成才就有了可靠的内在条件，一颗颗人才的新星就有可能升起。“少年强，则国强；少年弱，则国弱；少年胜于欧洲，则国胜于欧洲；少年雄于地球，则国雄于地球。”梁启超先生这一名言震荡着一代代年轻大学生的心灵，我们大学生要以良好的心理素质迎接未来的挑战，为国家的富强奉献自己的青春。

二、大学生心理健康的标准

大学生的年龄一般在 18～25 岁，从心理学的观点来看，正处于青年中期。因此，大学生的心理具有青年中期的许多特点，但作为一个特殊群体，大学生又不能完全等同于社会上的青年。根据我国大学生的实际情况，评判大学生的心理健康水平可从以下几个标准考虑。

（一）智力正常

智力是指一个人的认识能力与活动能力，是人的观察力、注意力、记忆力、思维力和想象力的综合。智力正常是大学生学习、生活、工作的最基本的心理条件，也是适应周围环境变化所必需的心理保证。因此，衡量大学生的智力是否正常，关键在于其是否正常、充分地发挥了自我效能，理智且有求知欲，乐于学习，能够积极参与学习活动。

（二）情绪健康

情绪健康的标志是情绪稳定、乐观、心情愉快。其内容包括：

(1) 愉快情绪多于负面情绪，乐观开朗、富有朝气，对生活充满希望；

(2) 了解自己，悦纳自己；

(3) 情绪较稳定，善于控制与调节自己的情绪，既能克制又能合理宣泄自己的情绪，情绪的表达既符合社会的要求又符合自己的需要，在不同的时间和场合有恰如其分的情绪表达。

在判断一幅图表现的是日出还是日落时，一般拥有积极心态的人往往会认为这是一幅日出的画面，太阳正喷薄欲出，张开双臂迎接美好的一天，但是拥有悲观心态的人往往看到的是日落的画面，太阳行将没落，只留下一片凄凉寂寞。而对于半杯水呢，乐观的人总想着不管怎么说，知足吧，还有半杯水呢！心情顿时高涨起来；而悲观的人就会发愁，想着怎么只剩半杯水了！心情自然很低落。因此，要保持乐观的情绪状态，就要从积极的方面来看待问题。

情绪在心理健康中起核心作用，情绪异常往往是心理疾病的先兆。例如，躁郁症就是躁狂与抑郁交替发作的心理疾病。狂躁时表现为：情绪过度兴奋、愉悦；精力过剩，不需要睡眠；易怒、喜争论，易与人起冲突；过分慷慨、热心，乱花钱；自认为能力很强或具有超能力。抑郁时表现为：情绪低落，表情忧愁；失眠、早醒或易惊醒；食欲减退、反应迟钝、动作减少；绝望、有罪恶感；有自杀意念或企图。

（三）意志健全

意志是一种心理过程，即个体在完成一种有目标的活动时，所进行的选择、决定与执行的心理过程。

意志健全的大学生在行动的自觉性、果断性、顽强性和自制力等方面都表现出较高的水平。在各种活动中都有自觉的目的性，能适时地做出决定并运用切实有准备的方式解决所遇到的问题。在困难和挫折面前能采取合理的、有效的反应方式，善于控制自己的情绪和言行。良好的意志品质一经形成，将对人的一生产生极为重大的影响。一个意志健全的大学生，肯定会自觉寻求自身最大的发展，实现自己的价值。

意志不健全的表现主要体现在以下几个方面。

（1）优柔寡断。有的同学想考研究生，又觉得到时候不一定有用，整天把注意力集中在如何选择上，觉得这也好，那也好，却始终没有最终的答案，最后时间慢慢过去，考研的准备时间不充裕了，找工作的准备也没有做好，得不偿失。

（2）半途而废。这种经历想必很多同学都有过，如练书法、学钢琴、学英语，都可能半途而废，最常见的就是减肥，很多同学为了减肥制订了很多计划，如七日瘦身、苹果减肥、运动减肥……但是往往经不起美食的诱惑，导致减肥计划半途而废。

（3）草率行动。一些同学完全没有自制力，做事冲动，为了逞一时之快，最终受罪的还是自己。

（四）反应适度

个体的行为反应都是由一定刺激或者刺激的强化产生的。“刺激(S)-反应(R)”是经典条件反射实验。实验者巴甫洛夫给一只狗扔骨头吃，过一段时间之后，狗一看到骨头来了，就会分泌唾液。在这个实验中，骨头就是刺激，分泌唾液就是反应。失恋了会悲伤，吃饱了会开心，中彩票的时候极度激动兴奋，这都是正常的反应，但是要适度。考试前焦虑很正常，但如果你紧张到完全睡不着觉，脑子里不停地想着考试题、考试时的情境或者考试失败的结果等，到了考场也进入不了状态，这就属于反应过度。坐公交车时别人不小心踩了你一脚，别人向你道歉之后你仍然不满意，还继续破口大骂，这也是反应过度。

（五）自我评价正确

人的自我意识由自我认知、自我体验和自我控制三个维度构成。大学生评价自己要靠自我认知。过高地评价自己，就表现为自负；过低地评价自己，就表现为自卑。正确的自我评价是大学生心理健康的重要条件。心理健康的大学生在进行自我观察、自我认定、自我判断和自我评价时，能做到自知，恰如其分地认识自己，摆正自己的位置，从而有正常的自我体验，既不以自己在某些方面高于别人而自傲，也不以某些方面低于别人而自卑，面对挫折与困境，能够自我悦纳，喜欢自己，接受自己，并能很好地约束和控制自己的行为和情感，做到自知、自尊、自强、自制、自爱，正视现实，积极进取。

（六）人际关系和谐

社会生活中最重要的是与人接触，也就是人际交往。一家人能和睦相处，要靠相互了解、体谅和情感交流，在工作中也需要相互配合、帮助和支持。和谐的人际交往是保持良好的人际关系的前提条件。亲友之间相互敌对、仇视、怨恨、嫉妒往往源于缺乏思想上的沟通和情感上的交流，其结果常导致人际冲突，或出现心理危机甚至发生社会悲剧。因此，和谐的人际交往是良好的社会适应所不可缺少的。人际关系和谐既是心理健康的重要标准，也是维持心理健康的重要条件之一。良好而深厚的人际关系，也是事业成功与生活幸福的前提，其具体表现为乐于与人交往，既有广泛的人际关系，又有知心朋友；在交往中保持独立而完整的人格，有自知之明，不卑不亢；能客观评价别人和自己，善取他人之长补己之短，宽以待人，乐于助人，正面、积极的交往态度多于消极态度，交往动机端正。

（七）社会适应正常

心理健康的大学生能与社会保持良好的接触，认识社会、了解社会，使自己的思想、信念、目标和行动跟上时代发展的步伐，与社会的进步和发展协调一致。如果与社会的进步和发展产生了矛盾和冲突，能及时调节、修正或放弃自己的计划和行动，顺历史潮流而行，而不是逃避现实，悲观失望，或妄自尊大、一意孤行，逆历史潮流而行。同时，心理健康的大学生还能适应客观的现实生活环境，既能进行客观观察以取得正确认识，用有效的办法应付环境中的各种困难，不退缩；又能根据环境的特点结合自我意识努力进行协调，或改变环境以适应自己的需要，或改造自我来适应环境。

（八）心理行为表现符合大学生的年龄特征

人的一生包括多个年龄阶段，每一年龄阶段的心理发展都表现出相应的特征，称为心理年龄特征。一个人心理行为的发展，总是随着年龄的增长而发展变化。大学生是处于特定年龄阶段的特殊群体，心理健康的大学生应具有与之年龄和角色相适应的心理行为特征。如果出现严重偏离相应年龄的特征，发展严重滞后或超前，则是行为异常、心理不健康的表现。

扩展阅读

心理健康的标准

1946 年，世界心理卫生大会提出的心理健康标准包括以下四项：

（1）身体、智力、情绪十分调和。

（2）适应环境，人际关系中彼此谦让。

（3）有幸福感。

（4）在工作和职业中，能充分发挥自己的能力，过高效率的生活。

课堂讨论

对照大学生心理健康的标准，分析一下自己的心理是否健康？并说说你打算如何提高自己的心理健康水平。

三、正确认识心理健康

心理健康的标准是一种理想尺度，它一方面为人们提供了衡量心理是否健康的标准，另一方面也为人们指出了提高心理健康水平的努力方向。在正确理解和运用心理健康的标准时应注意以下几个问题。

（一）心理健康是相对的

良好的心理健康状态不是绝对的，而是相对的，是指一个人在自身和环境条件许可的范围内所能达到的最佳心理功能状态，而不是绝对完美的心理功能状态。一个人并非方方面面都合乎标准，进行心理健康评价时，要考察较长一段时间内持续的心理状态。一个人偶尔出现不健康状态，并不意味着心理就不健康，更不等于患了心理疾病。

（二）心理健康是连续的

事实上，心理健康与心理不健康并无明显界限，而是一个从健康到不健康的连续化的过程。如果将心理健康比作白色，将心理不健康比作黑色，那么在白色与黑色之间存在一个巨大的缓冲区域——灰色区，大多数人的心理状态都散落在这一区域内。心理健康与心理不健康很难找到确切的界限，更多只是程度上的差异，如图 1-2 所示。

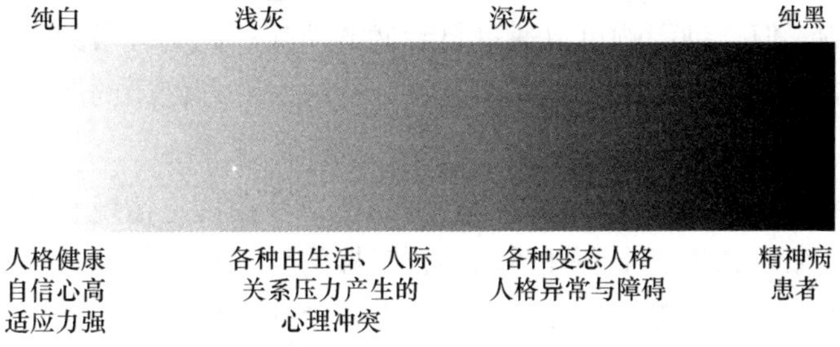

图 1-2　心理健康与不健康区域示意图

（三）心理健康是动态的

心理健康是一种状态，更是一种变化发展的过程。大学生的心理健康状态处于不断变化之中，心理发展过程中不可避免地会出现一些痛苦和烦恼。但随着自我的成长、经历的丰富、经验的积累、环境的改变及自我保健意识的发展，心理健康水平会逐步提高，这些痛苦和烦恼都会释然。

（四）心理健康是可逆的

心理健康与心理不健康之间没有不可逾越的鸿沟，两者在一定条件下可以相互转化。从良好的心理健康状态到严重的心理疾患是一个缓慢转化的渐进过程，反之亦然。因此，对大多数大学生而言，在人生的发展过程中，面临心理问题是正常的，不必大惊小怪，只要提高自我保健意识，积极面对，及时矫正，心理问题是可以解决的。

第二节 大学生心理问题分析

一、大学生的心理问题

大学生的心理问题可分为轻微的心理失调、轻度的心理障碍和严重的心理疾病三个层次。前两个层次的心理问题一般可以通过自我调节或心理咨询得到解决，而严重的心理疾病则需要到专业的医疗机构诊治。

（一）轻微的心理失调

轻微的心理失调是指那些轻微的、对学生生活影响较小的不正常的心理状态。轻微的心理失调主要表现在轻微脑功能失调、冷漠与孤独、自卑等方面。大多数大学生的心理问题属于这一层次。

轻微脑功能失调主要表现为：活泼过度，注意力不集中；情绪不稳，易怒易冲动；自我克制能力较差。他们对自己感兴趣的活动过度激动、兴奋，但碰到不顺心的事则容易被激怒，表现出喜怒无常的状态。

冷漠与孤独的大学生对人对事都很冷淡，有时甚至冷酷无情。对所学的知识不专心，没有学习热情，对集体活动消极，置身事外。

自卑感是普遍存在的一种情感体验，学生时期是自卑感的多发期。过度自卑的学生，缺乏自信和勇气，不敢交际，特别畏惧失败。

轻微心理失调的大学生都能从事正常的活动，不过对活动的效率及其个性发展具有一定的或潜在的影响，但这种影响可以通过自我调节消除。此类轻微的心理失调不容易引起重视，若任其发展，会向轻度的心理障碍过渡，构成对心理健康的严重威胁。

（二）轻度的心理障碍

轻度的心理障碍是心理活动中出现的轻度创伤，是在特定情境和特定时段由不良刺激引起的心理异常现象，属于正常心理活动中暂时性的局部异常状态。轻度心理障碍包括神经衰弱、抑郁性神经症、焦虑性神经症、强迫性神经症、恐惧症和癔症。

神经衰弱表现为兴奋性增高症状，疲劳过程加速症状、自主神经功能障碍等。

抑郁性神经症表现为情绪低沉忧郁、闷闷不乐、自我谴责、睡眠差、缺乏食欲，通常遭受精神刺激后发病，出现难以排解的抑郁心境，觉得生活没有乐趣，或对前途失去希望，或认为自己没有用处，还会有胸闷、乏力、疼痛等症状，严重时会出现自杀的念头或行为。

焦虑性神经症以焦虑情绪为主，并伴有明显的自主神经功能紊乱和运动性紧张。

强迫性神经症是以强迫观念和强迫动作为主要表现的一种神经症。

恐惧症是以恐怖症状为主要表现的一种神经症，表现为对某些特定的对象或处境产生强烈和不必要的恐惧情绪，而且伴有明显的焦虑及自主神经障碍。

癔症（歇斯底里），可表现出多种多样的症状，有感觉和运动机制障碍，内脏器官的植物性神经机能失调及心理异常等，常有抽搐、头痛、胸闷、心烦、委屈、肢体震颤、眨眼、摇头、面肌抽动或运动麻痹等多种不同表现。

如果长期持续的心理障碍得不到适当的调适或解脱就易导致精神疾病的产生。属于此层次的人虽然能维持正常活动，但已受到明显的干扰并表现出异常行为，需要进行心理咨询和心理治疗。开展心理咨询是预防和消除轻度心理障碍的最普遍、最有效的方法。

案例

小张刚进入大学时情绪波动很大，经常一会高兴，一会郁闷，并且每隔一段时间就会莫名其妙地心烦意乱，对任何事情都提不起兴趣。他晚上常常做噩梦，梦里会出现许多恐怖的情境，但是第二天醒来后便忘了，所以他并没有在意。有一次放假回家，他看到母亲用刀切西瓜，突然感到自己的脖子有一种怪异的感觉。从那以后，他害怕各种利器会弄伤自己，一想起母亲切西瓜的情境便会惊出一身冷汗。他无法控制自己，只要看见各种利器，甚至是一个铅笔头都会害怕，有时还会下意识地想象一些恐怖的情境。比如当他走到宿舍时，会想象自己走进了坟墓；夜晚看见窗口挂着的衣服，便觉得是上吊者。久而久之，小张开始怀疑自己的精神有问题，担心自己会突然发疯。他认为自己缺乏足够的勇气去面对现实和迎接未来的生活，对未来失去了信心。

课堂讨论

你认为小张的心理正常吗，为什么？

（三）严重的心理疾病

严重的心理疾病是指人的整个心理机能的瓦解，心理活动各方面的协调统一遭到严重的损害，而且机体与周围环境的关系也严重失调，主要有精神分裂症、躁狂抑郁症等。

1. 精神分裂症

精神分裂症为一组精神疾病的总称，因为具有精神分裂的共同症状而得名。精神分裂症与其他心理疾病不同的是，病患丧失自主生活的能力，必须接受住院治疗。病患临床表现有思维松散、不合逻辑的联想、荒谬的妄想、情感不恰当或平淡和社会功能缺损等。根据症状的不同，精神分裂症可以分为以下几种类型。

（1）单纯型。本病多发于青少年时期，患者多为性格孤僻、遇事退缩的学生。其常有失眠、头痛、萎靡，且逐渐出现退缩、迟钝、不与人交往、对任何事都不感兴趣、对生活没有任何要求和理想等症状。

（2）青春型。本病多发生在20岁以下的青春期，患者的性格乖戾，情绪波动大，敏感而多疑，富于幻想。起病急骤，发展很快，几天内就可达到高峰。主要症状是：思维紊乱，词语不连贯，很难与人交谈；情感波动很大，变化无常，时笑时哭，无故大发雷霆；意志薄弱，动作无意义。

（3）紧张型。这类患者多在18～25岁，此病症状主要有木僵状态与兴奋躁动两种，有时单独出现，有时交替出现。

2. 情感性精神障碍

情感性精神障碍病因未明，以情绪高涨和低落为主要特征，伴有相应的思维和行为改变，包括抑郁症、躁狂症和躁郁症。仅有抑郁发作或仅有躁狂发作的分别称为抑郁症和躁狂症，两种都有的称为躁郁症。此病大多在进入青年期后开始出现。正常人的情感体验多种多样，有相应的表达方式，并且能为人所感知和自制；而情感性精神障碍是以自控感和对重大刺激主观体验丧失为特征的一组病症，其结果是导致患者人际关系、社会和职业功能受损。

其中，躁狂症的临床表现为兴高采烈，情绪激昂，思维奔逸，精力充沛，意志增强，眨眼减少，动作增多，行为过火，自我评价过高。抑郁症的临床表现为情绪极度低落，非常沮丧和悲伤，对周围的一切均不感兴趣，甚至可能忽视自身的外表与健康，行动迟缓，思维阻滞，可能无所事事地坐着，甚至终日昏睡，也有可能注意力减弱、烦躁、失眠等，有向往死亡或自杀的想法。

3. 人格障碍

人格障碍又称病态人格、人格异常，是指人格特征显著偏离正常，从而使患者形成特有的行为模式，不能适应正常的社会生活。人格障碍的类型众多，目前尚无一致公认的分类。学术界目前一般将人格障碍分为三大类：第一类以行为怪癖、奇异为特点，包括偏执型、分裂型人格障碍；第二类以情感强烈、不稳定为特点，包括闭门癔症型、自恋型、反社会型人格障碍；第三类以紧张、退缩为特点，包括回避型、依赖型人格障碍。

二、影响大学生心理健康的主要因素

人的心理健康是一个极为复杂的动态过程，影响心理健康的因素是各种各样的，既有个体自身的心理素质，也有外界环境因素的影响。就当前大学生的具体现状而言，影响其心理健康的因素主要体现在以下几个方面。

（一）环境变迁

从中学过渡到大学是人生的一个重大转折，面对新奇、陌生的环境，许多大学生需要一个适应与调整的过程。

新入学的大一新生对环境的不适应是非常明显的。在大学，要求学生在生活上要自立，学习上要自主，思想上要自律，而这些与中学时期完全不同。新生缺乏新的学习和生活经验，缺少必要的心理准备，环境的变化给他们适应新生活带来了许多困难。

另外，新的人际环境对他们的影响也很大。大多数学生在入学前一直生活在自己熟悉的同学和亲人身边，人际关系相对稳定。而进入大学后，面临着重新认识别人，确立人际关系的过程。而这一过程的进展将对整个高职大学生活产生非常大的影响。

除此之外，部分新生还有角色、地位变化的适应过程。在中学，他们往往是学校里的佼佼者，班级的尖子生，具有很强的优越感，并已习惯了这种优势地位。但是，进入人才济济、高手云集的大学后，人们的关注点已从单纯的学习成绩转向综合素质的表现，很多学生从前的辉煌与优势不再明显，他们从“中心角色”变为“普通角色”，会产生一定的心理落差，往往需要很长一段时间去接受和适应。

面对环境的巨大变化，许多学生没有做好相应的心理准备，导致他们在适应环境的过程中产生许多心理问题或心理困扰。

(二) 学业期望

大学生学习的重要特点是学习自主性，学生成为学习活动的主体，而教师是学习活动的指导者。大学的学习目的、学习方式、学习内容都是有别于中学的。随着社会对大学生要求的提高，用人标准的转变，促使很多在校大学生既要学习专业知识，又要选修一些相关知识，如外语、计算机、汽车驾驶等，考取各类证书，以适应激烈的市场竞争。如果大学生学习方法不当，学习动机不强，学习目的不明确，自我约束能力弱，容易出现焦虑、紧张等情绪反应，同时还会严重影响自信心，发生苦恼以及自我否定等心理问题，导致学业失败。学业成绩不理想以至学业失败极大地影响学生的心理健康。

(三) 人际关系问题

与中学生相比，大学生的人际关系更为广泛与深刻，角色呈多元化。来自不同地域、不同教育背景、不同经济状况，带着各自的生活习惯与学业期待来到大学，新型人际关系的适应是大学生面临的重要问题。既有师生关系的理解，也有同班及宿舍的相处，又有异性交往的适应等。

大学生与人交往和相处的经验相对较少，在短期内建立起一种和谐的人际关系，往往需要很多的技巧，而大学生们往往只感受到这一问题的重要性及其压力，而缺乏必要的经验和技巧。人际关系更多反映人们的一种性格特点和交往模式。因此，大学生的人际关系与自我认知与认知他人相关。一方面，他们对良好的人际关系抱有极大的期望，希望能建立和谐、友好、真诚的人际关系；但同时，这种期望又往往过于理想化，即对别人要求或期望太高，而造成对人际关系状况的不满。这种不满又会反过来对他们的人际关系带来消极的影响。渴望交往的心理需求与心理闭锁的矛盾集于一身。

大学生中重要的人际关系是异性交往，这既包括两性之间友谊的发展，也包含爱情的成长。在异性交往中重新认识与确立自己的方位与坐标，有的大学生面对异性的追求茫然不知所措，不知如何拒绝，也不知如何去爱，如何把握爱的温度；有的大学生将爱情置于学业之上，甚至认为有爱就有一切，当失恋的打击袭来时，没有充分的心理准备，不知如何面对分手，面对自己。

(四) 自我认知

大学生活始终是丰富多彩、令人向往的。然而大学生进入大学以后，由于学习生活的转变，自身所具备的特长等诸因素的影响，大多数人对自我的评价也在逐渐的发生转变。这些不仅表现在学习成绩、生活起居上，还表现在知识面、社会经验、人际交往以及个体综合能力等方面。自我认知也会出现两极振荡，当取得一点成绩时容易自负，而遇到挫折时容易自卑，不断地调整自我认知对每位大学生都非常重要。

大学生作为同龄人中学业优秀的群体，现实自我与理想自我总有相当差距。对这一客观事实认识不足，就会引起认知上的矛盾，从而严重影响大学生的心理状态。在客观现实面前，有的大学生能及时调整对自身的认识，重新确立目标，符合客观现实的要求；而有些大学生则企图逃避与现实的矛盾冲突，出现消沉颓废、苦闷、抑郁等心态，或耽于玩乐、放纵，发泄对现实的不满，以此来麻痹自己的心灵，甚至滋生自杀倾向等严重的心理问题。

处于大学阶段的青年人已强烈意识到“自我”，也注意到了自我的脆弱，因而产生出强烈的充实自我、发展自我的需求。有的大学生在追求发展自我中顾此失彼，没能达到期望的目标，从而产生了不良心理反应。还有的大学生，在发展自我过程中放大了自我弱势、忽略了自我优势，由于害怕暴露自己的弱点而采取防御机制，缺乏必要的社会支持，甚至产生严重的烦恼和恐惧不安等。

（五）心理冲突

心理冲突是指个体在有目的的行为活动中，存在着两个或两个以上相反或相互排斥的动机时所产生的一种矛盾心理状态。心理冲突常常会造成动机部分地或全部地不能满足，同时也使动机所指向的目标的实现受到阻碍，动机与挫折相关，也是造成挫折和心理应激的一个重要原因。大学生的心理冲突既有群体的如独生子女与贫困学生特有的心理冲突，也有个体发展中面临的升学与就业、学业与情感等。

大学时代意味着个人离开父母家庭的监护，摆脱家庭的依赖，成为独立的个体，完成自我心理世界的建构。当多重发展任务同时落到大学生身上时，必然会产生各种各样的心理冲突。事实上，大学生的心理冲突并非是由判断引起的冲突，而是由于选择带来的取舍。例如，升学还是就业，都只是人生诸多选择的一种，并不从本质上改变人生的方向。再如，毕业后是否从事专业，都是在实践中再选择的过程。

（六）生活事件

生活事件是指人们在日常生活中遇到的各种各样的社会生活的变动，生活事件不仅是测量应激的一种方法，也是一项预测身体和心理健康的重要指标。大量的研究表明，即使是中等水平的应激事件，如果他们连续发生，对个体抵抗力可以累加，因而也非常严重，如大学生经历人际关系的疏离、评优失败及失恋，会出现明显的心理不适。

在生活事件中，重要丧失对大学生心理健康起着消极作用，如重要人际关系的丧失、荣誉的丧失等。重要的人际关系主要是指与家人、朋友，特别是异性（恋人）的关系。这种关系一旦丧失或出现问题，不仅仅会影响到他们的情绪以及学习和生活，更重要的是，可能会极大地影响到大学生对自身及今后人生的看法。荣誉的丧失，一般表现在：很多认为可以获奖学金或评优、入党却没有实现目标的人；或者如考试作弊、违纪受处分等。重要丧失在一定程度上影响到大学生心理健康，严重时会导致心理障碍。

对生活事件与心理健康之间的关系进行解释时，一般认为生活事件的产生增加个体适应环境的能力。个体每经历一次生活事件，必须付出精力去调整由于这一事件的发生带来的生活变化，这也带来了个体抗挫折能力的提高。

（七）家庭环境

家庭的影响主要包括家庭的情绪氛围、父母的教养态度、家庭结构及家庭经济状况四个方面。家庭是人生的奠基石，父母是孩子的第一任老师，对学生的成长与成才的影响是长久而深远的。家庭的情绪氛围是良好心理素质形成的前提，家庭成员间的语言及人际氛围，直接影响着家庭中每个成员的心理，对个性逐渐成熟的大学生影响更具有特别的意义。父母的教养态度和教育方法直接影响孩子的行为和心理，民主、平等而非命令、居高临下的，开明而非专制的，潜移默化而非一味娇宠的教养态度与教育方法有利于学生心理的健康发展；家庭结构的变化，如单亲家庭、重新组合家庭等因素必然会对正在读书的大学生心理有一定影响；家庭经济状况特别是困难甚至贫困家庭的学生易产生心理不适感。由于家庭环境带来的学生心理问题其影响是深远而长久的。

第三节　维护大学生心理健康

一、大学生心理健康教育的意义及内容

（一）大学生心理健康教育的意义

（1）进行心理健康教育是提高大学生综合素质的有效方式。心理素质是大学生在心理方面比较稳定的内在特点，包括个人的精神面貌、气质、性格和情绪等心理要素，是其他素质形成和发展的基础。大学生求知和成长，实质上是一种持续不断的心理活动和心理发展过程。教育提供给学生的文化知识，只有通过个体的选择、内化，才能渗透于个体的人格物质中，使其从幼稚走向成熟。这个过程，也是个体的心理素质水平不断提高的过程。学生综合素质的提高，在很大程度上受到心理素质的影响。学生各种素质的形成，要以心理素质为中介，创造意识、自主人格、竞争能力、适应能力的形成和发展要以心理素质为先导。在复杂多变的社会环境中，保持良好的心理适应状况，是抗拒诱惑、承受挫折、实现自我调节的关键。正是从这个意义上说，大学生综合素质的强弱，主要取决于他们心理素质的高低。

（2）进行心理健康教育是驱动学生人格发展的基本动力。心理健康教育与受教育者的人格发展密切相关，并直接影响个体人格的发展水平。一方面，学生以在心理健康教育过程中接受的道德规范、行为方式、环境信息、社会期望等来逐渐完善自身的人格结构；另一方面，客观存在的价值观念作为心理生活中对自身的一种衡量、评价和调控，也影响着主体人格的发展，并且在一定条件下还可转化为人格特质，从而使人格发展上升到一个新的高度。同时，心理健康教育不是消极地附属于这种转化，而是在转化过程中能动地引导受教育者调整方向，使个体把握自我，对自身的行为进行认识评价，从而达到心理优化、健全人格的目的。

（3）进行心理健康教育是开发学生潜能的可靠途径。教育的目的之一就是要开发受教育者的潜能。良好的心理素质和潜能开发是相互促进、互为前提的，心理健康教育为二者的协调发展创造必要条件。心理健康教育通过激发受教育者的自信心，帮助主体在更高的层次上认识自我，从而实现角色转换，发展对环境的适应能力，最终使其潜能得到充分发展。

（4）心理健康教育能够增强大学生的环境适应能力。大学生面临着多种多样的适应问题。在校期间要适应大学的学习方法，适应大学的竞争等。适应能力的强弱，在很大程度上取决于心理健康，心理健康的大学生能够根据外界环境的变化，相应地调节自己的心理状态和行为方式，取得与外界环境的平衡和协调。

（5）心理健康能够增强大学生的心理承受能力。心理健康的大学生具备灵活的情绪调整能力和顽强的意志力，能够辩证地看待荣辱得失，承受较大的心理压力。心理不健康的大学生，认知片面、意志薄弱、心胸狭窄、稍遇挫折就心理失常，导致各种心理问题。

（6）心理健康是大学生取得事业成功的坚实基础。大学生就业时的双向选择、竞争录用往往使大学生在心理上产生困惑和不安全感。心理健康、独立自强、严格自律的良好

心理素质，对大学生来说是不可或缺的。

（二）大学生心理健康教育的内容

（1）加强正确的世界观和人生观教育。大学生的自我意识已基本形成，既能进行自我评价、自我检查和自我监督，也能评价他人的行为。他们一旦树立了正确的世界观和人生观，对社会和个人有了正确的认识，就能科学地分析周围所发生的事情，冷静、妥善地对待这些事情，防止心理反应的失常，保障心理行为的健康。

（2）培养健全的情绪。现代生理学、心理学和医学研究证明，情绪对人的身心健康有着非常重要的影响。愉快情绪对人的身心健康起到良好的促进作用，适当的愤怒、恐惧、焦虑、忧愁等不愉快情绪，也是正常有益的（超出适度就会带来消极的后果）。因此，为了培养大学生的健康情绪，一是要教育他们合理地对待自己的需要和愿望；二是要帮助他们学会调节和控制自己的情绪；三是要培养他们的幽默感和多方面的情趣；四是要教会他们多从积极正向的一面看待事物。

（3）教育大学生善于控制自己的气质特点，养成良好的性格。科学研究和临床经验表明，心理疾病的发生与神经类型、气质类型及性格特征有关。因此，教育者应教育大学生有意识地克服自己气质中的消极品质，发扬积极品质。实践证明，一个人的性格活泼、开朗，对其智力及品德的发展都能产生积极的影响，对其兴趣、能力的培养和情感的陶冶也有良好的作用；而不良的性格特征往往成为心理疾病的基础。因此，教育者应通过思想政治教育、社会实践活动等途径，培养大学生活泼、开朗的性格，预防心理疾病的发生。

（4）教育和帮助大学生顺利地度过青春期。大学生正处在青春期和向成人转变的过渡期，他们由性的觉醒进入了性生理成熟、性心理趋向成熟的阶段。但他们在心理上尚未成熟，如果受社会不良风气的影响，往往会做出违反道德规范的举动。其后果是导致人生轨迹发生偏离，甚至自毁人生、危害社会。由于大学生未来的不确定性因素较多，性心理成熟落后于性生理成熟，使他们处于早熟与晚自立的“峡谷”中，容易遇到相关的心理冲突，大学生对这种冲突往往是敏感而多虑，教育者要通过相关的心理健康教育，帮助他们顺利度过青春期。

（5）教育大学生优化意志力，积极适应环境。优化意志力是使大学生充分了解意志在个人成才过程中的作用以及了解自身的意志弱点，协助大学生提高主观能动性，提高意志行为水平，不为偶发的诱因所驱使；学会调节激情，应对挫折刺激，增强心理承受能力，培养自觉、果断、坚持与自制的意志品质；学会调控学习、生活中的烦恼，掌握排解困扰、减轻心理压力的方法，积极地适应环境。

（6）教育大学生学会人际和谐。教育大学生学会人际和谐可以使其树立积极的交往态度，掌握人际交往特点、规律，掌握人际沟通的方法和艺术，学会协调人际关系；在群体中能够与人为善、和睦相处，悦纳别人和悦纳自己，在群体中发挥自己的才干，得到高水平的自我实现。

二、大学生心理健康维护的途径

2001年，教育部颁发了《关于加强普通高等学校大学生心理健康教育工作的意见》（以下简称《意见》），要求各地教育部门和高校要充分认识加强高校大学生心理健康教育的重要性。《意见》明确规定了当前高校大学生心理健康教育工作的主要任务为：依据大学生的心理特点，有针对性地讲授心理健康知识，开展辅导或咨询活动，帮助大学生树立心理健康意识，优化心理素质，增强心理调适能力和社会生活的适应能力，预防和缓解心理问题；帮助他们处理好环境适应、自我管理、学习成才、人际交往、交友恋爱、求职择业、人格发展和情绪调节等方面的困惑，提高健康水平，促进德智、体、美等全面发展。那么，如何消除他们的心理差距，使其顺利成才呢？其具体的途径和方法如下。

（一）培养良好的人格品质

人格是指一个人的整体精神面貌，即具有一定倾向性的心理品质或心理特征的总和。人格包括心理活动特征（如气质、性格、能力），以及心理活动倾向方面的特征（如动机、兴趣、信念、世界观等），二者不是孤立存在，而是错综复杂、有机地结合为一个整体，对人的行为进行调节和控制的。如果各种特征之间关系协调，人的行为就是正常的，人格就是健全的；如果失调，就会产生不正常的行为，甚至出现各种人格障碍。对于大学生来讲，保持心理健康一个重要的途径就是培养锻炼自己的人格品质。良好的人格品质首先应该正确认识自我，培养悦纳自我的态度，扬长避短，不断完善自己。其次应该提高对挫折的承受能力，对挫折有正确的认识，在挫折面前不惊慌失措，采取理智的应付方法，化消极因素为积极因素。挫折承受能力的高低与个人的思想境界、对挫折的主观判断、挫折体验等有关。提高挫折承受能力应努力提高自身的思想境界，树立科学的人生观，积极参加各类实践活动，丰富人生经验。

（二）养成科学的生活方式

生活方式对心理健康的影响已为科学研究所证明。健康的生活方式指生活有规律、劳逸结合、科学用脑、坚持体育锻炼、少饮酒、不吸烟、讲究卫生等。大学生的学习负担较重，心理压力较大为了长期保持学习的效率必须科学地安排好每天的学习、锻炼、休息，使生活有规律。学会科学用脑就是要勤用脑、合理用脑、适时用脑，避免用脑过度引起神经衰弱，使思维、记忆能力减退。

（三）加强自我心理调节

自我调节心理健康的核心内容包括调整认识结构、情绪状态，锻炼意志品质，改善适应能力等。大学生处于青年期阶段，青年期的突出特点是人的性生理在经历了从萌发到成熟的过渡之后，逐渐进入活跃状态。从心理发展的意义上说，这个阶段是人生的多事之秋。这是因为经验的缺乏和知识的幼稚决定了这个时期人的心理发展的某些方面落后于生理机能的成长速度，因而在其发展过程中难免会产生许多尴尬、困惑、烦恼和苦闷。另一方面，我国正处在建立社会主义市场经济和实现社会主义现代化战略目标的关键时期。社会情况正在发生复杂和深刻的变化，社会竞争日趋激烈，生活节奏日益加快，科学技术急剧发展，这种情况也会在早晚要进入社会的青年学生中引发这样或那样的心理矛盾和心理冲突。如家庭生活发生变故、学习成绩不佳、交友失败、失恋等，这些心理问题如果总是挥之不去，日积月累，就有可能成为心理障碍而影响学习和生活。所以，应该让学生正视现实，学会自我调节，保持同现实的良好接触；进行自我调节，充分发挥主观能动性去改造环境，努力实现自己的理想目标。

（四）积极参加业余活动，发展社会交往

丰富多彩的业余活动不仅丰富了大学生的生活，而且为大学生的健康发展提供了课堂以外的活动机会。大学生应培养多种兴趣，发展业余爱好，通过参加各种课余活动，发挥潜能，振奋精神，缓解紧张，维护身心健康。通过社会交往才能实现思想交流和信息资料共享。发展社会交往可以不断地丰富和激活人们的内心世界，有利于心理保健。

（五）求助心理老师或心理咨询机构，获得心理健康知识

心理咨询是由专业人员运用心理学专业化理论及相关知识，遵循心理学原则，通过各种咨询技术和方法，与当事人建立具有咨询意义的人际关系，在互动中对其进行心理帮助与指导，以期提高其社会适应能力，增进其心理健康水平，促进其自我发展与人格完善的专业活动，是一个助人自助的过程。

在维护和促进心理健康的过程中，大学生除了重视自我的调节，接受朋友的帮助、家长的支持、老师的指导外，必要时可以寻求心理学专业老师或心理咨询机构的帮助。大学生中多数人心理是健康的，只是在主动适应环境和寻求更多发展时会出现一些不适应的状态。心理咨询可以帮助大学生实现有效的调节，扬长避短，提高心理素质。因此，主动寻求心理咨询员的专业性指导，将有助于大学生健康的成长与品格完善的发展。

大学生在遇到心理问题而自己又无法解决时，可以到专业机构或学校的心理中心寻求帮助。

扩展阅读

心理治疗与心理咨询

心理治疗是指在良好的治疗关系基础上，由经过专业训练的临床心理医生运用临床心理学的相关理论和技术，对心理障碍患者进行帮助，以消除或缓解患者的心理问题或障碍，促进其人格向健康、协调的方向发展的过程。

心理治疗创立于19世纪，而心理咨询在20世纪40至50年代才兴起。心理咨询主要受三股力量的推动：一是人们对“精神分析疗法”日益不满，如疗期过长，咨询关系完全像医患关系等；二是20世纪20至30年代崛起的职业咨询运动的推动；三是人本主义思潮的启发。

由于心理咨询运动不断深入和发展，心理咨询和心理治疗日趋分化。心理咨询主要是为人们在日常生活中出现的心理困惑和烦恼提供咨询，而心理治疗主要为人们在人格、情绪和行为上的障碍及变态行为提供治疗。二者之间没有截然分明的界线，却有着不同的专业评核和训练要求。

简单来说，心理治疗人员不但要有心理咨询的知识，也要具备一定的医学知识；而心理咨询人员则不必有医学方面的知识。

1. 心理咨询的对象

心理咨询的对象主要是正常人，而不是患者。心理咨询的主要对象是那些精神正常，但心理健康水平较低，因产生心理障碍导致无法正常学习、工作、生活并请求帮助的人群。这类人群是健康人群，或者是存在心理问题的亚健康人群，而不是“病态人群”。

心理咨询的主要对象可分为三大类。

（1）无明显的心理冲突，基本适应环境的健康人群。咨询内容针对成长中不同阶段出现的心理困惑和心理问题进行心理辅导，如家庭问题、求学问题、职业适应和发展问题等。咨询主要是引导求助者面对自我发展的问题做出理想的选择，以便顺利度过人生的各个阶段。咨询的目的是更好地认识自己，扬长避短，充分发挥潜能，提高学习和生活的质量。

（2）在现实生活中遇到各种烦恼和压力，有明显的心理矛盾和冲突，如新生入学后因环境适应不良而焦虑，因学习成绩上不去而苦闷，因单恋或失恋而不能自拔、过度自卑等。咨询主要是对来访者在学习、工作和人际关系等方面的适应不良提供帮助。咨询的目的是排除心理困扰，减轻心理压力，提高适应能力。

（3）已出现某些心理疾病的症状，影响了其正常的学习和生活，救治心切，如焦虑症、抑郁症和强迫症等。咨询的目的是找到对策，克服心理障碍，恢复心理健康状态。需要注意的是，心理问题严重到心理障碍的程度时，必须要接受系统的心理治疗，并配合药物，而心理咨询只是辅助手段。

2. 心理咨询的任务

心理咨询的任务是帮助来访者在生活中化解各类心理问题，克服种种心理障碍，矫治不良行为，理顺人格结构，纠正不合理的认知模式和非逻辑思维，学会调整人际关系，深化自我认知，端正处事态度，构建健康的生活方式，强化适应能力等。心理咨询的任务具体包括以下几点。

（1）帮助来访者认清客观世界与内心世界。生活在客观世界中的人，都会有各自的内部世界。这两个世界虽然被人的认知与实践活动连接在一起，但它们之间却存在着较大的差异和矛盾。当人们对这种矛盾缺乏明确认识，采取了错误的应对方式时，就会产生困惑不解、烦躁不安等情绪，甚至使人们对自己的生存价值产生怀疑，对自己固有的信仰产生动摇，而这些就是人们产生各类心理问题的前提。心理咨询就是为了帮助来访者认清客观世界与内心世界的差异，帮助他们认识到自己尚未解决的内部冲突，消除他们内心的困惑，让他们的生活会变得更惬意、更充实、更美满。

（2）纠正来访者不合理的欲望和错误观念。心理咨询的任务之一就是协助来访者纠正自己不合理的欲望和错误观念，帮助他们总结经验教训，使他们学会评估自己的欲望、观念是否合理。通过心理咨询，帮助来访者解决他们当前的心理问题，同时使他们看清未来，从而为他们加速自我成长，由“自为地生活”发展到“自觉地生活”奠定可靠的基础。

（3）使来访者学会面对现实。来访者般都善于逃避现实，往往会花很多时间回味过去、计划未来，谈论的话题总围绕着昨天和明天，逃避当下。来访者不仅通过逃避现实来减少自己的焦虑，而且总想按照自己的意愿行事。因此，心理咨询师应尽力使来访者认识到这一点，引导其回归现实，并面对现实。

（4）使来访者正确认识自我。个人的片面经验、扭曲的思想观念以及不合理的需求，都可能产生片面的自我认知。使自己自觉或不自觉地做出错误评估。

通常情况下，人的认知会受到种种局限，最大的局限是把“自我的需求”作为“自我认知”的参照系，而不是站在自我之外，使用客观标准衡量自己。心理咨询就是帮助来访者进行自我探索，认识真正的自己。

(5) 协助来访者建立新的有效行为。心理问题产生的关键不在于来访者控制不住自己的思想或需要，而在于其无法通过有效的行动去改变或满足自己的需要。来访者如果想改变自己的现状，必须在心理咨询师的协助下，建立一种新的有效行为，并通过这种行为满足自身发展的需要，如建立友好人际关系的需要、获得知识的需要、成就感的满足等。

在咨询过程中，心理咨询师启发、鼓励和支持来访者建构“新的有效行为”，可通过直截了当的形式，如明确的建议和具体的指导，也可通过含蓄的、间接的或暗示性的方式，如列举他人成功的事例等。

案例

什么时候才能熬出头？

阿明就读于一所高职院校，现大二，因心烦、焦虑前来咨询。

一、一般资料

（一）求助者

阿明，男，汉族，20岁，高职大二在读学生。10岁时父母离异，父亲再婚，阿明判给母亲，由外婆带大。求助者与母亲关系尚可，与父亲没有来往。

（二）求助者外在表现

入学后，表现出紧张、焦虑的状态。

二、主诉和个人陈述

“老师，我觉得自己心理有问题，我10岁时父母离异，父亲再婚，我被判给了母亲，但是从小跟着外婆长大。我与母亲关系尚可，与父亲没有来往。我学习成绩不好，能考上高职院校，我们一家都挺高兴的。可是自入学以来，我难以适应学校的生活，虽然总是参加各种活动，也会主动竞聘各种职位，但还是时常感到心烦、焦虑。现在，我是院长助理团团长，每天跟在院长身边，见到各种优秀的学生和成功人士，他们普遍出生在较好的家庭。我常想，像我这样的苦孩子什么时候才能熬出头？10年，20年？我不知道……现在我每天都被这些事儿扰得心烦意乱，因此来咨询，希望得到老师的帮助。”

三、观察和他人反映

他人反映：据来访者所在班级的心理健康委员反映，来访者与班级同学来往不多，上课有时爱打瞌睡，学习成绩一般，双休日在手机店打工。他感觉来访者总是心事重重的，不太开心。

观察：来访者来咨询室进行个人陈述时，语言表达较为流畅。通过交谈，心理咨询师发现来访者的想法、追求很多，时常参加竞聘，急于通过自己的努力打下一片天地。

四、诊断与分析

（一）诊断

求助者的问题为一般心理问题。

（二）心理问题分析

（1）心理原因：来访者存在认知错误，认为在这个“拼爹”的时代，有了关系就有了一切，自己再努力也没用。这种想法导致其心理压力大，但又不懂得自我调节。

（2）家庭原因：来访者从小缺少父爱，内心缺乏安全感，对他人缺少信任。

五、咨询目标的制订

根据诊断，与来访者共同协商后，确定如下咨询目标。

（一）具体目标

（1）缓解来访者内心焦虑情绪。

（2）学习训练正性思维；学说正性语词来增强来访者自信心。

（3）构建合理的行为模式使其适应环境。

（二）最终目标

（1）使来访者建立正确的自我意识，接纳自我。

（2）使来访者完善自己的个性。

六、咨询方案的制订

经协商，将咨询分为三次。

七、咨询方法

协助来访者恰当地运用正性语词，学习改变内部对话，将其作为来访者新行为的向导，帮助来访者矫正行为。

第一阶段：自我观察。

第二阶段：开始一种新的内部对话。

第三阶段：学习新的技能。

八、咨询结果

经过三次咨询，来访者有了很大的改变，性格变得开朗积极、乐观向上。

九、分析

从心理辅导和教育过程引发的几点思考。

（1）大学生的心理问题更多的是心理发展性问题，生存与发展是当今世界性的教育主题，而生存和发展有赖于人的优良素质。人的素质结构由生理素质，心理素质和社会文化素质等构成，没有健康的心理，很难提高学生的综合素质。因此，加强大学生的心理发展教育是实施素质教育必不可少的一个环节。

(2) 以对大学生终身发展负责的精神来重视心理健康教育。在社会发展日趋多元化的今天，人们也受到各种各样的心理困扰，大学生面临学习、就业、创业、婚恋等难题，要以对自己终身发展高度负责的精神来重视其心理教育。

(3) 心理健康教育是当代大学生能否融入社会所必须关注的重要教育内容之一，也是预防心理异常的最好方法。

课堂讨论

(1) 你是否也和阿明一样，对未来生活充满焦虑？

(2) 如果你是阿明，你会如何调整自己的心态？

心理训练

心理训练一：心理健康自我检测

人的心情在一生中必然会时好时坏。精神病学家和心理学家认为，当你觉得心情太坏，以至于无法工作，或当你的心理问题开始干扰你的日常生活时，便应该考虑求助于心理咨询了，但如果你只是偶尔有这类感觉或行为，就不能以为出现了情绪问题。那么，正常的心情好坏和需要治疗的情绪问题究竟有何不同呢？下面的一些问题可帮助你进行判断。

(1) 在新环境中，如求职面谈，是否会发生难堪或不顺利的事？

A. 永远或大部分时间如此　　B. 从不如此

(2) 在做决定时，你是否会感到很困难，如选购一件新上衣或决定周末如何消遣时？

A. 永远或大部分时间如此　　B. 从不如此

(3) 参与团体活动时，你是否犹豫不决，在宴会中你是否孤单地伫立一旁？

A. 永远或大部分时间如此　　B. 从不如此

(4) 你是否满意与你关系亲近而密切的人？

A. 永远或大部分时间如此　　B. 从不如此

(5) 在求职面谈或参加宴会之前，你是否需喝杯酒或服颗镇静剂，以增加信心？

A. 永远或大部分时间如此　　B. 从不如此

(6) 你对不能控制的习惯，如吸烟或吃得太多，是否感到忧虑？

A. 永远或大部分时间如此　　B. 从不如此

(7) 你在空间狭小的地方，是否会有无法控制的恐惧或吓得不能动弹？

A. 永远或大部分时间如此　　B. 从不如此

(8) 你出门后，是否必须再回来一次，看看房门可曾锁好，炉子可曾熄灭，以及诸如此类的事？

A. 永远或大部分时间如此　　B. 从不如此

(9) 你是否要一个多小时才能入睡，或醒得比你希望的早一个多小时？

A. 永远或大部分时间如此　　B. 从不如此

（10）你是否非常注意清洁，或怕被你接触的东西弄脏了或怕弄脏了你所接触的东西？

A. 永远或大部分时间如此　　　　B. 从不如此

（11）你是否觉得前途无望，或曾想伤害自己或自杀？

A. 永远或大部分时间如此　　　　B. 从不如此

（12）你是否曾经看到、听到或感觉到别人觉察不到的东西？

A. 永远或大部分时间如此　　　　B. 从不如此

（13）你是否认为你有高超的能力，或认为别人用高超的能力来对付你？

A. 永远或大部分时间如此　　　　B. 从不如此

（14）你做经常做的事，如学校的日常学习或做家务，是否请求别人的赞成或鼓励？

A. 永远或大部分时间如此　　　　B. 从不如此

选择 A——1 分，选择 B——0 分

分数为 5 分以下：心理正常，不需要治疗。

分数为 6 ~ 9 分：在表达感情上有问题或对自己缺乏信心，如果想改变这类感觉或行为，心理治疗可能有效。

分数为 10 ~ 14 分：问题已干扰了日常生活，最好听听专家意见，应该立刻去请教专家，若需治疗，越早越容易治好。

心理训练二：焦虑自评量表（SAS）

焦虑自评量表见表 1-1。

表 1-1　焦虑自评量表

序号	题目	没有或很少时间有	有时有	大部分时间有	绝大部分或全部时间都有	评分
1	我觉得比平常容易紧张和着急（焦虑）					
2	我无缘无故地感到害怕（害怕）					
3	我容易心里烦乱或觉得惊恐（惊恐）					
4	我觉得我可能将要发疯（发疯感）					
5	我觉得一切都很好，也不会发生什么不幸（不幸预感）					
6	我手脚发抖打战（手足颤抖）					
7	我因为头痛、颈痛和背痛而苦恼（躯体疼痛）					
8	我时常感觉精神衰弱和身体疲乏（乏力）					
9	我觉得心平气和，并且容易安静坐着（安静平和）					
10	我觉得心跳很快（心慌）					
11	我因为一阵阵头晕而苦恼（头昏）					

续表 1-1

序号	题　目	没有或很少时间有	有时有	大部分时间有	绝大部分或全部时间都有	评分
12	我曾晕倒或觉得要晕倒似的（晕厥感）					
13	我呼气、吸气都感到很容易（呼吸困难）					
14	我手脚麻木和刺痛（手足刺痛）					
15	我因为胃痛和消化不良而苦恼（胃痛或消化不良）					
16	我常常要小便（尿意频繁）					
17	我的手常常是干燥温暖的（少汗）					
18	我脸红发热（面部潮红）					
19	我容易入睡并且一夜睡得很好（睡眠不足）					
20	我做噩梦					
总分统计						

评分方法：

采用 4 级评分，主要评定症状出现的频度，其标准为：

（1）“1”表示没有或很少时间有；

（2）“2”表示有时有；

（3）“3”表示大部分时间有；

（4）“4”表示绝大部分或全部时间都有。

20 个条目中有 15 项是用负性词陈述的，按上述 1 ~4 顺序评分。其余 5 项（第 5、9、13、17、19）是用正性词陈述的，按 4 ~1 顺序反向计分。

分数解释：

50 分以下不构成焦虑，50 ~59 分为轻度焦虑，60 ~69 分为中度焦虑，70 分以上为重度焦虑。

心理训练三：抑郁自评量表（SDS）

本量表共有 20 道题目，每题有 4 个选项，见表 1-2。请仔细阅读每一条，根据近一周的实际感受选择最适合的程度。

表 1-2　抑郁自评量表

序号	题目	没有	有时	经常	持续
1	我觉得闷闷不乐，情绪低沉				
2	我觉得一天之中早晨最好				
3	我一阵阵哭出来或觉得想哭				
4	我晚上睡眠不好				
5	我吃得跟平常一样多				

续表 1-2

序号	题目	没有	有时	经常	持续
6	我与异性亲密接触时和以往一样感觉愉快				
7	我发觉我的体重在下降				
8	我有便秘的苦恼				
9	我心跳比平时快				
10	我无缘无故地感到疲乏				
11	我的头脑跟平常一样清晰				
12	我觉得经常做的事情并没有困难				
13	我觉得不安而平静不下来				
14	我对将来抱有希望				
15	我比平常容易生气激动				
16	我觉得做出决定是容易的				
17	我觉得自己是个有用的人，有人需要我				
18	我的生活过得很有意思				
19	我认为如果我死了别人会生活得好些				
20	平常感兴趣的事我仍然照样感兴趣				

注：SDS 抑郁自评量表，美国教育卫生部推荐用于精神药理学研究的量表之一，原型是 Zung 抑郁量表（1965）。

评分标准见表 1-3，分为正向计分和反向计分。先将 20 道题目的分数相加，得到粗分，再将粗分乘以 1.25，四舍五入取整数，得到标准分。

表 1-3　评分标准

计分类别	包含题目	没有	有时	经常	持续
正向计分	1、3、4、7、8、9、10、13、15、19	1	2	3	4
反向计分	2、5、6、11、12、14、16、17、18、20	4	3	2	1

抑郁评定分界值为 50，分数越高，抑郁程度越明显。

50 分以下：正常范围。

50 ~ 59 分：轻度抑郁，建议适度放松，调整心态，也可咨询心理医生。

60 ~ 69 分：中度抑郁，建议寻求心理医生的帮助与治疗。

70 分以上：重度至严重抑郁，需立刻去心理诊所或精神医院治疗。

第二章　知人者智，自知者明
——大学生自我意识成长

心语心愿

对自己有一个公正、客观的态度是一种首要的品质，它是其他方面得以发展的基础。

——［美］奥尔波特

案例导入

如何充分地认识自己

案例一

小王来自一个教师家庭，从小父母就视他为“掌中宝”。他的学习成绩一直很优异，重点小学、初中、高中就读的经历使他坚信自己是属于全国一流大学的。然而高考失利，他被一所高职学校录取，与其理想中的学校相差甚远。

在接到通知书的那一刻，他哭得天昏地暗。第一次遭受重创的小王几乎站不起来，他怕听到同学到名牌大学读书的消息，担心自己的失败会成为同学的笑料。

进入大学后，他既没有学习的动力，也没有生活的目标，如大海上漂浮的小舟，完全失去方向。就这样，在茫然徘徊中迎来了期末考试，他毫无意外地挂了几科，但他并没有认真反思自己，而是将这一切归咎于不理想的大学和不公平的命运。

第二学期，百无聊赖的小王通过网络找到了久违的自信心，那颗曾经不服输的心复苏了，但这次不是为学习而是为游戏。他彻夜上网打游戏，在游戏中体验虚拟世界的成功。第二学期的五门功课同时亮起了红灯。

由于逃课和挂科的不良记录过多，学校发出了勒令退学的通知。小王说自己非常懊悔，并感到深深的自责。作为家里的第一个大学生，他辜负了父母的厚望；作为重点高中毕业的学生，他对不起培养自己的老师；更重要的是，辜负了自己最好的年华。直到此刻，他才发现大学的灯光是那么明亮，校园是那么美好，大学的生活是如此让人难以割舍……

案例二

某高校一名大一女生来自边远山区，家境贫寒，性格内向。到城市上大学后，她感觉处处不如别人，觉得自己没见过世面、知识面窄，在同学面前抬不起头来。因为个子矮小，自认为长得也丑，家里条件还不好，以前引以为傲的学习成绩在大学也没有了优势，因此，她总觉得自己低人一等，害怕身边同学瞧不起自己，内心非常痛苦和无奈。

第一节　自我意识概述

一、自我意识的概念

自我意识又称自我认知，简单地说，就是个体对自己的认识，是人对自己身心状态及对自己与客观世界关系的意识。自我意识包括三个层次：

（1）对自己及其状态的认识；

（2）对自己肢体活动状态的认识；

（3）对自己思维、情感、意志等心理活动的认识。

人的发展离不开周围环境，特别是人与人之间关系的影响，所以自我意识也反映人与周围现实之间的关系。自我意识是人类特有的高级心理活动形式，是人区别于动物的一大特征。

二、自我意识的产生与发展

自我意识不是与生俱来的，是随着年龄的增长在社会化过程中逐步形成的。自我意识的发展经历了萌芽、发生、发展阶段。

（一）自我意识的萌芽阶段（0～3岁）

刚出生的新生儿并没有意识，也没有自我意识；只有一些简单的感觉、动作和本能的反射，因而和一般的小动物没有多大区别。他们认识不到自己的存在，分不清自己的身体与外界有什么区别。

婴儿一般在8个月时产生“生理自我”，1岁左右产生自我感觉，这是自我意识最原始、最初级的形态。此时，儿童才开始能区分自己的动作与动作的对象，之后把自己这个主体与自己的动作区分开来，有了自我意识萌芽。例如，儿童发现咬自己的手和脚与咬别的东西（玩具、饼干等）感觉不一样；可以将拿着玩具的手同玩具区分开来，不会再认为玩具是手的一部分等。儿童开始认识到自身是一个独立实体，是动作的主体，体验到了自我的存在和力量，产生了最初的自豪感和自信心，从而形成了自我感觉。但这个时期的儿童是将“自己”当客体来认识的，最有代表性的表现就是用自己的名字来称呼自己，比如小红要吃饭、小红要玩玩具等，还不会用“我”来称呼自己。

2岁以后，儿童学会了使用人称代词“我”，开始从把自己当作客体转化为把自己当作一个主体的人来认识。

3岁左右的儿童，“我”的使用频率增加，产生了一些较为极端的“自我独立”要求。在成人的眼中，这时的孩子常常与父母“闹别扭”，原来顺从而又可爱的孩子，变得很有“主见”，总想按照自己的方式处理问题，达到自己的目的，开始出现羞耻感、自主性和占有欲。比如，看到母亲喜欢其他的孩子时，他会生气、嫉妒，甚至动手打那个“抢走”母爱的孩子。这一时期的儿童的行为是一种以自我为中心的行为，即以自己的想法解释外部世界，并把自己的想法和情感世界投射到外界事物上去。这一时期，又被称为生理自我时期或自我中心期，是自我意识的萌芽阶段。

（二）自我意识的发展阶段（3 岁～青年初期）

这一时期是个体接受社会化影响最深刻的时期，经历从幼儿园、小学、中学到大学的人生成长最为关键的时期，个体在游戏、学习、劳动、生活中，通过模仿、认同、练习等方式，逐步形成各种角色观念，建立角色意识。开始能意识到自己在人际关系、社会关系中的地位和作用，意识到自己所承担的社会责任与享有的社会权利。

幼儿期，自我意识的特点是完全依照成人的影响来认同自己、他人以及自己与他人的关系，几乎是从他人那里获得"肤浅"的自我评价与自我认识。没有困惑、烦恼与忧愁，因此单纯而快乐。

童年期，自我意识的特点是模糊，不大自觉、被动的心理活动主要指向外部世界，对自己的内心世界没有多少认识，如果问"你是一个什么样的人"，许多小学生会答不上来，说没有想过。即使回答，也往往是对自己一些外部特点的描述，如"我是一个爱画画的人""守纪律的人""爱玩猫的人"等，或者是转达教师、家长或其他成人对他的评价。他们也意识不到自己所面临的各种矛盾，因而内心世界很平静。小学时期儿童已经能够对自己的行为及与行为相联系的一些品质进行评价，并能初步有意识地调节控制自己的行动。

少年期，自我意识的发展有了质的变化，独立性、自觉性和自律性都有了迅速发展，并能够深入到自己的内心世界，意识到自己的个性品质，但水平还比较肤浅，不够清晰全面。少年期，他们开始意识到自己与他人、与集体的关系，意识到自己的内心活动，开始想到自己，开始"发现"自己，开始关心自己的发展，开始根据自己的喜好规划自己的人生发展，出现了有一定现实基础的理想，有了较稳定的兴趣爱好，同时，还有了许多内心的"小秘密"；他们开始对周围人们的精神世界、个性品质等感兴趣，开始关注周围人的内心体验、动机、想法、个性特点等。但这时自我意识的水平还不高，对自己的内心世界了解也不深。加之，生理发育的加快，面对的压力增加，心理矛盾也开始变得日益突出。

青年初期，是自我意识发展的关键时期，期间自我意识经过分化、整合而接近成熟，从而逐渐清晰地意识到自己的内心活动，全面认识到自己的心理品质，正确地感知到自己的社会角色并能主动地根据社会要求去认识和发展自己。自我意识的显著特征是把原来主要朝向外部的认识活动，转向自己的内心世界，探索自己的内心活动。比如，我是一个什么样的人，我要成为一个什么样的人，我的长相如何，我的脾气、性格怎样，我有什么样的特长和才能，我能成就什么样的事业，我在别人心目中的形象如何，我怎样走人生之路？这些问题都是由于个体生理和心理日趋成熟、社会角色逐步确定而促进自我意识发展的具体表现。

青年自我意识发展中的一个突出特征是自我意识的分化与统一。自我意识的分化就是自我意识在青年期由一个完整的自我一分为二，成为两个不同的"我"，一个是"理想的我"，即关于自己未来的总观点和总设想，"我希望成为怎样一个人"；另一个是"现实的我"，即当前的形象和实际水平，"我现在是怎样一个人"。或者说，分化成"主体的我"——我是什么，我会做什么；"客体的我"——别人怎样看我，对我的态度如何等。这样，一个人就既是自我的观察者，又是被观察的对象。处在观察者地位的是"主体的我"，被自己观察的是"客体的我"。这就为青年客观地评价自己和他人，合理调节自身的行为和活动奠定了基础。因此，自我意识的分化是自我意识开始走向成熟的标志。

由于青年不断地进行自我观察、自我分析和自我评价，把“现实的我”与“理想的我”加以比较，而在青年时期现实的我往往总是落后于理想的我，二者之间的矛盾和距离，会使他们感到很痛苦，并产生强烈的内心体验，从此进入一个内心动荡不安、情绪体验错综复杂的时期。青年人的情绪波动经常是自我意识的矛盾所带来的。

（三）自我意识的完善阶段（青年中期～终生）

如果说前一个阶段是自我意识迅速发展并趋向成熟的阶段，那么，从青年中期开始，个体的自我意识便开始进入完善与提高阶段。这一阶段一直持续到人生的终结，也就是说自我意识的完善与提高是个体一生的任务。

大学生处于青年中期，是自我意识完善的关键时期。他们的自我意识发展正经历着一个特别明显的分化－冲突－统一的过程。这时，原本“笼统的我”被打破了，出现了两个“我”，一个是处于观察地位的我，即主体的“我”；另一个是处于被观察地位的“我”，即客体的“我”，出现了“主观我”与“客观我”及“理想我”与“现实我”的分化。这种分化标志着大学生自我意识已开始走向成熟，也是他们自我意识发展的最重要的过程。

三、自我意识的作用

个体的自我意识与个体的成长发展息息相关。自我意识在个体成长和发展中具有导向激励、自我控制、内省调节等作用。

（一）导向激励作用

每个人都生活在纷繁复杂的社会环境中，面对环境中的各种信息，个体如何选择和反应，在一定程度上受自我意识的影响。自我意识健全的个体在从事一项活动之前，活动的目的和结果就以观念的形式存在于头脑之中了，并依此做出计划，指导自己的活动，从而激发起强大的动力，达到预期的目标。

（二）自我控制作用

有了自我意识，人就可以对自身的思想和行为进行监控，发动符合群体规范和社会道德要求的行动，抑制与其无关或有碍于其进行的行为。自我控制是自我意识发挥能动作用的一个重要表现，是实现目标的重要保障。缺乏自我控制意识和能力的人，是盲动的、情绪化的，缺乏恒心与毅力的人。

（三）内省调节作用

“人贵有自知之明”，全面而正确的自我认知是培养健全自我意识的基础。人通过自我意识确立较为合理的“理想自我”，而自我意识健全的个体，不仅能够确立符合个体的“理想自我”，而且能在遇到各种障碍致使个体产生挫折感时，对自己的认识、情感、意志、行为等进行反省，找到遭受挫折的主客观原因，并重新调整认识，形成新的“理想自我”，使其与“现实自我”趋于统一。

四、自我意识的内容

自我意识是一种多维度、多层面的复杂心理现象，由自我认识、自我体验和自我调节三种心理成分构成。

（一）自我认识

1. 乔韩窗口理论

美国心理学家鲁夫特（Joe Luft）和英格汉（Harry Ingham）提出了关于人自我认识的窗口理论，称为乔韩窗口理论。他们按照自知、自不知、他知、他不知的条件，把每个人的自我分成“公开的我”“盲目的我”“秘密的我”“未知的我”四个部分，如图 2-1 所示。

自 知	自不知
A “公开的我”	B “盲目的我”
C “秘密的我”	D “未知的我”
他 知	他不知

图 2-1　自我的四个部分

“公开的我”代表我们自己知道、别人也知道的领域，对自己和他人都是透明的，这是我们不能隐瞒的，或者我们愿意公开的部分，例如我是个女生，我是长头发。“盲目的我”代表别人知道而自己不知道的领域，我们没有意识到或无意识地在别人面前表现出来的部分，比如一些习惯性动作。“秘密的我”代表我们自己知道而别人不知道的领域，这是我们不愿意在别人面前显露出来的，属于个人隐私，如令人惭愧的往事、内心的痛楚等。“未知的我”代表我们自己不知道、别人也不知道的领域，属于待开发部分。

人对自己的认识是一个不断探索的过程，通过与他人分享“秘密的我”，通过他人的反馈减少“盲目的我”，才会对自己有更全面、更客观的了解，从而可以更好地发挥自己的潜能。

2. 认识自我的三条渠道

（1）比较法——从“我”与他人的关系认识自我。他人是反映自我的镜子，是个体获得自我认识的重要来源。确立合理的参照系和立足点对建立正确的自我认识尤为重要。我们要明确与别人比较的是行为前的条件，还是行为后的结果；明确与他人比较是看相对标准还是绝对标准；明确比较对象是与自己条件相类似的人还是心目中的偶像或极不如自己的人等。

（2）经验法——从“我”与事的关系认识自我。不经一事，不长一智，成败得失及从中获得的经验价值因人而异。对于善用智慧的人而言，成败均可促其发展；对于脆弱的人而言，失败的经验可能使其形成挫败、怕败心理，从此一蹶不振；对于狂妄的人而言，成功反倒可能成为失败之源。因此，要细加甄别从成败经验中获得的自我意识，从中检查、发现自己的不成熟之处和解决问题能力的不足之处，并自觉地调整自己、修正自己和提高自己，才能达到真正的自知。

（3）反省法——从“我”与自己的关系认识自我。古人曰：“吾日三省吾身。”反省并不仅仅指思考自己做得不好的地方，重点是对自己的言行思想保持觉知，鼓励自己做得好的方面，改正自己做得不够好的地方。反省往往会因自身的情绪和愿望而影响自我评价。因此在进行自我评价时，首先，要就事论事，不以偏概全，不以一时一事下结论，要有发展的眼光；其次，不把与别人相比较或别人的态度作为衡量自己的唯一标准，不把成就和成绩作为衡量自己价值的唯一尺度；最后，要更注重自己与自己的比较，如今天的自己与昨天的自己比较，通过比较看到自己的进步和成长，会让自己对未来充满信心。

（二）自我体验

自我体验是个体对自身的认识而引发的内心情感体验，是主观自我对客观自我所持有的一种态度，客观自我满足了主观自我的要求，就会产生积极肯定的自我体验（即自我满足），如自信、自尊；反之，客观自我没有满足主观自我的要求，则会产生消极否定的自我体验（即自我责备），如内疚、羞耻等。自我体验往往与自我认识、自我评价有关，也与自己对社会规范、价值标准的认识有关，良好的自我检验有助于自我监控的发展。

（三）自我调节

自我调节是自我意识的意志成分。自我调节主要表现为个人对自己的行为、活动和态度的调控，包括自我检查、自我监督、自我控制等。自我检查是主体在头脑中将自己的活动结果与活动目的加以比较、对照的过程；自我监督是一个人以其良心或内在的行为准则对自己的言行实行监督的过程；自我控制是主体对自身心理与行为的主动掌握。自我调节是自我意识中直接作用于个体行为的环节，它是一个人自我教育、自我发展的重要机制，自我调节的实现是自我意识的能动性的表现。

课堂讨论

（1）请找出自己身上的三个优点。

（2）请说出最令自己满意的某个体貌特征。

（3）谈谈对自己的认识，再了解周围的人对自己的看法，看看别人对你的看法与你对自己的认识是否一致？如果不一致，该如何调整？

五、自我意识健全的标准

健全的自我意识是心理健康的重要标准，是人类自身内在的一种成功机制，在人的发展过程中发挥着重要作用。自我意识健全的标准有以下四点。

（1）自我意识健全的人，应该是一个有自知之明的人，既知道自己的优势，也知道自己的劣势，能正确评价自我和发展自我。

（2）自我意识健全的人，应该是自我认识、自我体验和自我调节协调一致的人。

（3）自我意识健全的人，应该是自我肯定的、独立的、并与外界保持一致的人。

（4）自我意识健全的人，应该是理想自我与现实自我统一的人，有积极的目标意识和内省意识，积极进取、永无止境。

第二节 大学生的自我意识

一、大学生自我意识的特点

大学生的生活阅历与学习特点决定了其自我意识的独特性，主要表现在以下三个方面。

（一）时间上的“延缓性”

对大学生而言，思想上的独立与经济上的依赖、生理上的成熟与心理上的滞后成熟存在着深刻的矛盾。从时间上看，大学生到了独立承担社会责任的年龄，但校园相对单纯的学习生活又使他们延迟承担社会责任。这种社会责任的延缓承担状态，为其深入细致地认识自我提供了充足的时间。

值得注意的是，部分大学生承担责任时间的后移并不能够减轻他们的心理压力，尤其是贫困学生。很多家庭困难的学生常常感叹道：“这个年龄的自己本应当挑起家庭的重担，为父母分忧解难，但现在却还要花父母的血汗钱，有一种负罪感。如果学习成绩不好，以后无法出人头地，更对不起日夜劳苦的父母。”这会给这部分大学生的心理造成更沉重的压力。

（二）空间上的“多元性”

信息化社会为大学生提供了一个多元的学习环境，特别是网络的飞速发展，为学生提供了无限广阔的、平等自由的学习与交流空间；这为大学生自我意识的发展提供了客观条件，同时其也是一把双刃剑：一方面，大学生来自不同的家庭背景、受不同地域文化的影响、有着不同的人生追求，在共同的学习生活中，大家互相影响、互相包容，在这种互动的环境中逐渐形成自己的价值观念，特别是在心灵的沟通与碰撞中建立新的自我意识；另一方面，在多种价值体系、多元文化的碰撞下，原来的价值体系、自我观念受到强烈的冲击，这种冲击有时会使大学生怀疑自己。

（三）自我意识发展的“不平衡性”

大学生的主观自我与客观自我往往表现出不一致性，特别是高年级学生，一直处于较高的自我意识水平，但随后到来的就业情况常常使他们长期建立的高自我意识与自我概念一夜崩塌。一位毕业生说道：“长期以来，一直心存优越感，我受不了在就业市场上的冷遇。”高主观自我与低客观自我的不平衡，生理、心理与社会自我发展的不平衡都直接影响大学生自我意识的发展。

案例

我的兴趣爱好十分广泛，喜欢唱歌、画画、跳舞。做自己喜欢的事情时，我总是精力充沛。比如老师要求画画，我会不知疲倦地画到令自己完全满意为止，不管画多久我都不会觉得累，而且完成后会有极大的满足感。但是因为没有专业学过画画，找工作时连这个梦想也破灭了。在一次面试中，面试官问我，如果可以让你选择职业的话，你会选择什么职业？我回答的是，我想当漫画家、配音演员、瑜伽教练、幼师等。面试官说我对自己的职业定位还不是很清楚。确实是这样，可是我该怎样剖析、了解自己，给自己一个明确的职业定位，并朝着目标去努力呢？

课堂讨论

你的理想是什么，你有明确的人生目标吗？请认真思考并与同学分享。

二、大学生自我意识的发展

（一）自我意识的分化

进入青春期以后，个体开始注重自己的内心世界和内心体验，个体自我分化为主观自我和客观自我两部分。经过分化，个体开始认识和改造自己的主观世界，进入心理自我的发展时期，即进入自我意识发展的“主观化”时期。

（二）自我意识的矛盾

自我意识分化的出现使大学生开始意识到自己以前不曾注意的许多有关“我”的问题，在此期间表现为他们对自我的评价往往是矛盾的，对自我的态度常常是被动的，对自我的控制是不果断的。大学生自我意识的矛盾主要表现为以下几点。

（1）主观我与客观我的矛盾。主观我表示“我是什么”“我做什么”，是个体对社会情境做出的反应；客观我表示“怎样看待我”“给我什么”。二者若统一，个体就能形成稳定的“自我统一性”。大学生一般对自我都有较高的评价，但社会对其“眼高手低”等的消极评价会让其心理产生一定的失落感。

（2）理智与情感的矛盾。大学生一般都通情达理，渴望自我进取和完善。但由于自控力较差，往往会使理智成为感情的俘虏，做出一些错事，陷入懊悔、惆怅之中。

（3）理想自我与现实自我的矛盾。理想自我与现实自我之间存在一定的差距，能让人不断进步，奋发向上。但若差距过大，则有可能引起自我意识的分裂，导致大学生不能积极悦纳现实自我，并引发消极的自我意识。

（4）满足感与失落感的矛盾。当期望值大于实际值时，容易产生失落感；当期望值小于实际值时，容易产生满足感。大学生经过寒窗苦读和竞争激烈的高考，终于进入大学校门，从而获得内心的满足感。然而，进入大学后短时间内又没有确立新的奋斗目标和行动方向，因此产生了空虚感。大学新生入学前往往把大学看得过于神秘，进入大学几个月后，发现艰苦、单调的大学生活与梦想相差甚远，并发现自己在群体中地位下降，于是就容易陷入幻想破灭的失落感之中。

（5）独立自我与依赖自我的矛盾。随着生理的成熟及交往范围的扩大，大学生开始渴望独立，希望自己独立地面对学习、生活中遇到的问题，并希望他人给予成人般的信任与尊重。但经济上的依赖、社会阅历和经验的欠缺，导致他们独立解决问题的能力不足，容易冲动行事。

（6）自我封闭与渴望友谊的矛盾。大学生初入新环境，充满了远离父母、远离中学好友的寂寞感，需要建立新的友谊。某高校抽样调查资料显示，大学新生极怀念和常怀念中学师友的占74.3%，极怀念和常怀念中学时代生活的占67.1%。面对比过去更复杂的学习、生活方式和自身的种种矛盾，他们比任何时候都更需要教师和朋友的理解、支持和帮助。然而在真正与人交往的过程中，他们又比较内向，不愿敞开心扉，生怕露短显丑，给他人留下不好的印象。有些大学生还会以自我封闭的方式消极防卫。

课堂讨论

进入大学院校后，你产生过哪些自我意识的矛盾？请举例说明。

（三）大学生自我意识的整合

自我意识的矛盾冲突，常常会给大学生带来不安或心理痛苦，他们总是力图通过自我探究来摆脱这种不安与痛苦。在自我意识的矛盾冲突中，他们的自我意识也在不断调整、发展，寻找自我意识的统一点，进而整合自我意识。从自我意识的性质看，大学生自我意识的整合结果表现为以下三个方面。

1. 自我肯定

自我肯定，即对自我的认识比较清晰、客观、全面、深刻。这种积极自我的特点是在经过痛苦的选择与调整之后，逐渐成长，使理想自我与现实自我趋于统一，主观我与客观我趋于一致，对自我的认识更加深刻、客观、理性。自我肯定不仅能了解自己的优势，也能了解自己的劣势，进而分析哪些是通过努力可以达到的，哪些是无法企及的，从而向着理想自我迈进。

2. 自我否定

自我否定分为自我贬损型和自我夸大型两种类型。

自我贬损型的人由于总是经历失败与挫折，对现实自我的评价较低，并时常排斥自我、否定自我。他们不但不接纳自我，甚至拒绝自我、放弃自我，其表现为没有朝气、随意盲从、缺少激情，因为生活没有目标，导致其越发自卑，从而失去前进的动力。

自我夸大型的人正好相反，他们对自我的评价非常高，往往脱离客观实际，常常以理想自我代替现实自我，盲目自信、虚荣心强、心理防御意识强。其行为结果要么表现为缺乏理智、情绪冲动，忘记现实自我而沉浸于虚无缥缈的自我幻想中；要么自吹自擂、自我陶醉，不愿意为实现自我而努力。

自我贬损型与自我夸大型的人的共同特点是对现实自我评估不正确、理想自我不健全，缺少实现理想自我的行动，是一种不健康的自我整合。

3. 自我冲突

自我冲突是难以达到整合的自我意识，它表现为：自我认知或高或低，自我体验或好或坏，自我控制时强时弱，心理发展极不平衡，有时显得自信而成熟；有时又表现得自卑而幼稚，让人无法评估。自我冲突的人表现为自我矛盾型和自我萎缩型两种类型。

自我矛盾型的人，其心理内容冲突激烈，持续时间长，自我认识、自我体验、自我控制不稳定，自我意识无法整合。例如，有的大学生可能既是一个自信的人，在某些方面也是一个自卑的人；既是一个害羞的人，在某些场合又善于交际。

自我萎缩型的人缺乏理想自我，但又对现实自我深感不满，他们消极放任、自怨自艾，甚至麻木、自卑，以至于越来越消沉，对自己丧失信心，严重的还可能导致精神分裂，或绝望轻生。因此，自我冲突的高职大学生要逐渐调整对自我的认知，客观认识自己与他人，客观看待成功与挫折，这样才能使自我意识在良性轨道上发展。

三、大学生自我意识的偏差

大学阶段自我意识形成的过程其实就是一个将理想自我和现实自我重新整合的过程，呈螺旋式上升的趋势。当前大学生的主流心态是积极的，是健康发展的，但由于社会环境、家庭环境等的影响，部分学生在学习、生活、工作的过程中存在自我意识的偏差，其通常表现在以下几个方面。

（一）自负与自卑

适当的自尊和自信是激励人们力争上游、追求崇高理想的巨大动力，但过分自尊会导致自负。自负的人往往听不进别人的批评，唯我独尊、盛气凌人。这种人缺乏自知之明，总认为自己是对的而别人是错的，把自己的意志强加在别人身上，且不能与人和睦相处，容易受到伤害。

当一个人的自尊需要得不到满足，又不能恰如其分、实事求是地自我分析时，就容易产生自卑心理。形成自卑心理后，往往会从怀疑自己的能力转变为不能表现自己的能力，从怯于与人交往转变为自我封闭。自卑者往往只看到自己的缺点而忽略优点，总是否定、抱怨、指责自己，看不到自己的价值或夸大自己的不足，感到处处低人一等，因此丧失信心，严重的还可能由自我否定发展为自我厌恶，甚至走向自我毁灭。

（二）逆反与从众

逆反是指在多种因素作用下，个体对一定的准则、规范或行为表现出反感、厌恶，从而产生抵触的心理。逆反心理是一种畸形的、不健康的心理。有强烈逆反心理的学生容易对正面宣传做反向思考，对榜样和先进人物无端否定，对不良倾向产生情感认同，对教师、家长和周围事物持消极、冷漠、反感甚至抗拒的态度。他们在内容上不分精华与糟粕，一律排斥；手段上只是简单地抗拒，情绪成分大，为反抗而反抗。过分的逆反心理阻碍了大学生的学习与生活，不利于大学生健康成长。

所谓从众，就是在群体的影响和压力下，个体放弃自己的意见而采取与大多数人相一致的行为，即通常所说的“随大流”。具有从众心理的大学生容易接受暗示和受人指使，在紧急和困难的情况下常常手足无措；迫于群体氛围的压力，屈从于某些不良倾向时，不敢坚持正义，不能有效地抵制；一旦失去这种从众氛围，很容易不知所措，找不到努力的方向，进而走向迷惘、失落。盲目从众容易导致大学生心理的矛盾冲突，引起心态失衡，甚至产生心理障碍，需要积极有效地疏导。

（三）以自我为中心

大学生强烈地关注自我，当过多地从自我的角度、标准去认识评价事物与行为时，就会出现自我中心倾向。以自我为中心的人凡事从自我出发，不能设身处地地为他人着想，爱把自己的意志强加于人；盛气凌人，习惯让别人服从自己、迁就自己，而自己却不愿意受委屈，造成人际关系不和谐。

要克服这种心理：首先，要摆正自己的位置，重视自己且不贬低他人，自觉地把自己和他人、集体结合起来，走出自我的小天地；其次，要实事求是、恰如其分地评估自己，既不自高自大，也不妄自菲薄；最后，要学会换位思考，多从他人的角度思考问题，尊重他人的感受、关心他人。

（四）过分追求完美

追求完美的大学生常对自己持过高的要求，期望自己完美无缺。此外，他们不能容忍自己“不完美”的表现，对自我十分苛刻，只接受自己理想中的“完美”自我，不肯接纳现实中平凡的或有缺点的自我。但结果往往适得其反，其对自我的认识和适应更加困难。

第三节　大学生自我意识的完善

一、善于自我控制

（一）自我控制的概念

自我控制是指个体自主调节自身行为，并使其与个人价值和社会期望相匹配。它可以引发或制止特定的行为，如抵制冲动行为、抵制诱惑、延迟满足、制订和完成行为计划、采取适应社会情境的行为方式等。

自我控制是自我意识的意志成分，处于大学阶段的大学生，离开了中学时督促自己的家长和老师，对自己的行为和态度的调控愿望增强；有一定的自我设计、自我规划愿望，能够更好地进行自我检查和自我监督，自觉地调节行为。但是，大学生自我控制水平还不够，有时候行为随意性比较大，如刚下决心要做某事，转身又找理由放弃。大学生一些违反校规、校纪的情况就是不善于自我控制的后果。

扩展阅读

延 迟 满 足

20世纪60年代，美国斯坦福大学心理学家沃尔特·米歇尔设计了一个著名的关于“延迟满足”的实验，这个实验是在斯坦福大学的幼儿园开始的。研究人员找来数十名儿童，让他们单独待在只有一张桌子和一把椅子的小房间里。桌子上的托盘里有这些儿童爱吃的棉花糖。研究人员告诉他们可以选择马上吃掉棉花糖，或者选择等研究人员回来再吃，这样可以再得到额外一颗棉花糖作为奖励。如果实验过程中无法等待，他们还可以按响桌子上的铃，研究人员听到铃声会马上返回。对于这些孩子来说，实验的过程颇为难熬。有的孩子为了不去看那诱人的棉花糖而捂住眼睛或转过身去，还有一些孩子开始做一些小动作——踢桌子，拉自己的辫子，有的甚至用手去打棉花糖。结果，大多数的孩子坚持不到三分钟就放弃了，一些甚至没有按铃就直接把糖吃掉了，另一些则盯着桌子上的棉花糖，半分钟后按了铃。大约三分之一的孩子成功延迟了自己对棉花糖的欲望，他们等到研究人员回来兑现了奖励，等待时间差不多有15分钟。

实验之后，研究者长时间地追踪直至实验者35岁以后。研究的结果显示：这些实验者的成长发展与他们小时候“延迟满足”的能力存在某种关系。那些急不可待只吃1颗糖的孩子，在青少年时期，无论在家里还是学校里，都更容易出现行为上的问题，成绩分数也较低，他们通常更难面对压力，注意力不集中，而且很难维持与他人的友谊，并且在成年后有更高的体重指数，还更容易存在吸毒方面的问题。

实验说明：那些能够延迟满足的孩子自控能力更强，他们能够在没有外界监督的情况下适当地控制、调节自己的行为，抑制冲动，抵制诱惑，坚持不懈地努力以保证目标的实现。

（二）自我控制的方式

自我控制是一个人主动定向地改变自我心理品质、特征和行为的心理过程，是个体心理成熟的重要指标，更是健全自我意识、完善自我的根本途径。大学生自我期望较高，但由于主客观条件的限制，特别是意志力较弱的学生，面对必须长期坚持的学习、工作，容易半途而废，无法实现预期的目标。因此，大学生要根据自身实际情况和社会的需要，确立合理的目标，在迈向理想我的过程中，做到两个方面。

1. 合理确立“理想我”

大学生之所以学习动力不足，是因为不知道自己到底想成为什么样的人，“现实我”与“理想我”的差距太大。合理的“理想我”是既符合社会需要又符合个人特点的个人发展目标。大学生如果能够从自身实际出发合理确定“理想我”，就能为塑造健全的自我意识提供强大的精神动力。如果目标定得过高，就可能失去信心；如果目标定得过低，就可能失去动力。为此，大学生必须尽可能地多了解社会，认识社会发展的客观规律，树立正确的世界观和人生观。

2. 努力提高“现实我”

从“现实我”到“理想我”的实现需要经历一个较为漫长的过程。大学生要努力提高“现实我”，就要敢于自我剖析，发现自己的不足之处，制订相应的提高计划，循序渐进，才能逐步实现理想，登上辉煌的人生顶峰。有些大学生虽然有自己的理想，但小事不愿做，大事做不了，最终只能望而兴叹。因此，切忌好高骛远、眼高手低；要培养脚踏实地的精神，确立合理的目标，制订可行的计划，只有这样才能逐步提高“现实我”，实现“理想我”。

目标包括长期目标和短期目标。作为大学生，首先要制订好长期目标，然后是短期目标，长期目标一般以学期为单位。在长期目标中，要确立以月、周、日为单位的短期目标，规定自己完成目标和学习任务的具体时间。在制订短期计划时，要把一天中的全部活动都纳入计划中，要将学习和休息协调起来，切忌计划繁杂，避免因无法完成而受挫。为保证目标的实现，应建立短期的计划评价，以考察计划完成的情况，找出计划未完成的原因，并采取相应的措施。若努力之后，目标仍无法实现，就需要考虑目标是否符合自己的实际水平，若不符合，就要重新修订。

课堂讨论

结合日常生活，谈一谈如何做到自我控制？

故事

老鹰的重生

老鹰是世界上寿命最长的鸟类，可以活到70岁。但是活到40岁的时候，它们的爪子因为老化而无法抓东西，它们的喙也老化得贴近胸口，无法啄食，它们的羽毛也钙化到难以飞翔。渐渐衰老的老鹰渴望重生，就必须做出改变。首先，它要在岩石上敲打自己的喙。每敲一次就疼痛得发出一声惨叫，但它不能停止，必须一直敲打，直到老喙脱尽，露出稚嫩的新喙。新喙露出来了，但老鹰还不能休息，它必须忍着剧痛，使用新喙拔掉自己苍老的指甲。拔完指甲，老鹰依旧不能停止，它必须立刻做下一件事情，就是拔自己钙化的羽毛，一根一根地拔掉。整个重生的过程历时150天。当完成这三件事后，老鹰发出一声清脆的叫声，重新冲上天空。重生的老鹰迎来了30年的美好生活。

二、诚于自我完善

完善自我是一个“新我”形成的过程，从“小我”走向“大我”，从“昨日之我”迈向“今日之我”“明日之我”。因此，大学生应把完善自我的意识贯彻到每一个具体的行动中去，从点滴小事做起。从现在开始，将个人理想和社会现实结合起来，时刻感受到肩负的历史重任，充分发挥自我学习、自我创造的能动性，使自己的能力、品性得到最大限度的展示，不断提高自信心与自制力，坚持不懈地在克服困难和实现理想的过程中完善自我。

（一）需要增强自我效能感

自我效能感是个体在一定情境下对自我完成某项工作的预期。自我效能感与成就动机呈正相关性。当人们期望自己成功时，必然会尽最大的努力；当面临挑战时，则会表现出更强的坚持力，从而增加成功的可能性。

（二）需要克服自我障碍

自我障碍是指一个人体验到对自己能力程度的焦虑而带来的不安全感。一个渴望自我发展的人必须主动克服自我障碍，进行积极的自我提升与自我尝试，才能不断地完善自我。

三、勇于自我超越

超越自我是对自身能力或素质的突破，这不仅仅是个体潜能的激发，更多的是人性的完善、境界的提高和智慧的凝结。超越自我不是一帆风顺的过程，需要付出艰辛的努力和沉重的代价。珍惜已有的自我，追求更好的自我，做一个自如的、独特的自己。

（一）敢于尝试，积极行动

不断地尝试和积极的行动是获得成功的有效途径。在尝试过程中，训练自身各方面的能力，提升自我素质，让人们了解自己、接纳自己，激发出全新的自己。如此下去，潜能才能逐渐得到开发，才有超越自我的可能。

有些大学生由于在学业上经历了较多的挫折，表现出过度的自卑，对未来缺乏信心，有的甚至自暴自弃。心理学研究表明，每个人都具有无限的潜能，要相信自己，在全面认识自我、积极悦纳自我、有效调控自我的基础上，坚持不懈地努力奋斗，就一定能超越自我。

（二）取人之长，补己之短

每个人都有自己的长处和短处，“见贤思齐焉，见不贤而内自省也”“择其善者而从之，其不善者而改之”，认真汲取和学习别人身上的长处与优势，使自己不断提升，同时也要看到别人身上的短处和缺陷，以此为鉴，完善自我。另外，要善于正确地评估自己，辩证地对待自己的优缺点，好的方面继续发扬，不足的地方努力改正。只有这样，才能不断地超越自我，做更好的自己。

（三）积极参加实践活动

通过参加各种活动时的动机、态度、表现，以及取得的效果和成果来分析和认识自己。活动成果的价值有时能直接体现自身的价值，社会衡量一个人的价值主要是通过活动成果认定的。一次成功会增加自信心，一次失败也可能怀疑自己的能力。俗话说，“失败乃成功之母”，大学生具有各种潜在的天赋和能力，只有积极参加多方面的实践活动和社会交往，才有机会发现和发展自己的天赋和才能，才能不断地超越自我。

课堂讨论

请结合实际生活，谈一谈大学生应如何超越自我？

心理训练

心理训练一：认识和评价自己

第一步，请 5 ~ 10 位非常了解你的朋友列出你的优点和缺点。

第二步，自己列出自己的优点和缺点。

第三步，把自己所列的优点和缺点与朋友列出的进行比较，填入表 2-1 对应的空格中。

表 2-1　乔韩窗口理论认识和评价自己

优点	自己知道	自己不知道
他人知道		
他人不知道		
缺点	自己知道	自己不知道
他人知道		
他人不知道		

根据所填的情况，你可能会发现自己有许多优点，别人并不知道；也可能发现别人说出的自己的优点，自己反而不知道。通过对比可以进一步了解自己，同样，你的缺点也可能有类似的情况。

心理训练二：增强自信心

一、自卑心理案例分析

吴某，男，重点大学二年级学生。自进入大学后，因为父母都是农民，家境贫寒，他一直很自卑。以前因为在中学时成绩拔尖，深受老师和同学的器重，自己也因此似乎忽视了家庭的贫困和普通。为了他上大学，家里负债累累。进了大学后，自己又借了不少钱以掩饰自己的贫困和普通。原以为到了上海，会有很多机会，可以通过打工来补贴自己，但实际上很难。曾想了许多办法来提升自己的素质（比如参加社团、看书、看展览会、考证书等），但实施之后，往往都是半途而废，进而感到自己脱离不了贫穷，改变不了社会底层的地位，自己不会有好的前途，不可能光宗耀祖，甚至找女朋友在上海成家都很困难。

思考：

（1）吴某对自己的认识是否正确？

（2）自卑心理是什么？

（3）吴某的自卑心理是怎样产生的？

（4）请同学们相互讨论自卑都有哪些危害。

二、自信从何而来

“罗森塔尔效应”产生于美国著名心理学家罗森塔尔的一次有名的实验中：他和助手来到一所小学，声称要进行一个“未来发展趋势测验”，并煞有介事地以赞赏的口吻，将一份“最有发展前途者”的名单交给了校长和相关教师，叮嘱他们务必要保密，以免影响实验的正确性。其实他撒了一个“权威性谎言”，因为名单上的学生根本就是随机挑选出来的。8个月后，奇迹出现了，凡是上了名单的学生，个个成绩都有了较大的进步，且各方面都很优秀。罗森塔尔认为，可能是因为老师们认为这些大器晚成的学生开始崭露头角，予以特别照顾和关怀，以致他们的成绩得以改善。这就是著名的“罗森塔尔效应”。

对“罗森塔尔效应”进行以下讨论：

（1）为什么在老师心目中，这些同学是聪明的？

（2）这些同学果然就变得聪明了吗？

（3）你认为是什么原因导致了“罗森塔尔效应”？

三、自信训练

想象这样的情境：一个雇员找老板要求升职，老板问：“你怎么敢问这个问题？”

假如你是这位雇员，你会以怎样的方式提出要求升职这一问题，之后又会如何回答？

请学生两人一组分别扮演雇员和老板的角色，要求第一次老板有接受的态度，第二次老板不接受。

四、探索能力

了解自己所具备或者隐藏的能力，激发自己的潜能，不但能令你更喜欢自己，而且在未来可以寻找机会发挥自己的潜力。分组讨论以下问题：

（1）你觉得自己目前具备哪些能力？

（2）哪些能力是你目前没有，但是想要拥有的？

（3）你会做哪些努力去拥有这些能力？

第三章　内化于心，塑造人格
——大学生人格健康与塑造

心语心愿

我们不必羡慕他人的才能，也不必悲叹自己的平庸。各人都有他的个性魅力，最重要的，就是认识自己的个性，并加以发展。

——［日］松下幸之助

案例导入

人格是什么

2008 年的汶川特大地震牵动了每一个中国人的心。灾难发生之后，有些人会向别人倾诉，寻求心理疏导，尽可能利用社会网络和社会资源积极调适；有些人则选择采取自己扛住不幸与悲伤的方式，拒绝社会资源提供的心理援助，不向外宣泄，独自生闷气或者对家人发脾气，导致更严重的抑郁和自责；有些人在灾难后短期内会表现出强烈的身体和心理反应，但是在较短的时间内就得到了一定程度的复原，并由于经历灾难而更加珍视生命和生活；有些人则一直沉浸在悲伤、恐惧、自责之中，他们会反复念叨灾难情境，反复体味自己的消极情绪，不愿意走出来，严重的还会产生幻觉和被害妄想。经过一段时间之后，有些人能接受灾难的结果，并展望新的生活；有些人则逃避谈论跟灾难有关的一切事情，害怕强烈的声光反应，常常做噩梦，甚至发展成社交恐惧。其实，人们在灾后不同的反应都与他们在灾害期间所体现出的人格特征密切相连：性格外向的人比内向的人更容易向外界寻求资源来进行灾后调适；开放性高的人比开放性低的人更能接受灾难现实并面对未来；与神经质高的人相比，神经质低的人的身体和心理反应较为平缓，持续的时间也较短。

从宏观上看，汶川大地震这样的灾难导致了人们之间十分相似的情绪反应和行为表现。但如果我们再看得仔细些，就会发现，尽管人们的反应有其相似性，但还是存在差别。有些人会积极关注电视报道，并开展实际行动去援助灾区，有些人则会回避相关报道，因为同胞的死伤消息让他们的悲痛不堪重负；有些人会担忧这场灾难对于即将举行的北京奥运会的影响，有些人则坚定地相信“大难兴邦”；有些人会跟别人倾诉这场灾难引发的冲击性感受；有些人则会独自承受灾难所引发的关于生死的感触。当人们面临相同事件时，他们会有各种各样的表现，而某些特定表现会经常性地出现在一个人的身上。这引发了心理学家们的兴趣，他们把这些人与人之间存在差异，而在同一个人身上又具有稳定性的特点称为“人格”。

第一节 人格概述

一、人格的定义

人格是指存在于个体内部的一套持续性的心理倾向与特征，具有一定的组织性和结构性。人格会与个体所处的外界环境互相作用，并影响个体的认知、动机、情绪和行为等活动。因为个体的认知、动机、情绪等都是不可见的内部心理活动，而行为是外显可见的，所以，心理学家也会将人格定义为“每个人独特而一致的行为表现”。这意味着人格具有两个特点：一是同一个人会在不同的场合表现出相似的行为（一致性）；二是不同的人在同一场合下表现出不同的行为（特殊性）。正是由于人格的这两个特点，就能对其他人在某些场合的行为表现进行预测。例如，从事刑侦工作的警察会分析数次犯罪行为的具体表现，以此判断是否是同一名（伙）罪犯所为，或者预测这名（伙）罪犯下一步将会有怎样的犯罪行为。有时，警察还能通过分析犯罪行为来推断罪犯可能的人格特点，如判断罪犯是冲动型的还是预谋型的，是忧虑型的还是狂躁型的。

二、人格的结构

人格即个性，完整的人格包括个性心理特征和个性倾向性。

所谓个性心理特征，包括能力、气质和性格，它体现在人的心理活动效能和活动风格的差异上，是个体在社会活动中表现出来的比较稳定的成分。

个性倾向性是推动人进行活动的动力系统，是个性结构中最活跃的因素，决定着人对周围世界认识和态度的选择和趋向，决定人追求什么，包括需要、动机、兴趣、爱好、态度理想、信仰和价值观。

个性倾向体现了人对社会环境的态度和行为的积极特征。个性心理特征在个性结构中并非孤立存在，它受到个性倾向性的制约。例如，能力和性格是在动机、理想等推动作用下形成、稳定或者再变化，也需要依赖于动机和理想等动力机制才表现出来。二者相互制约、相互作用，使个体表现出时间上和情景中的一贯性。

因此，人格是由不同成分构成的一个结构系统，不同成分从不同侧面反映个体的差异，而气质与性格是人格的重要方面。

（一）气质

1. 气质的定义

气质是人的典型的、稳定的个性心理特征，它清楚地表现在情绪和情感的发生速度、向外表现的强度以及动作的速度和稳定性等方面，也表现在智力和其他心理活动方面。简单地讲，气质是指人的脾气、秉性或性情，是人的心理活动的动力特征。

2. 气质的分类

气质一般分为胆汁质、多血质、黏液质、抑郁质四类。纯粹属于单一气质类型的人不多，说某人是某种气质类型的人，大多数情况下只表示其该种气质类型特征较为突出。气质类型虽无好坏之分，但每一种气质类型都具有向某些积极或消极的性格品质发展的可能性。

（1）胆汁质。情感兴奋、难持久，易激昂，直率热情，精力充沛，敏捷多动，急躁、不稳定，意志坚强，勇敢果断，刚愎自用，情绪容易冲动，心境变化强烈，具有外倾性。

（2）多血质。活泼、好动，反应迅速，喜欢与人交往，注意力不集中，兴趣容易转移，乐观而浮躁，具有外倾性。

（3）黏液质。安静、稳重、情绪沉着、持续较久，沉默寡言、反应缓慢，安闲，精力不足，情感不易外露，注意力集中、不容易转移，善于忍耐、对人感情平淡，具有内倾性。

（4）抑郁质。情感沉着，体验深沉，行动迟缓，善于观察到别人不注意的细小事物，行为孤独、不善于交往，落落寡合，深思熟虑、犹豫不决。

3. 气质在现实生活中的意义

心理学所说的气质是生来就有的，有的人脾气很急，走路风风火火；而有的人做事慢条斯理，稳扎稳打；有的人喜形于色，大大咧咧；而有的人沉默寡言，深思熟虑。人的气质有不同，但却没有是非、善恶、好坏之分。例如，一个人反应敏感，他可能是个灵活机智的人，但也可能成为诡计多端的人；一个行为缓慢的人，也可以成为运筹帷幄、思想坚定的人。

气质既不能决定一个人的品质好坏，也不能以此来判断事业成就和社会价值的高低。据研究，诗人普希金、革命家陈毅是热情奔放的胆汁质气质；作家赫尔岑、学者郭沫若是活泼、好动的多血质气质；文学家克雷洛夫、作家矛盾是稳重、沉默寡言的黏液质气质；作家果戈理、数学家陈景润是体验深沉、行为孤独的抑郁质气质。气质在现实生活中有如下意义。

（1）气质特征是职业选择的依据之一。一个人选择职业要考虑多种客观条件，如知识结构、能力、兴趣等因素。但是，如果把个人气质类型也考虑进去，则可以事半功倍地发挥个人的智力和施展社会才能。如对外界刺激的忍受能力上，多血质的人可以保持充沛的精力，但容易转移注意力；而抑郁质的人很容易疲劳、抑郁；黏液质的人既能忍受刺激又能保持稳定。在可塑性、敏捷性、兴奋性等方面不同气质都表现不同。

1）多血质的人是活泼、好动、敏感的气质类型，这样的气质职业选择较广泛，不适合做细致单调、环境过于安静的工作。

2）胆汁质的人是热情、直率、好冲动的人，不适合整天坐办公室，或不走动的工作。

3）抑郁质的人不适合做上面提到的适合胆汁质人的工作，但他们适合当保管员、校对、排版、化验员，也适合做机要工作、研究性工作和艺术性工作。

4）黏液质的人反应速度不快，具有自制、守纪、安静的品质，但对周围的事物关心不够，适合当外科医生、社会活动家、法官、管理人员、出纳员、会计、播音员等。

（2）认知气质特征可以帮助自己克服弱点。

1）胆汁质的青年要锻炼自制力，严格要求自己遵守纪律，注意控制情绪，不要冲动，不要乱发脾气。

2）多血质的青年尽可能多地参加活动，主动接受各种任务，要求自己做事认真、踏实，坚守信用，克服轻浮和见异思迁的弱点。

3）黏液质的青年应要求自己办事果断，反应灵敏，耐心听取别人的意见，哪怕当时不理解也要争取接受下来再冷静地慢慢思考。

4）抑郁质的青年应要求自己勇敢、热情、合群，多接触人，多参加活动，增强自信心。实践证明，气质特征是可以改变的，如一个胆怯、孤僻、羞涩的女生，引导她多参加活动，担任一定的工作，可以显现出主动、独立和不怕困难的特质。

（3）气质特征可以帮助搞好人际关系。研究发现，两个人的协同活动中，气质类型不同的人的配合比气质相同的两个人配合取得的成绩更好。如纺织厂黏液质的工人比较稳重、细心，能及时发现故障；多血质、胆汁质的工人虽比不上黏液质的人细心，却有着转移动作迅速的优点，形成互补，工作配合就会更好一些。配备领导班子，也应考虑气质类型的互补原则。

（二）性格

1. 性格的定义

性格是人对现实稳定的态度和习惯了的行为方式的个性心理特征。性格这个词源自希腊语，人的个性差异首先表现在性格上。客观现实中的各种事物经常不断地影响和作用于人，人们总是对它表现出一定的态度和相适应的行为方式。这种影响和作用通过认识、情感、意志过程在个体的心理结构中保留下来，逐渐形成稳固的态度体系和习惯化了的行为方式，由此表现出来的个性心理特征就是性格。

2. 性格的特征

性格是指贯穿于一个人全部行为中具有稳定倾向的心理特征，一时或偶然性的表现不能视为性格特征。性格有着非常复杂的结构，可以分解为许多不同的特征，主要有以下四种。

（1）性格的态度特征，其包括：

1）对社会、集体、他人的态度的性格特征主要有热爱集体、遵守纪律、富于同情心、为人正直诚实、公而忘私等，与其相反的是对集体漠不关心、自由散漫、冷酷无情、虚伪狡诈、自私自利等；

2）对劳动、工作、学习的态度的性格特征主要有勤劳、认真、细致、有创新精神、积极、节约等，与此相反的是懒惰、马虎、粗心、因循守旧、消极、浮华等；

3）对自己的态度的性格特征主要有谦虚、自信、大方、自尊自重等，与此相反的是骄傲、自卑、羞怯、自暴自弃等。

（2）性格的意志特征，其包括：

1）在行为目标明确程度上主要有目的性、独立性、组织纪律性，或与之相反的盲目性、受暗示性、散漫性等；

2）在行为自觉控制水平上主要有主动、自制，或与之相反的被动、任性等；

3）在困境中的表现主要有镇定、果断、勇敢、顽强，或与之相反的惊慌、优柔寡断、怯懦、软弱等；

4）在决定贯彻执行方面主要有严肃认真、坚韧不拔，或与之相反的马虎草率、半途而废等。

（3）性格的情绪特征。该特征主要表现为情绪表现强烈、难以控制、持续时间短、经常处于抑郁消沉之中，或与之相反的是情绪冷静、容易控制、持续时间长、处于精神饱满之中。

（4）性格的理智特征。该特征是指人们表现在感知、记忆、想象和思维等认知过程中的性格特征，如思维敏捷、深刻、逻辑性强或思维迟缓、浅薄、没有逻辑性等。

3. 性格的分类

心理学家对性格的分类方法很多，一般有如下几种。

（1）根据心理机能优势划分。根据心理机能优势程度划分，性格分为理智型、情绪型和意志型。

1）理智型性格主要表现为通常能够按照目的、任务来观察，冷静地思考问题，以理智来评价、支配和控制自己的行动。

2）情绪型性格主要表现为个体的学习、生活活动带有情绪状态，往往不善于思考，其言行举止易受情绪左右。

3）意志型性格一般表现为行动主动积极，具有明确的行动目的和较强的自制能力，他们的意志明显比理智型和情绪型占优势。

（2）根据人的心理活动倾向划分。根据人的心理活动倾向，把人们的性格分为外向型和内向型。

1）外向型性格主要表现为好活动、好交往，乐观、活泼而开朗的性格特征，善于社交，与人相处容易，善于适应陌生的环境。

2）内向型性格主要表现为不善于处理人际关系，甚至不知如何与人相处，不善于表达自己的感情，一意孤行，不会轻易接受他人的意见，不善于与他人合作。

内向与外向是性格的一个维度，没有好坏优劣之分。外向型的人会心思不够缜密，耐性和毅力比较差；而内向型的人有坚强的毅力和耐性，能脚踏实地做好事情。

（3）根据个体独立程度划分。根据个体独立性程度，把人们的性格划分为独立型和顺从型。

1）独立型的人善于独立思考，不易受外来因素的干扰，能够独立发现问题和解决问题。

2）顺从型的人易受外来因素的干扰，常不加分析地接受他人意见，应变能力较差。

（4）根据与疾病发生的关联度划分。根据与疾病发生的关联度，将人们性格特点常分为 A 型、B 型和 C 型。

1）A 型性格属于急躁好胜型，其行为特点为：为取得成就而努力奋斗；富有竞争性；不耐烦；有时间紧迫感；语言和举止粗鲁；对工作和职务提出过多的保证；有旺盛的精力和过度的敌意。这种类型的人，在心血管疾病方面尤其高发。在冠心病患者中，具有 A 型性格行为者占 75.5%，在高血压患者中，A 型性格行为者占 79.5%。

2）B 型性格属于遇事想得开型，其行为特点为：从容不迫，悠闲自得，生活节奏较慢；稳重，现实，安宁，松弛，顺从，随遇而安；对人较随和，较少有侵犯性。从健康的角度来说，B 型性格行为者出现各类疾病的概率的确较低。

3）C 型性格属于忍气吞声型，其行为特点为：性格克制压抑，不表现负面情绪，特别是对愤怒的压抑，好生闷气，尽量回避各种冲突；与别人过分合作，原谅一些不该原谅的行为，对别人过分耐心，屈从于权威；生活和工作中没有主意和目标，不确定性多，有孤独感或失助感。这种类型的人，属于癌症易感性人群，和皮肤病、哮喘、溃疡病的关系也比较密切。

（三）性格与气质的关系

性格与气质是两个完全不同的概念，但二者相互作用。

首先，它们同时受到神经类型的影响，但对气质来说，神经类型是其直接的生理基础，而对性格来说，神经类型只是它的生物基础，性格的养成主要受到后天环境的影响。巴甫洛夫指出，性格是在神经类型和后天生活环境的相互作用下形成的，即性格具有某种遗传色彩，也显露出后天生活经历的明显印记。这说明了性格同时具有生物性和社会性的特点。现代认知神经科学的研究发现，尽管神经类型在后天不会发生太多变化，但是，神经的突触却可以由于后天生活中的刺激而发生不同的连接，导致同一神经类型的个体可能具有不同的性格表现。

其次，性格的表述可以从现实生活的表属性词汇中找到。

再次，二者虽然一脉相承，但是，具有类似气质的个性可以由于日后环境的变化而具有完全不同的性格。因此，气质具有相对稳定性；而性格却可以发生很大的变化。

三、人格的类型

除了探讨人格背后的复杂动因之外，心理学家还从现象层面探讨了人格的维度和类型，以正确地对每个人的人格进行描述。

心理学家汉斯·艾森克从以下三个维度来描述人格。

（1）内向型/外向型。内向型是用来指害羞的、被动的、小心谨慎的和独来独往的个体；而外向型是指善于社交的、活泼的、主动的、爱冒险和探索的个体。

（2）情绪稳定性。情绪稳定是指个体遇事沉着冷静、适应良好；而情绪不稳定是用来指个体遇事容易焦虑、紧张和忧郁。

（3）精神病维度。精神病维度是指缺乏同理性，对他人的感受不能感同身受，敏感度低，情感淡漠。

趣味测试

测一测，看看自己是外向型的人，还是内向型的人，见表3-1。

表3-1　艾森克人格测验（内/外向维度）

	陈述项	选项	
1	你有许多不同的感受吗？	是	否
2	你是个健谈的人吗？	是	否
3	你很活泼吗？	是	否
4	在一个热闹的晚会上你能放开自己玩得开心吗？	是	否
5	你喜欢结识新朋友吗？	是	否
6	你喜欢外出吗？	是	否
7	你有许多朋友吗？	是	否
8	你常主动结交朋友吗？	是	否

续表 3-1

	陈 述 项	选 项	
9	与别人在一起的时候，你通常是静悄悄的吗？	是	否
10	你能轻易地使一个平淡的聚会活跃起来吗？	是	否
11	你喜欢讲笑话或好玩的故事给朋友听吗？	是	否
12	你喜欢周围有很多刺激与兴奋吗？	是	否
13	别人觉得你活泼吗？	是	否
14	在社交场合你总是躲在后面吗？	是	否

计分方法："是"为1分，"否"为0分；但是第9项和第14项"是"为0分，"否"为1分。得分越高（得分大于7）越倾向于外向型；得分越低（得分小于7）越倾向于内向型。你的得分是(　　)。

内向型或外向型都有很多各自的优点，请在表3-2中列出你能想到的内向型、外向型的优点，可以和与你性格不同的同学一起讨论完成。然后再想想适合外向型的职业有哪些，适合内向型的职业有哪些。

表3-2　内向型、外向型之优点大比拼

"外向"的优点		"内向"的优点	
1. 热情好客	2. 能全心融入人群	1. 享受独处	2. 能留意观察人群
3.	4.	3.	4.
适合外向型的职业有： （如主持人、护士）		适合内向型的职业有： （如程序员、会计）	
外向型的名人有： （如金·凯瑞）		内向型的名人有： （如姚明）	
扩展阅读：《外向者优势》（胡邓著，机械工业出版社）		扩展阅读：《内向者优势》（［美］莱利著，华东师范大学出版社）	

不难发现，不管是内向型还是外向型的人都具有各自的优点，并且也都能成功，所以就请善用你独特的个性，来为自己设计一个适合自己个性的职业和未来吧！

四、人格的本质与身心发展的关系

（一）人格的本质

马克思认为："人的本质并不是单个人所固有的抽象物，实际上，它是一切社会关系的总和。"从这种意义上说，个性的本质就是人的社会性。人若脱离了社会，不与人们交往，也就谈不到个性，初生婴儿只能算是个体，还没有个性；归纳起来，人格的本质可以理解为以下几点。

（1）人格是人类独有的本质。人格是人类独有的本质，是构成一个人思想、情感及行为的特有模式，这个独特模式包含了一个人区别于他人的稳定而统一的心理品质。

(2) 人格是个体与社会相互作用的统一。人格是指一个人与社会环境相互作用表现出的一种独特的行为模式、思维模式和情绪反应的特征。因此，如果个体能与社会环境相适应，就具有正常的人格；反之，如果个体的情绪反应、言行举止、态度、信仰体系和道德价值特征等都与周围环境格格不入，人际关系紧张，则可能患有人格障碍。

(3) 人格是个体的能力。人格是一种具有自我意识和自我控制能力，具有感觉、情感、意志等机能的主体。它可以离开人所处的物质生活条件，而独立存在于人类的精神文化维度里。

(二) 人格与身心发展的关系

1. 人格与身体健康

现代医学研究发现，许多身心疾病与相应的人格特征有密切的关系。这些人格特征在疾病的生成、发展中起到促进、催化的作用。例如，冠心病的患者多表现为个性强、固执、急躁、好冲动、好胜心强的人格特征；癌症患者多表现为压抑、忧郁、逆来顺受的人格特征；哮喘病患者有过分依赖、敏感、暗示性很高的人格特征；具有强迫性、抑郁特征的人容易得结肠炎、胃溃疡。

2. 人格与潜能开发

大学生塑造健全的人格，不仅是为了避免身心疾病，更重要的是为了自我价值的充分实现，使人格发挥最佳作用，也就是健全的人格能够帮助人实现个人潜能，创造自己想要的生活。近年来，人们逐渐认识到，影响大学生成才的除了智力因素，更重要的是非智力因素，也称为“情商”。通过心理数据分析发现，学习最优秀的大学生和成绩一般的大学生相比，在智力水平上并没有明显的差别，但是他们却发现这些优秀大学生在心态上，也就是情绪的稳定性上，要比一般的大学生强很多。

3. 人格与自我完善

人格与人的思想品质互相影响，互相包容。塑造大学生健全人格的过程，也是培养思想品质的过程，两者相辅相成，互相促进。人格健全的过程就是一个人自我不断成长，日臻完善的过程。

4. 人格与事业成败

一个在人格上比较强大的人，往往比较容易获得群体和他人的接纳和认可，也较容易获得帮助。这既有利于自己心理健康发展，又会创造一种和谐的人际环境。研究表明，大学新生入学后的适应不良，往往与人格素质有关。在高校毕业生就业市场上，那些具有乐观、独立、自律人格特征的毕业生，获得就业的机会更多。

第二节　大学生健全人格的影响因素

一、健全人格的概念

健全人格是个人在其生活经历中以其生活方式和生活风格逐步建立起来的一种自我意识，是人的世界观、心理素质、道德修养等方面的综合体现和重要标志，也是人能够准确把握自己、寻找适合自己发展的社会位置以及获得他人尊重和好感的基础。

二、健全人格的形成

（一）健全人格的形成途径

（1）通过心境。心境是指强度较低但持续时间较长的情感，它是一种微弱、平静而持久的情感，如绵绵柔情、闷闷不乐、耿耿于怀等。从个体的心境开始，保持开朗的心态，学会控制和调节自己的情绪。

（2）通过意志。意志是人自觉地确定目的，并支配行动，克服困难，实现目的的心理过程。培养意志力要加强意志磨炼，自觉主动地控制自己的行为，培养经受挫折的耐受力，不盲目冲动、不消极低沉，始终保持乐观的生活态度。

（3）通过性格。性格是一种与社会最密切相关的人格特征，主要体现在对自己、对别人、对事物的态度和所采取的言行上。个体性格的不断完善是非常重要的，大学生应该自觉分析、检查、修正自己的性格特点，培养健康的性格。

（4）通过思维。思维最初是人脑借助语言对客观事物的概括和间接的反应过程，思维以感知为基础又超越感知的界限。它探索与发现事物的内部本质联系和规律性，是认识过程的高级阶段。大学生培养良好的思维方式，逐步养成独立分析问题和解决问题的能力。

（5）通过情操。情操的词义是感情与操守，如节操是指由感情和思想综合起来的，不轻易改变的心理状态。大学生要在学习生活中加强思想品德修养，树立科学的世界观、人生观，注重社会实践，提高自身综合素质，培养良好的情操。

（6）通过习惯。习惯一般指长久养成、不易改变的行为生活方式。养成良好的生活习惯对大学生非常必要，通过实践或经验而适应所在的社会环境，行为方式就会逐渐被他人认同。

（7）通过活动。活动是由共同目的联合起来并完成一定社会职能的动作的总和，大学生积极参加弘扬社会主旋律的公益性活动，有助于健康人格的形成。

（二）健全人格的形成方法

（1）知难而上法。知难而上法是培养坚强的意志和顽强的毅力，养成做事有目的性、行动自觉性、处事果断性、坚持到底的精神。学习、生活中遇到困难是难免的，知难而上会使自己胜不骄、败不馁、认真负责、勇于克服困难、争取胜利。

（2）谨言慎行法。“谨于言而慎于行”意思是一个有修养、有道德的人应该对自己的言行负责，所以，在“言”“行”之前都要深思熟虑，不可凭一时冲动而鲁莽行事。大学生要健全自己的人格，必须培养谦虚谨慎、沉着稳重、凡事三思而后行的品质和习惯，锻炼其勇于批评与自我批评，以便能够不断地消除自身弱点，使自己的行为方式能够不断地适应时代前进的步伐。

（3）兴趣培养法。兴趣在古语中的解释是“欣悦而乐于从事或乐于学习、注意的事”。兴趣培养就是引导自己，对正确的、积极的、有利于社会的活动，具有浓厚兴趣并积极参加。培养广泛的兴趣爱好，可以使人生活充实、知识丰富、视野宽阔，有利于智力的开发和能力的提高，从而易于取得多方面的工作成就，也容易适应社会各方面的变化。

（4）实事求是法。培养实事求是的精神，以积极的态度，正确地处理生活、学习、工作中出现的各种矛盾和问题，绝不回避现实。凡事从实际出发，能实事求是地分析问题，严于律己，对于能做到的事情要努力完成。

（5）爱心为人法。培养爱祖国、爱集体、爱科学、爱劳动的精神；积极参加各种集体活动，密切与同学、同事、朋友的关系，与他们团结友爱、和睦相处，互相学习、互相帮助、互相促进；乐于助人，尊老爱幼，遇事多为别人着想。

（6）理想引导法。理想是指对未来事物的美好想象和希望或对某事物臻于最完善境界的观念。理想是人生的奋斗目标，没有理想的人多是碌碌无为的人。通过树立美好的理想，可以引导自己积极努力地奋斗。

总之，一个人的人格是否健全会影响自身的行为和认知，当人格不健全时，他的行为和认知会出现偏差，这种情况严重时会出现错误的行为，这就不仅影响到他自身的生活也可能影响到他人的生活。

三、大学生健全人格的内容

大学生健全人格的主要内容应包括以下几方面。

（1）正确的自我意识。具有健全人格的大学生对自己应有恰如其分的评价，充满自信，扬长避短，在日常生活中能有效地调节自己的行为，与环境保持和谐、平衡。

（2）良好的情绪调控能力。人格健康的大学生应具有调节和控制情绪的能力，经常保持愉快、开朗的心境，并且具有幽默感。当消极情绪出现时，能合情合理地宣泄、排解、转移、升华。

（3）良好的社会适应能力。人格健康的大学生能和社会保持良好的接触，以一种开放的态度主动关心社会、了解社会；观察所接触到的各种事物现象，能看到社会发展的积极面和主流面，并具有社会责任感。在认识社会的同时，能与时俱进，使自己的思想、行为跟上时代的发展，与社会的要求相符合，能适应新的环境。

（4）和谐的人际关系。人格健康的大学生乐于与他人交往，能与别人建立良好的关系，与人相处时，尊重、信任等正面态度多于妒忌、怀疑等消极态度；人格健康的大学生常常以诚实、公平、信任、宽容的态度对待他人，同时也受到他人的喜爱和接纳。

（5）乐观的生活态度。人格健康的大学生常常能看到生活的光明面，对前途充满希望和信心，对自己所从事的工作或学习抱有浓厚的兴趣，并在工作和学习中发挥自身的智慧和能力，获得成功。即使生活中遇到困难和挫折，也勇于面对，不畏艰险，勇于拼搏。

（6）健康的审美情趣。健康的审美情趣对于大学生树立合理、科学的审美观、人生观、世界观，塑造健康的人格结构具有重要作用。人格健康的大学生具有高尚、健康的审美情趣，能提高自身的修养，自觉抵制各种不健康思想的侵蚀，追求更高的人生价值，实现人的自我完善。

四、大学生健全人格的影响因素

塑造和培养良好的人格是个体成长与发展的关键。人格形成是遗传因素、环境因素和自我调控因素交互作用的结果。在人格的形成过程中，各个因素对人格的形成与发展起着不同的作用。遗传因素决定了人格发展的可能性，环境因素决定了人格发展的现实性，自我调控因素则是人格发展的内部决定因素。

（一）生物遗传因素

中国古代的人格心理学思想中就已经体现出了遗传对人格形成的作用，如《三字经》认为“性相近，习相远”。但是遗传因素并不是人格形成的决定因素，一些对同卵双生子的研究表明，在不同环境下生长的双生子，其气质特点十分相似，但性格却明显不同。

（二）环境因素

人既是一个生物个体，又是一个社会个体。人在胚胎状态时，环境因素的影响就已经开始了，这种影响会在人的一生中持续下去。后天环境的因素是多种多样的，小到家庭因素，大到社会文化因素，这些因素对人格的形成和发展都有重要影响。

1. 家庭因素

家庭对于人格的形成起基础性的作用。人来到世上，最早接受的思想就来自家庭、来自父母，正像俗话说的那样“有其父必有其子”。父母是婴幼儿接触和认识社会的桥梁，父母在抚养子女成长的过程中，不仅满足其生理和物质的需要，还满足其心理的需要。同时，父母在养育子女的过程中表现出自己的人格，父母的人格潜移默化地影响着子女的人格，父母对子女的教养更对他们产生极大的影响。

家庭教养方式会很大程度上影响子女人格的形成，家庭教养方式一般可以分为三类。

（1）权威型教养方式。这类父母在对子女的教育中，表现得过于支配，孩子的一切由父母来控制。成长在这种教育环境下的孩子容易形成消极、被动、依赖、服从、懦弱的人格特征，做事缺乏主动性，甚至会形成不诚实的人格特征。

（2）放纵型教养方式。这类父母对孩子过于溺爱，孩子多表现为任性、幼稚、自私、野蛮、无礼、独立性差、唯我独尊、蛮横胡闹等。

（3）民主型教养方式。父母与孩子在家庭中处于一种平等和谐的氛围中，父母尊重孩子，给孩子一定的自主权，并给予孩子积极正确的指导。父母的这种教育方式使孩子形成了一些积极的人格品质，如活泼、快乐、爽直、自立、彬彬有礼、善于交往、富于合作、思想活跃等。

2. 学校因素

A 同伴的影响

同伴包括幼儿园的朋友、学校的同学、邻居的小孩、团体中的成员等。同伴对一个人人格的形成和发展有着多方面的影响。同伴可以是学习和模仿的榜样，同伴还可以是行为的强化之源。在与同伴交往的过程中，儿童的某些行为若受到鼓励或赞赏，那么他会倾向于保持这种行为；若遭受反对，则这种行为可能消退。例如，在某个团体中，伙伴们提倡团结互助，反对利己行为，则儿童受此影响，会发展出合作和助人的特点。

B 学校和教师的影响

学校生活是大多数人个人发展的一个重要历程。学校是一个小环境，有特定的气氛，学生在学校里学习知识、社会规范、文化传统，遵守纪律，与人相处，逐渐形成基本的人生观和价值观。多数学生会在学校期间确立奋斗目标，比如要做什么样的人，要从事什么样的职业等。

教师是学校生活中的重要人物，其行为、思想可能对学生的一生都有深远的影响。教师往往是学生崇拜的榜样，学生不仅从教师那里学习知识，还学习怎样做人。一般来说，学生一方面观察教师的举止、言行、对事对人的态度，一方面学习他的思想和信念，这些都会或多或少地反映在学生的人生观上。教师对学生行为的赞赏或批评，也在一定程度上塑造着学生的行为特征。

3. 社会文化和社会阶层因素

人不是孤立的，而是社会中的一员。人与社会相互影响，人的性格形成与社会文化是分不开的。人一出生，便置身于社会文化之中并受社会文化的熏陶与影响，文化对人格的影响伴随着人的终生。社会文化具有塑造人格的功能，这反映在不同的民族有其固有的民族性格，不同的地域有着不同的文化传统，不同的文化发展时期有着不同的文化认同。

不同的社会文化培养不同的行为模式。这里的行为模式是指同一社会文化中大多数人遵循或具有的某种共同的人格特征，也称为民族特性。例如，一般德国人被认为具有严谨、守纪律、守时、注重礼仪等优点，但也有刻板、缺乏幽默感的特点。

不同的社会文化其价值取向也不同，这会对社会成员的人格产生一定的影响。在一个幼儿成长的过程中，父母会不断地用他们所认同的社会标准去衡量幼儿的行为，幼儿又会根据父母的态度和要求来调节自己的行为。就这样，身处社会中的人们都会或多或少、无意识地以别人的眼光去看自己、要求自己，从而逐渐形成符合社会价值取向的一些行为特征。

4. 生活事件和大众传播媒体等因素

生活中的重大变故常常可以改变一个人的生活，甚至改变其人格。生活中的变故包括亲人去世、父母婚变、家庭不和睦、好友关系破裂、学业失败等。其中，父母离异、家庭矛盾等因素会给孩子幼小的心灵蒙上阴影，造成其自卑、内向等性格特征。此外，生理问题如重大疾患、某些慢性疾病、生理残疾等，也会影响青少年人格的正常发展。

大众传播媒体在现代社会非常普及，到处都能看到或听到电影、电视、网络和书刊等。这些媒体传播的内容可以对人们的思想、信念乃至行为产生极大的影响。关于暴力电影、电视和人们行为的研究表明，暴力电影或电视确实可以引起人们的暴力行为，或是增加人们对暴力行为的认可。当然，传播媒介也有其积极的一面，如宣传英雄便可促进人们对英雄的学习与模仿，有利于人们正义感的形成。

（三）自我调控因素

人格是遗传与环境交互作用的结果。在人格的形成过程中，各种影响因素相互碰撞，会产生一些矛盾，这时候就需要教育引导和自我调控。教育引导主要指家长、同伴、老师对自己的引导，“环境因素”中已经阐述，这里不再赘述。

自我调控是指面对矛盾时，变革自我，塑造自我，不断完善自己，将自我价值扩展到社会中去，在对社会作出贡献的同时体现自己的价值，把实现自我的个人价值变为实现自我的社会价值。

需要指出的是，有些人缺乏自我调控能力，把自己的人格缺陷归罪于遗传因素和环境因素，这是不对的。要知道，人格不仅是社会锻造、文化熏陶的被动产物，也是个体适应环境、主动选择与积极创造的主动产物。所以应该客观地分析自己的人格缺陷，有效地利用个人资源，发挥个人长处，努力地改善自己、完善自我。

第三节 大学生人格发展偏差与心理调适

一、大学生所处的人格发展阶段

美国心理学家埃里克森根据多年的研究和观察，提出了个体心理社会发展的八个阶段以及每个阶段的人格发展结果，见表3-3。

表3-3 埃里克森的心理社会发展八个阶段及其人格发展结果

心理社会阶段	年龄/阶段	积极结果	消极结果
基本信任与不信任的冲突	1岁	能够感受到内在的美好，信任自己和他人，积极乐观	只有消极感受，不能信任自己和别人，悲观
自主与羞耻、怀疑的冲突	2~3岁	能够用意志与自我控制做出适当的行为和决定	僵化、过度自我审查、多疑、羞耻感重
主动与内疚的冲突	4~5岁	能够主动行动追求目标，积极主动完成任务	对追求目标和成就有罪恶感和迟疑
勤勉与自卑的冲突	潜伏期	工作专注，并为完成工作感到自豪	对自己完成工作的能力没有自信，消极怠工
自我认同与角色混乱的冲突	青少年期	自我的各角色间存在一致性和持续性，对未来有信心	对自我各角色没有设定和一致性，自觉虚假
亲密与孤立的冲突	成年前期	理智成熟、情感丰沛，两者之间平衡适当，相互辅助	逃避亲密的人际关系，只维持表面关系
创造性与停滞不前的冲突	成年期	对于工作和生活都充满创造性，有张有弛	工作兴趣丧失，人际关系淡薄
整合与失望的冲突	晚年	内部充满秩序、意义，对人生感到满足平安	对死亡充满恐惧，感觉悲苦，没有实现自己的人生目标

从表3-3所提到的年龄阶段可以看出，刚进入大学的新生正从青少年期向成年前期过渡，而即将要毕业的学生则从成年前期向成年期过渡，所以在大学阶段我们要面对青少年期的扫尾工作，还要完成整个成年前期的发展任务和成年期的预备工作，主要分为如下四个任务。

（1）成长任务：角色转变与自我认同。大学及毕业阶段要完成青少年到成年人、学生到工作者、单身到伴侣、被养育者到赡养者等身份的转变，并需要对这些身份有所认知，并将各角色整合起来。

（2）自我分化：理性与情感。大学生的理性与情感发展都达到一个高峰，就像协调两员大将一样，也要协调理性与情感，使之彼此分离且默契合作。

（3）社会“动物”：人际关系。当代社会是合作的社会，没有人可以是一个孤岛，大学生需要学习如何与人建立合作关系，并开始练习建立亲密关系。

（4）为工作预备：创新与竞争。青年期是个体事业的开端时期，创新与竞争将成为大学生事业起步的最强助跑器。

想一想

你认为自己当前面对的发展任务是哪一个呢？如果让你为以上所提到的发展任务列个重要性排行榜，你会怎么列呢？

二、大学生人格形成发展的特点

（一）大学生人格形成的特点

（1）人格主体的不成熟性。随着生理和心理的发展，大学生开始自己从周围世界独立出来并作为自己的认识对象，开始认识自己、评价自己、反省自身的价值存在和发展目标。但是，大学生还缺乏完全独立的思考和判断能力，仍然需要不断地加以引导和教育。

（2）人格形成因素的多样性。大学阶段是接受外界信息量最大、内容最广泛的时期。此时，家庭、学校、同龄人群体、社会、大众传媒对他们人格的形成都有着重大的影响，起着举足轻重的作用。一方面，社会的开放拓宽了当代大学生们的视野，提高了他们的竞争意识和开拓进取的能力，为他们人格的形成提供了新的规范、要求和价值标准；另一方面，现实的压力、竞争的激烈和转型期价值观念的多元化，也在一定程度上干扰了当代大学生的人格形成。

（二）大学生人格发展的特点

（1）思维达到了较高的程度。当代大学生的思维方式已从经验型转向理论型，而且思维的独立性、批判性和创造性都在增强，表现为有主见，不盲目服从。他们思考的触角不再只是指向一些具体的事物，而几乎是指向所有的问题。他们往往能对在实践活动和日常生活中发现的问题做一番认真地思索，并运用自己掌握的知识主动设法解决。他们的思维具有较好的变通性和灵活性，对新事物容易理解和接受，对新环境也有较强的适应能力。

（2）情绪情感极其丰富。当代大学感情奔放，好强、好胜、好冲动，敏感好奇，追求时尚、独立、自尊、自信，他们大多疾恶如仇、善恶分明、富有正义感，有一定的调节和克制自己情绪的能力，使情绪的表现具有文饰的、内隐的和曲折的特点。但在生理、心理等方面的不成熟性，使得他们的情绪和情感具有不稳定因素，表现为情绪与情感的波动性大。

（3）自尊心较强，性格敏感。大学生的敏感、自尊心强具有普遍性，且有一定的“传染性”。有的学生见别的同学对老师的批评表现出了抵触，自己便也不愿意接受老师的批评，好像若不表现出抵抗，自己就很没有面子。学生的这种性格特点阻碍了他们对自身错误的认识，延迟了对错误的纠正。过强的自尊心也会导致学生盲目自大、自以为是，不能正确地认识自己。

（4）富于理想，憧憬美好未来。当代大学生对自己的未来充满幻想，也开始设计自己的未来，但往往表现为现实化和功利化，讲究实惠的思想相当普遍。在个人理想和社会理想的关系上，当代大学生更注重两者的有机结合。在理想实现的途径上，更注重个人的奋斗。

（5）具有叛逆性格和偏执心理。由于知识才能的增长以及自信心和独立性的进一步增强，当代大学生极力想摆脱外界的束缚和干扰，希望成为自己命运的主人。因此，他们自尊心极强，只想听表扬，不愿听批评，且对某些批评意见存在抵触、反感和反抗等情绪。对许多问题的看法好走极端，存在偏执、逆反心理。

（6）个性发展深受环境影响。过去大学生的生活被形象地描绘成三点一线——宿舍、餐厅、教室。现在大学生面临的是三大公共环境——网络、社团、宿舍。这在一定程度上影响了大学生个性发展的转变，主要表现在以下三点：第一，分散性，现在学生关心的热点在减少，没有集中热点；第二，内向性，主要表现在学生思想的交流上，是一种潜流，不直接表现出来，但是分散不等于没有集中的趋势；第三，现实性，现在的大学生务实、讲实惠，如特别关心自己的就业问题。

（7）个性发展离不开全面发展。个性发展是全面发展的核心，没有个性发展的全面发展很难说是全面发展；反过来，全面发展是个性发展的基础，没有全面发展的个性发展可能是畸形发展。为此，大学生个性发展要认真处理好以下几个关系：一是个性化与大众化；二是个性独立与团队协作；三是个性独立与社会责任。个性的发展一定要以适应社会发展和组织需要为前提，决不能与大众的协作精神、与公共秩序、集体利益及社会责任相违背。大学生要把个性发展与社会责任有机地统一起来。

三、大学生人格偏差表现

（一）大学生常见的人格发展缺陷

人格缺陷是介于正常人格与人格障碍之间的一种状态，是人格发展的不良倾向，或者是某种轻度的人格障碍。大学生在人格发展中，总会产生一些缺陷。这些人格缺陷不仅影响大学生的各种活动，妨碍大学生正常的人际关系，还会给大学生活蒙上一层消极、阴暗的色彩。大学生常见的人格发展缺陷主要包括以下几方面。

（1）抑郁。抑郁是指大学生感到无力应付外界压力而产生的一种消极情绪，常伴有厌恶、痛苦、羞愧、自卑等情绪体验。对于大多数人来说，抑郁只是偶尔出现，时过境迁，很快会消失。性格内向、多疑多虑、不爱交际、生活中遭遇意外挫折的大学生容易处于抑郁状态，甚至患上抑郁症。抑郁的主要表现为情绪低落、郁郁寡欢、思维迟缓、兴趣丧失、反应迟钝。

（2）懒散。大学生正处于青年期，本应是充满朝气与活力的，但事实上并不总是如此。部分大学生进入大学后，突然摆脱高考的压力，出现懒懒散散、得过且过的状态，缺乏进取精神。懒惰成了不少大学生感到苦恼而又难以克服的一种人格缺陷，是意志不坚定的表现。处于懒惰状态的学生常感到内疚、自责、后悔，但又觉得无力自拔，心有余而力不足，其主要原因是想得多而做得少，缺乏毅力。

（3）怯懦。怯懦主要表现为缺乏勇气和信心，害怕可能面临的困难和挫折，在挫折、困难面前常常知难而退，甚至不战而败。有些学生由于胆怯，不敢与人讲话，也不敢表明自己的态度；有些学生由于软弱，不敢冒风险，不敢担重任，不敢与坏人坏事做斗争，不敢坚持自己正确的观点。但越是这样回避矛盾，躲避失败，越是容易体验到强烈的挫折感。害羞也是一种怯懦的表现，当大学生个人自我防御心理过强时，常常会过于胆小被动，过于谨小慎微，特别注意自己在别人心目中的形象。总觉得自己时时处在众目睽睽之下，不敢在公众场合发表意见，害怕与陌生人打交道，路上见到异性同学便会手足无措，见到老师会难为情，与人谈话时则感到紧张。害羞之心人皆有之，但过分的害羞，则有害于大学生人格的塑造。

（4）偏狭。偏狭是指性情偏执狭隘，即常常说的“小心眼”。偏狭是一种有百害而无一利的人格特征，多出现于性格内向者，尤其是女生。偏狭的人格的行为表现有嫉妒和猜疑。

1）嫉妒是指个体由于欲望不能得到满足而产生的一种挫折心理。一个人之所以会嫉妒他人，是因为他人在某些方面的优势吸引了自己，而自己在此方面恰好处于劣势。在充满竞争的现代社会，嫉妒更被看成是一种扭曲了的上进心。只要能控制住嫉妒心理，不让它转化为嫉妒行为，它就不会那么丑恶。相反，有嫉妒心的同学知耻而后勇，还可使嫉妒心理得到升华成为奋发的动力。

2）猜疑也是一种偏狭表现，猜疑是指一种由主观推测而产生不信任的复杂情绪体验。猜疑建立在猜的基础上，而猜往往缺乏事实根据。好猜疑的人往往对人、对事敏感多疑，看到同学背着自己说话，疑心是在说自己的坏话，同学见面没打招呼，便怀疑对自己有意见。

（5）虚荣。虚荣是指过分看重荣誉和他人的赞美，虚荣心往往与自尊心、自卑感紧紧相连。虚荣心是自尊心与自卑感的混合产物。虚荣心强的人一般性格内向、情感脆弱、自尊敏感，虽然有些自卑，又担心别人伤害自己的尊严，过分介意别人的评论与批评，与人交往时防御性强，喜欢抬高自己的形象，他们捍卫的是虚假的、脆弱的自我。

（6）自我中心。自我中心是指考虑问题、处理事情都以自我为中心，将自我作为思考问题的出发点与归宿。其表现为一切以自己为出发点，目中无人，甚至自私自利，遇到冲突时，认为自己是对的而他人是错的。特别是那些自尊心强、优越感强、自信心高、独立的大学生，比较容易陷入自我中心之中，自我中心的大学生认为自己的思想具有无穷的力量，自己是无所不能的。

（7）无聊。无聊的主要心理特点是注意力的倾注对象不符合自己的价值观，感觉不到自我存在的意义与人生价值，其核心在于没有确立合适的人生目标。空虚是因为没有目标或目标太低，人一旦失去目标的牵引，生活就没有动力。缺乏对生命意义的认识，就会出现“混日子”的现象，或对生命意义的否定。

（二）大学生中人格障碍现象

人格障碍种类很多，在我国大学生中，出现频度较高的主要有以下几种。

（1）分裂型人格障碍。这是一种以观念、外貌和行为奇特，以及人际关系有明显缺陷，且情感冷淡为主要特点的人格障碍。其表现为：

1）对人冷淡、疏远，缺乏起码的温和和亲切，表情淡漠，缺乏深刻或生动的体验，几乎没有什么朋友，独来独往；

2）为人孤僻，好沉思幻想，也可能沉溺于钻研某些纯理论性问题；

3）行为古怪，言语怪诞，有奇异的信念和与文化背景不相称的行为，不能顺应日常；

4）对别人的意见漠不关心，不论是赞扬还是批评，均无动于衷，过着一种孤独寂寞的生活。

其中有些人，可能有些业余爱好，但多是阅读、欣赏音乐、思考之类安静、被动的活动，部分人还可能一生沉醉于某种专业，获得较高的成就。但从总体来说，这类人生活平淡、呆板，缺乏创造性和独立性，在人少的环境中，尚可适应，在人多的场合，往往很难适应，也难以适应多变的现代社会生活。

（2）依赖型人格障碍。当代大学生大多是独生子女，亲人的过分溺爱，使他们逐渐产生对父母或权威的依赖心理，久而久之，就形成了依赖型人格障碍。依赖型人格障碍有以下两个特点。

第一，无助感。深感自己软弱无助，让别人为自己做大多数的重要决定，如在何处生活，该选择什么样的职业等，需要自己拿主意时，便感到一筹莫展，像一只迷失方向的小船。

第二，无独立性。很难单独展开计划或工作。依赖型人格对亲近与归属有过分的渴求，这种渴求与真实的感情无关，是强迫性、盲目性和非理性的。他们宁愿放弃自己的兴趣和人生观，委曲求全得到别人对自己的认同和温情，这种处世方式使得他们越来越懒惰、脆弱，缺乏自主性和创造性，并产生越来越多的压抑感。

（3）情感型人格障碍。这类人格障碍在大学生中所占比例较高，主要有亚忧郁型人格、轻躁狂型人格和循环型人格。

1）亚忧郁型人格多表现为情感忧郁、灵活性差，办事过分认真，但因精力有限，力不从心，常常发出“生活如此沉重”的感慨。看任何事情都会从悲观的角度出发，遇到一件小事就会引来一阵长吁短叹，自信心不足，常常闷闷不乐、少言寡语、情绪低落。

2）轻躁狂型人格则与此相反，多表现为过度乐观、情绪高涨、精力过盛，喜欢夸夸其谈，办事不牢靠，有很多设想，但却有始无终，常常感情用事，招惹是非，易引起同学不满、不信任。

3）循环型人格介于两者之间，有周期性的起伏波动，时而情绪高涨、非常兴奋，对一切表现出极大的兴趣，时而情绪低落、郁郁寡欢，干什么都没有兴趣。

（4）自恋型人格障碍。有很多贬义的形容词可以用来形容自恋型人格障碍的特征，如自私、傲慢、自以为是、目中无人、自命不凡、自高自大、唯我独尊、以自我为中心等，这些特征都来自他们过高的自我评价和夸大的自尊。具有自恋型人格障碍的人对人对己的基本看法通常是“我是卓越的，才华出众的，别人比不上我，所以都嫉妒我”，他们希望受到别人特别的关注，并且认为别人对自己的赞美、关心、帮助都是理所当然的；对成功、权力、荣誉有无限的非分幻想，认为这些也理所应该是属于他们的。因此，他们会颐指气使地对待别人，要他人为自己服务，对批评的反应是愤怒、羞愧和敌意，甚至会采取报复行动；他们缺乏同情心，对人冷漠，有时会利用或玩弄他人的感情。

（5）偏执型人格障碍。这是一种以猜疑和偏执为主要特点的人格障碍，表现为主观、固执、敏感多疑、好忌妒、心胸狭隘。一方面，自我评价过高，过分自负，总认为自己正确，好与人争论，喜欢钻牛角尖，脱离实际地争辩与敌对，固执地追求个人不够合理的“权利”或利益，容易与他人发生冲突和争执。另一方面，猜疑心强，对人充满不信任和戒备，常将他人非恶意的甚至是友好的行为误解为敌意或歧视，容易感情冲动，并伴有攻击性行为；在遭遇挫折和失败时，习惯把责任推给他人。这类人格障碍在大学生特别是男大学生中最常见，酗酒闹事、打架斗殴即是例证。

四、大学生人格偏差的自我调整

（一）大学生人格魅力的塑造

1. 人格魅力含义

人格魅力是指一个人在性格、气质、能力、道德品质等方面具有的吸引人的力量。在社会交往中，仅仅有外表，缺乏人格魅力也容易给人以呆板无趣之感，而相貌平平的人，如果把表情、言行、学识都发挥到自然生动的水平，也会显出感性率真、灵秀可爱、风流倜傥、博学多才的特征。

2. 人格魅力的作用

作为大学生，走上社会之前，塑造健康的人格魅力十分重要，在求职及成就事业的过程中，人格魅力的作用是其他方面无法替代的。

首先，在社会交往中，“你永远没有第二次机会给人以第一印象”。要给人留下良好的第一印象，必须注意形象设计。从表情、言谈、举止、着装等方面综合设计，在应聘或工作交往中争取“首因效应”。

其次，个人的人格魅力的塑造会产生社会效应，可以推进整个社会的精神文明建设，也可以引发团队中乐观、合作、友爱、宽容风气的上升，对建立和谐社会起到积极的作用。

最后，个人魅力的塑造中，会赢得周围人的欣赏、尊敬，而赏识的目光会形成强烈的反馈，反过来更能激发个人综合素质提高的积极性。

3. 人格魅力的塑造

（1）形象塑造。形象塑造中注意细节设计，使用 SOLER 技巧，并养成习惯。SOLER 技巧中，S——坐有坐相（Sit），正确的坐姿能反映一个人的精神面貌和对他人的态度。O——自然、放开（Open），在交往中做到自然、放开，防止在交往中的下意识动作；L——倾斜（Lean），在交谈中倾斜的身姿（向交谈者方向倾斜）表示关注的态度；E——目光关注（Eyes）。在交谈中目光关注对方；R——放松（Relax），与他人交往时，应克服紧张心理、羞涩心理等。

（2）心态调整。心态调整一般可以按照 HOE 态度原理，其中 H——快乐（Happiness），生活态度保持快乐。快乐不仅在个人生活中不可缺少，对周围也是一种感染，必产生一定程度上的认可，这种认可蕴藏着一定的人格魅力。O——乐观（Optimism），工作态度保持乐观。工作中遇到困难、挫折是正常的，然而，人们往往对正常的事抱着非正常的心态，失望、愤怒、恐惧、忧虑等，这反映出悲观的工作态度。E——热情（Enthusiasm），人际交往保持热情。

（3）真诚博爱。真诚博爱是一门做人的艺术，是良好人格的处事原则，包括要懂得赞美别人、微笑待人、助人为乐、真诚交往等。赞美是大学生社会交往中最重要的因素，微笑是世界上最美好的语言，在展示人格魅力上作用非凡。助人也是不可缺少的一个方面，同时也是升华个人魅力的有效手段。真诚是上下级、朋友间有效沟通的前提，与周围的人真诚相待，可以减少排斥性和对抗性，进而提高个人的魅力。

（4）自我调整。挫折是任何人无法回避的，至于困难、误解等，更是会经常遇到。

有人格魅力的大学生不是靠幸运回避这些，而是能够主动自我治疗，保持或恢复自己的人格健康。可参考的方法有：

1）娱乐疗法——治疗生活中遇到困难、工作中遇到挫折时带来的烦恼，缓解情绪紧张。

2）节日问候法——逢年过节、朋友生日主动问候，建立良好的关系。

3）助人为乐法——及时发现他人的困难，尽自己最大努力给予帮助。

（二）大学生人格缺陷的弥补

大学生有人格缺陷并不奇怪，采取积极的方式加以弥补十分重要。弥补人格缺陷可以采取以下方法。

(1) 择优汰劣。择优汰劣是指人格优化，包括人格品质的优化和人格结构的优化，择优即选择某些良好的人格品质作为自己努力的目标，如自信、开朗、勇敢、热情、勤奋、坚毅、诚恳、善良、正直等；汰劣是指针对自己人格上的缺点、弱点予以纠正，如自卑、胆怯、冷漠、懒散、任性、急躁等。

(2) 丰富知识。人的知识越广博，人的本身也愈臻完善，正如培根所言“读史使人明智、读诗使人灵秀、数学使人周密、科学使人深刻、伦理学使人庄重、逻辑修辞学使人善辩，凡有所学，皆成性格”。学习知识、增长智慧的过程也是弥补人格缺陷的过程。大学生不能只局限于自己的专业知识学习，还应该扩大自己的人文社科知识面，加强人文修养，用丰富的知识充实自己。

(3) 小事做起。“不积跬步，无以至千里”“不积小流，无以成江海”。人格优化就是要从身边的小事做起，一个人的言行往往是其人格的外化，反过来一个人日常言行的积淀成为习惯就是人格。许多人所具有的坚韧、正直、细致、开朗等优良的人格特征其实都是长期锻炼的结果，是一点一滴形成的。大学生可以从我做起，从小事做起。

(4) 融入集体。集体是人格塑造的土壤，也是人格表现的舞台。人格塑造、发展的过程，正是人社会化的过程，是与他人、集体和社会相互作用的过程。人格在集体中形成，在集体中展现。通过与他人交流，大学生应可以看到别人的长处，自己的不足，从他人那里获得理解、肯定的欢悦，及时调整人格发展的方向。

(5) 把握适度。人格发展和表现的“度”是十分重要的，否则就会“过犹不及”。列宁曾指出，一个人的缺点仿佛是他的优点的继续，如果优点的继续超过了应有的限度，表现得不是时候、不是地方，那就会变成缺点。因此，在人格缺陷的弥补过程中，把握好度很重要，具体地说应该是坚定而不固执、勇敢而不鲁莽、豪放而不粗鲁、好强而不逞强、活泼而不轻浮、机敏而不多疑、稳重而不寡断、谨慎而不胆怯、忠厚而不愚蠢、老练而不世故、谦让而不软弱、自信而不自负、自谦而不自卑、自珍而不自娇、自爱而不自恋。

（三）大学生人格障碍的矫正

人格障碍的矫正虽有一定难度，但也不是“不治之症”，自我矫正的方法有如下几种。

(1) 反向观念法。人格障碍者大多数伴有认识的歪曲，反向观念法是改造认识歪曲的一种有效方法。反向观念法是指自己主动改变原有的不良自我观念，原来是以自我为中心，现在则应逐渐放弃自我中心，学习设身处地为他人着想；原来爱走极端，现在则学习多方位思考问题，偏向中庸；原来喜欢规则化，现在则应该偶尔放松一下，学习无规则地自由行事。

采用反向观念法克服缺点的要点是先对自己的错误观念进行分析，然后提出相反的改进意见，在生活中努力按新观念办事。这种自我分析可以定期进行，也可以在心情不好或遇到挫折之时进行。认识上的错误往往被内化成无意识的，通过上述自我分析，就能把无意识的东西上升到意识的自觉层次，这有助于发现和改进自己的不良人格状态。

（2）习惯纠正法。人格障碍者的许多行为已成为一种习惯，破除这些不良习惯有利于人格障碍的矫正。以依赖型人格障碍为例，实施这种方法的三个要点：

1）查清自己的行为中哪些是习惯性地依赖别人去做，哪些是自做决定的。

2）将自主意识很强的事归纳在一起。如果做了，则作为一件值得祝贺的事，以后遇到同类情况应坚持做。如果没有做，以后遇到同类情况则应该要求自己去做。而对自己意识差，没有按自己意愿做的事，自己提出改进的想法，并在以后的行动中逐步实施。例如，在制订某项计划时，你听从了朋友的意见，但你对这些意见并不欣赏，便应把自己不欣赏的理由说出来，这样便坚持了自己的意见，随着你的意见增多，你便从依赖别人意见逐步转变为自主决定。

3）找一个你信赖的人做监督者，并订立一个监督协议，当你有良好表现时，予以奖励，当你违约时，予以惩罚。

（3）行为禁止法。对于人格障碍者的许多不良行为，可以采取此法。例如，一个偏执型人格障碍的人当他面对一件事忍无可忍而将要发作时，就对自己默念如下指令："我必须克制住自己的反击行为，马上分析一下自己现在有什么非理性观念。"采取这种方法后，再忍耐几分钟。你会发现并没有产生什么灾难，不过是自己的一种无谓担忧罢了。采取这种方法，久而久之，就会逐步矫正自己的人格障碍。

（4）情绪调整法。人格障碍者多伴有情绪障碍。例如，表演型人格障碍的情绪表达往往太过分，导致身旁的人无法忍受。采用情绪调整法首先要做到的是，向你的亲朋好友做一番调查，听听他们的看法。全盘接受他们的看法，然后扪心自问，自己的情绪表现哪些是自己有意识的，哪些是无意识的，哪些是别人喜欢的，哪些是别人讨厌的，对别人讨厌的坚决予以改正，对别人喜欢的则在表现强度上力求适中。对于无意识的表现，将其逐项记下来，然后时时自我提醒。此外，请求自己的好友在关键时刻及时提醒自己，或者请好友事后对自己的表现做评价。从自己好友的提醒、评价中，体会自己情绪表达的过火之处，久而久之，就会有效地改变自己。

心理训练

心理训练一：气质类型测试

请认真阅读下列各题，对于每一题，你认为非常符合自己情况的，在题后面写上"+2"，比较符合的写上"+1"，拿不准的写上"0"，比较不符合的写上"-1"，完全不符合的写上"-2"。

（1）做事力求稳妥，不做无把握的事。

（2）遇到可气的事就怒不可遏，想把心里话全说出来才痛快。

（3）宁肯一个人干事，不愿很多人在一起。
（4）到一个新环境很快就能适应。
（5）厌恶那些强烈的刺激，如尖叫、噪声、危险的镜头等。
（6）与人争吵时，总是先发制人，喜欢挑衅。
（7）喜欢安静的环境。
（8）喜欢与人交往。
（9）羡慕那种能克制自己感情的人。
（10）生活有规律，很少违反作息制度。
（11）在多数情况下情绪是乐观的。
（12）碰到陌生人觉得很拘束。
（13）遇到令人气愤的事，能很好地自我克制。
（14）做事总是有旺盛的精力。
（15）遇到问题常常举棋不定，优柔寡断。
（16）在人群中从不觉得过分拘束。
（17）情绪高昂时，觉得干什么都有趣。
（18）当注意力集中于一件事时，别的事很难使我分心。
（19）理解问题总比别人快。
（20）碰到危险情境，常有一种极度恐怖感。
（21）对学习、工作、事业怀有很高的热情。
（22）能够长时间做枯燥、单调的工作。
（23）符合兴趣的事情，干起来劲头十足，否则就不想干。
（24）一点小事就能引起情绪波动。
（25）讨厌做那种需要耐心、细致的工作。
（26）与人交往不卑不亢。
（27）喜欢参加热烈的活动。
（28）爱看感情细腻、描写人物内心活动的文学作品。
（29）工作、学习时间长了，常感到厌倦。
（30）不喜欢长时间谈论一个问题，愿意实际动手干。
（31）宁愿侃侃而谈，不愿窃窃私语。
（32）别人说我总是闷闷不乐。
（33）疲倦时只要短暂的休息就能精神抖擞，重新投入工作。
（34）理解问题常比别人慢些。
（35）心里有话宁愿自己想，不愿说出来。
（36）认准一个目标就希望尽快实现，不达目的，誓不罢休。
（37）和别人学习、工作同样一段时间后，常比别人更疲倦。
（38）做事有些莽撞，常常不考虑后果。
（39）老师或师傅讲授新知识、技术时，总希望他讲慢些，多重复几遍。
（40）能够很快地忘记那些不愉快的事情。

（41）做作业或完成一件工作总比别人花的时间多。

（42）喜欢运动量大的剧烈体育活动，或参加各种文娱活动。

（43）不能很快地把注意力从一件事转移到另一件事上去。

（44）接受一个任务后，希望把它迅速完成。

（45）认为墨守成规比冒风险强些。

（46）能够同时注意几件事物。

（47）当我烦闷的时候，别人很难使我高兴起来。

（48）爱看情节起伏跌宕、激动人心的小说。

（49）对工作抱认真严谨、始终一贯的态度。

（50）和周围人的关系总是相处不好。

（51）喜欢复习学过的知识，重复做已经掌握的工作。

（52）喜欢做变化大、花样多的工作。

（53）小时候会背的诗歌，我似乎比别人记得清楚。

（54）别人说我“出语伤人”，可我并不觉得这样。

（55）在体育活动中，常因反应慢而落后。

（56）反应敏捷，头脑机智。

（57）喜欢有条理而不甚麻烦的工作。

（58）兴奋的事常使我失眠。

（59）老师讲新概念，常常听不懂，但是弄懂以后就很难忘记。

（60）假如工作枯燥无味，马上就会情绪低落。

胆汁质，包括：（2），（6），（9），（14），（17），（21），（27），（31），（36），（38），（42），（48），（50），（54），（58）各题。

多血质，包括：（4），（8），（11），（16），（19），（23），（25），（29），（34），（40），（44），（46），（52），（56），（60）各题。

黏液质，包括：（1），（7），（10），（13），（18），（22），（26），（30），（33），（39），（43），（45），（49），（55），（57）各题。

抑郁质，包括：（3），（5），（12），（15），（20），（24），（28），（32），（35），（37），（41），（47），（51），（53），（59）各题。

分别把属于每一种类型的题的分数相加，得出的和即为该类型的得分。最后的评分标准是：如果某种气质得分明显高出其他三种（均高出 4 分以上），则可定为该种气质；如两种气质得分接近（差异低于 3 分）而又明显高于其他两种（高出 4 分以上），则可定为两种气质的混合型；如果三种气质均高于第四种的得分且相接近，则为三种气质的混合型。

由此可能具有 13 种类型：（1）胆汁；（2）多血；（3）黏液；（4）抑郁；（5）胆汁 - 多血；（6）多血 - 黏液；（7）黏液 - 抑郁；（8）胆汁 - 抑郁；（9）胆汁 - 多血 - 黏液；（10）多血 - 黏液 - 抑郁；（11）胆汁 - 多血 - 抑郁；（12）胆汁 - 黏液 - 抑郁；（13）胆汁 - 多血 - 黏液 - 抑郁。

心理训练二：乐嘉性格色彩测试

（1）关于人生观，我的内心其实是（　　）。

A. 希望能够有尽量多的人生体验，所以会有非常多样化的想法

B. 在小心合理的基础上，谨慎地确定自己的目标，一旦确定会坚定不移地去做

C. 更加注重的是取得一切有可能的成就

D. 宁愿剔除风险而享受平静或现状

（2）如果爬山旅游，在下山回来的路线选择上，我更在乎（　　）。

A. 好玩有趣，所以宁愿新路线返回

B. 安全稳妥，所以宁愿原路线返回

C. 挑战困难，所以宁愿新路线返回

D. 方便省心，所以宁愿原路线返回

（3）通常在表达一件事情上，我更看重（　　）。

A. 说话给对方感受到的强烈印象

B. 说话表述的准确程度

C. 说话所能达到的最终目标

D. 说话后周围的人是否感觉舒服

（4）在生命的大多数时候，我的内心其实更加欣喜于和希望多些（　　）。

A. 刺激

B. 安全

C. 挑战

D. 稳定

（5）我认为自己在情感上的基本特点是（　　）。

A. 情绪多变，经常情绪波动

B. 外表自我抑制能力强，但内心感情起伏极大，一旦挫伤难以平复

C. 感情不拖泥带水，较为直接，只是一旦不稳定，容易激动和发怒

D. 天性情绪四平八稳

（6）我认为自己在整个人生中，除了工作以外，在控制欲上面，我（　　）。

A. 没有控制欲，只有感染带动他人的欲望，但自控能力不算强

B. 用规则来保持我对自己的控制和对他人的要求

C. 内心是有控制欲和希望别人服从我的

D. 不会有任何兴趣去影响别人，也不愿意别人来管控我

（7）当与情人交往时，我倾向于着重（　　）。

A. 兴趣上的相容性，一起做喜欢的事情，对他的爱意溢于言表

B. 思想上的相容性，体贴入微，对他的需求很敏感

C. 智慧上的相容性，沟通重要的想法，客观地讨论、辩论事情

D. 和谐上的相容性，包容理解另一半的不同观点

（8）在人际交往时，我（　　）。

A. 心态开放，可以快速建立起友谊和人际关系

B. 非常审慎缓慢地进入，一旦认为是朋友，便长久地维持
C. 希望在人际关系中占据主导地位
D. 顺其自然，不温不火，相对被动

(9) 我认为自己大多数时候更是（　　）。
A. 感情丰富的人
B. 思路清晰的人
C. 办事麻利的人
D. 心态平静的人

(10) 通常我完成任务的方式是（　　）。
A. 经常会赶在最后期限前完成
B. 自己做，精确地做，不要麻烦别人
C. 先做，快速做
D. 使用传统的方法，需要时从他人处得到帮助

(11) 如果有人深深惹恼我时，我（　　）。
A. 内心感到受伤，认为没有原谅的可能，可最终很多时候还是会原谅对方
B. 深深感到愤怒，如此之深怎可忘记？我会牢记，同时未来完全避开那个家伙
C. 会火冒三丈，并且内心期望有机会狠狠地回应和打击
D. 我会避免摊牌，因为还不到那个地步，那个人多行不义必自毙，或者自己再去找新朋友

(12) 在人际关系中，我最在意的是（　　）。
A. 得到他人的赞美和欢迎
B. 得到他人的理解和欣赏
C. 得到他人的感激和尊敬
D. 得到他人的尊重和接纳

(13) 在工作上，我更多表现出来的是（　　）。
A. 充满热忱，有很多想法且很有灵性
B. 心思细腻，完美精确，而且为人可靠
C. 坚强而直截了当，而且有推动力
D. 有耐心，适应性强而且善于协调

(14) 我过往的老师最有可能对我的评价是（　　）。
A. 情绪起伏大，善于表达和抒发情感
B. 严格保护自己的私密，有时会显得孤独或是不合群
C. 动作敏捷又独立，并且喜欢自己做事情
D. 看起来安稳轻松，反应度偏低，比较温和

(15) 朋友对我的评价最有可能的是（　　）。
A. 喜欢对朋友诉说事情，也有能量说服别人去做事
B. 能够提出很多周全的问题，而且需要许多详细的解说
C. 愿意直言表达想法，有时会直率而犀利地谈论不喜欢的人、事、物
D. 通常与他人一起时多听少说

（16）在帮助他人的问题上，我倾向于（　　）。

A. 多一事不如少一事，但若他来找我，那我定会帮他

B. 值得帮助的人应该帮助，锦上添花犹胜雪中送炭

C. 无关者何必要帮，但我若承诺，必欲完之而后释然

D. 虽无英雄打虎之胆，却有自告奋勇之心

（17）面对他人对自己的赞美，我的本能反应是（　　）。

A. 没有也无所谓，特别欣喜倒也不至于

B. 我不需要那些无关痛痒的赞美，宁可他们欣赏我的能力

C. 有点怀疑对方是否认真或者立即回避众人的关注

D. 赞美总是一件令人心情非常愉悦的事

（18）面对生活的现状，我的行为习惯更加倾向于（　　）。

A. 外面怎么变化与我无关，我觉得自己这样还不错

B. 这个世界如果我没什么进步，别人就会进步，所以我需要不停地前进

C. 在所有的问题未发生之前，就应该尽量想好所有的可能性

D. 每天的生活开心快乐最重要

（19）对于规则，我内心的态度是（　　）。

A. 不愿违反规则，但可能因为松散而无法达到规则的要求

B. 打破规则，希望由自己来制定规则而不是遵守规则

C. 严格遵守规则，并且竭尽全力做到规则内的最好

D. 不喜被规则束缚，不按规则出牌会觉得新鲜有趣

（20）我认为自己在行为上的基本特点是（　　）。

A. 慢条斯理，办事按部就班，能与周围的人协调一致

B. 目标明确，集中精力为实现目标而努力，善于抓住核心要点

C. 慎重小心，为做好预防及善后，会不惜一切而尽心操劳

D. 丰富跃动，不喜欢制度和约束，倾向于快速反应

（21）在面对压力时，我比较倾向于选用（　　）。

A. 眼不见为净地化解压力

B. 压力越大抵抗力越大

C. 和别人讲也不一定有用，压力在自己的内心慢慢地咀嚼

D. 本能地回避压力，回避不掉就用各种方法来宣泄出去

（22）当结束一段刻骨铭心的感情时，我会（　　）。

A. 非常难受，可是日子总还是要过的，时间会冲淡一切

B. 虽然觉得受伤，但一旦下定决心，就会努力把过去的影子甩掉

C. 深陷在悲伤的情绪中，在相当长的时期里难以自拔，也不愿再接受新的人

D. 痛不欲生，需要找朋友倾诉或者找渠道发泄，寻求化解之道

（23）面对他人的倾诉，我回顾自己大多时候本能上倾向于（　　）。

A. 认同并理解对方感受

B. 做出一些定论或判断

C. 给予一些分析或推理
D. 发表一些评论或意见

（24）我在（　　）群体中较感满足。
A. 能心平气和最终大家达成一致结论的
B. 能彼此展开充分激烈的辩论
C. 能详细讨论事情的好坏和影响的
D. 能随意无拘束地自由散谈，同时又很开心

（25）在内心的真实想法里，我觉得工作（　　）。
A. 如果不必有压力，可以让我做我熟悉的工作那就不错
B. 应该以最快的速度完成，且争取去完成更多的任务
C. 要么不做，要做就做到最好
D. 如果能将乐趣融合在里面那就太棒了，不过如果是不喜欢的工作实在没劲

（26）如果我是领导，我内心更希望在部属心目中，我是（　　）。
A. 可以亲近的和善于为他们着想的
B. 有很强的能力和富有领导力的
C. 公平公正且足以信赖的
D. 被他们喜欢并且觉得富有感召力的

（27）我希望得到的认同方式是（　　）。
A. 无所谓别人是否认同
B. 精英群体的认同最重要
C. 只要我认同的人或者我在乎的人的认同就可以了
D. 希望得到所有大众的认同

（28）当我还是个孩子的时候，我（　　）。
A. 不太会积极尝试新事物，通常比较喜欢旧有的和熟悉的事物
B. 是孩子王，大家经常听我的决定
C. 害羞见生人，有意识地回避
D. 调皮可爱，在大部分的情况下是乐观而又热心的

（29）如果我是父母，我也许是（　　）。
A. 不愿干涉子女或者容易被说动的
B. 严厉的或者直接给予方向性指点的
C. 用行动代替语言来表示关爱或者高要求的
D. 愿意陪伴孩子一起玩的，孩子的朋友们所喜欢和欢迎的

（30）以下有四组格言，（　　）符合我感觉的数目最多。
A. 最深刻的真理是最简单和最平凡的；知足是人生在世最大的幸福
B. 走自己的路，让人家去说吧；虽然世界充满了苦难，但是苦难总是能战胜的
C. 一个不注意小事情的人，永远不会成就大事业；理性是灵魂中最高贵的因素，谨慎比大胆要有力量得多
D. 与其在死的时候握着一大把钱，还不如活时活得丰富多彩；幸福不在于拥有金钱，而在于获得成就时的喜悦及产生创造力

1 ~ 15 题合计数：

A 的总数（　　）　　　　B 的总数（　　）

C 的总数（　　）　　　　D 的总数（　　）

16 ~ 30 题合计数：

A 的总数（　　）　　　　B 的总数（　　）

C 的总数（　　）　　　　D 的总数（　　）

现在把两部分的数目汇总在一起，你将得到你的性格色彩速写分数。

红色：前 A + 后 D 的总数（　　）

蓝色：前 B + 后 C 的总数（　　）

黄色：前 C + 后 B 的总数（　　）

绿色：前 D + 后 A 的总数（　　）

总计 30

红、蓝、黄、绿分别是一种性格的代表。红色代表活泼、蓝色代表完美、黄色代表进取，而绿色代表平和。

总分中数目最大的颜色，是你的核心性格，也是你天性中最重要的动机的性格。如你红色的得数是 25，那么你是标准的红色性格；又比如，你黄色的得分是 15，红色是 11，其他各为 2，那么你是黄 + 红的性格，而且偏黄。

其中，（红 + 蓝、蓝 + 红）或（黄 + 绿、绿 + 黄）都是比较少出现的结果，因为红与蓝或黄与绿是完全相反的性格，这种相反的性格旗鼓相当地组合在一个人身上，必定有另外一个是受到强大的后天影响，个体将在很多时候呈现极大的内心困惑。

第四章　和谐人际，心灵桥梁
——大学生人际交往

心语心愿

交朋友不是让我们用眼睛去挑选那些十全十美的，而是让我们用心去吸引那些志同道合的。

——［法］罗曼·罗兰

案例导入

交往是人的本性需要

小雪是一个让我印象深刻的学生，她第一次咨询就打破了常规，要求在室外花园的一角进行，她的理由是怕到心理咨询室被同学看到，大家会拿异样的眼光看她。小雪说她是大一新生，军训之后刚刚回到学校三周，就在这一周内，她的心里乱极了。军训回来后，学校重新分宿舍，原来军训的时候认识的几个同学很少见面了，自己内心有点孤单，特别想和宿舍的同学处好关系。记得在一本书上看过，真诚是建立人际关系的首要条件，于是她抱着这样的心态向别人分享自己的内心，甚至是内心很秘密的东西。可是，她发现她们对自己的话并不感兴趣，自己也很难融入别人的对话中。她虽然有点失落，但还依然主动和室友讲话，帮她们带饭。谁知，昨天在门外听到了她们在背地里讲自己，还说自己是个“大傻帽儿”。说到这里，小雪的情绪很激动，她一边跺着脚一边说：“她们怎么可以这样？我恨死她们了……如果我过得不好，我也决不让她们好过。”

人际交往是大学生的一门必修课，这门课程修得好坏，影响着大学生的情绪、学业，甚至未来。

17 世纪的英国诗人约翰·多恩在《钟为谁鸣》这首诗中写道：“谁也不能像一座孤岛/在大海中独踞/每个人都是一块小小的泥土/终须连接成整个陆地/若有一块泥土被大海冲走/欧洲就会缺掉一隅/这宛如一座山峡/亦同你的朋友和自己!”这首诗生动地传达了一种观念：世界是一个整体，我们每个人都是一个支点，世界上的一切都相互保持着联系，人也是一种关系存在物，不能离开关系而生存。

第一节　人际交往概述

一、人际交往与人际关系

人际交往是指个体通过一定的语言、文字或肢体动作、表情等表达手段将某种信息传递给其他个体的过程。人际交往具有以下两个主要特征。

（1）信息交流。凡交往必须有人们之间的信息交流，如知识、经验的交流，需要、欲望、态度、情绪的交流。

（2）交往双方心理上的接触和相互作用。交往的双方都是活动的主体，通过交往双方的相互作用实现着对观念、思想、兴趣、心境、情感、性格特征等的相互交流、相互影响。

人际交往对建立、巩固和发展大学生的人际关系十分重要。马克思指出："由于他们的需要即他们的本性以及他们求得满足的方式把他们联系起来，所以他们必然要发生相互关系。"人际关系是人与人之间心理上的关系，表现为人与人之间的心理距离，反映着人们寻求满足需要的心理状态。

二、人际交往的原则

（一）平等原则

这里所说的平等主要是指人与人之间的人格平等。平等就意味着在交往中互相尊重，一视同仁，是尊重他人与尊重自我二者的统一。对于大学生来说，不论学习如何、家庭背景如何、是否是班干部、长相如何等，都应平等相待、互重互谅、诚恳待人，切不可以权压人、以势压人、自以为是，否则会影响人际关系的顺利发展。

（二）互利互助原则

人际交往是一种双向行为，故有"来而不往非礼也"之说，只有单方获得好处的人际交往是不能长久的。美国社会学家霍曼斯认为，在正常的人际交往过程中，人们总是花费一些时间去选择那些能够获得较大报酬、奖励、更有价值的社会交往活动。当然，霍曼斯所讲的价值不仅仅指经济价值，也包含了社会价值乃至伦理道德价值。人际交往中的回报有物质的，也有精神的，主要包括三个方面：一是物质互利，如互通有无，共同获利；二是精神互利，如心理慰藉，知识互补；三是物质与精神互利，交往双方在物质和精神上双双获利，或一方在物质上获利，另一方在精神上获益。只有这样，人际交往才会是愉悦的、顺畅的、成功的。

（三）信用原则

交往离不开诚信。诚信是指一个人诚实、不欺、信守诺言。诚信意味着尊重、真诚、可靠，是人际交往的重要基础。诚信不仅关乎个人的良好形象，而且也体现出对他人的尊重，表露出对他人的诚意。在人际交往中，一旦许诺就要设法实现，做到"言必信、行必果"，赢得别人的信赖。

（四）宽容原则

从心理学上讲，每个人都希望自己被他人接纳，轻松与他人相处。但是在人际交往过程中不可避免地会产生误会、摩擦、矛盾，这就需要一种有效的"化干戈为玉帛"的缓冲器和润滑剂，即宽容。宽容原则，要求人们心胸宽广、求同存异、互学互补，做到"退一步海阔天空"。

三、大学生人际关系的形成过程

良好的人际关系不是自然形成的，主观能动性决定了个体可以发挥主动性和智慧，按照人际关系形成规律，建立自己的人际关系体系。良好的人际关系的形成和发展一般要经过以下四个阶段。

（1）定向阶段。在这个阶段，主要是初步确定要交往并建立关系的对象，包含对交往对象的注意、选择和初步沟通等。生活中，人自然而然地特别关注那些在某些方面能够吸引自己的人。但究竟把谁作为自己人际关系的对象，常常还要根据自己的价值观做理性的选择。选定交往对象后，人们就会利用各种机会和途径去接触对方、了解对方，通过初步沟通，可以明确双方进一步交往并建立关系的可能性与方向。定向阶段通常是个渐进的过程，但也不缺乏戏剧性的发展。比如，两个邂逅却一见如故的人，其关系的定向阶段一次就完成了。

（2）情感探索阶段。在这个阶段，双方主要是探索彼此在哪些方面可以建立真实的情感联系。尽管已经有了一定的情感卷入，但还是避免触及私密性领域，表露出的自我信息比较表面，因此仍然具有很强的正式性。

（3）情感交流阶段。在此阶段，双方的人际关系开始出现由正式交往转向非正式交往的实质性变化；表现在彼此形成了相当程度的信任感、安全感、依赖感，可以在私密性领域进行交流，能够相互提供诸如赞赏、批评、建议等真实的互动信息，情感卷入较深。

（4）稳定交往阶段。此阶段是人际关系发展的最高水平。双方在心理上高度相容，彼此允许对方进入自己绝大部分的私密性领域，分享自己的生活，成为“生死之交”。实际上，能够达到这一层次的人很少，人们与自己的亲朋好友的关系大多都处于第三阶段的水平。

四、大学生人际交往的心理特点

（1）交往愿望的迫切性。随着大学生年龄的增长，心理的逐步成熟，知识水平和认知能力的提高，自由支配时间的增多，生活空间的扩展，加之进入了一个全新的人际环境，大学生交往愿望强烈。他们迫切希望别人了解自己，渴望得到他人的尊重和承认。正如德国学者斯普兰格所言，在人的一生中，再也没有像青年时期那样强烈地渴望被理解的时期了。没有任何人会像青年那样沉陷于孤独之中，渴望被人接近与理解。

（2）交往的理想性。大学生正处于幻想的年龄，心理尚未完全成熟，社会阅历有限，也由于家庭、社会及客观环境对人的限制，大学生的人际交往具有浓厚的理想色彩，无论是对朋友，还是对师长，都纯洁真诚。对人际关系抱有较高的期望，以理想标准要求对方，一旦发现对方某些不好的品质就深感失望。这导致大学生与其他人群相比，人际交往的挫折感较强，致使大学生中出现渴求交往和自我封闭的双重性。

（3）平等意识增强。随着自我意识的发展，大学生独立和自尊的要求日益增强，逐步具有了强烈的“成人感”，对交往的平等性要求越来越高。他们对他人平等相待，同时希望他人对自己也要尊重和理解。那些傲慢无礼、不尊敬他人、操纵欲和支配欲强、嫉妒和报复心强的人常常不受欢迎。

（4）交往范围的广泛性。大学校园里，各种文体活动和社会实践活动增多，这给大学生之间相互了解和认识提供了很好的机会，大学生的交往不仅限于同班同学，不同年级、不同系别、校内大学生心理健康教育外的人员均有不同程度的接触。

（5）交往动机多元化。人际交往最基本的动机是通过交往满足自己的心理需求。大学生由于时间、经历和经济条件等的限制，他们交往活动的范围主要还在校内，接触的对象主要是同学和老师，学习是他们的主要任务，所以他们之间的交往动机比较单纯，如结识朋友、探讨问题、交流信息、沟通感情等，较少带有功利色彩。但是随着市场经济的发展，大学生的交往动机呈现出多元化的特点。交往目的呈现出年级差别，低年级学生是为了丰富大学生活，而高年级学生则更加注重寻求有利于将来事业发展的社会资源。这在一定程度上表明当代大学生交往呈现出情感型交往和功利型交往并重的趋势。

（6）交往内容的丰富性。相近的年龄、相同的阅历和社会认知水平使大学生具有共同的话题、广泛的兴趣、相似的思想，他们对各种自然、社会现象都会关注，体现出交往内容的丰富多样性，除探讨专业问题外，文学、政治、经济、文化、历史、民俗、日常生活等方面都有所涉及。

（7）大学生交往对象的易变性。大学生由于心理发展的不完善，所以情绪不稳定，做事较易冲动，有点变化无常，表现为时而欢欣鼓舞，时而焦虑悲观，容易用感情代替理智；加之生活的领域不断拓宽，因而在选择交往对象上也就表现出明显的易变性。这种易变性与大学生人际交往的理想性相关，体现出人际交往的不成熟。

（8）交往手段多样性。现代计算机、通信、网络技术为当代大学生的交往提供了先进的信息传递手段，开辟了超时空的广阔天地，使得交往更方便和快捷，交往距离更远，网络交往已成为大学生们时髦、新型的人际交往方式。

（9）对异性交往更加关注。大学生在生理发展上正处于青春期，由于生理因素的发展，他们很自然地在心理上会产生对异性交往的渴望与兴趣。大学生异性交往，有利于增进对异性的了解，有益于丰富情感体验，有利于社交能力的培养，有利于生理健康和心理健康，也有助学业的顺利完成。异性交往的关键问题是要把握好交往的原则，比如与异性交往时要相互尊重，男同学要举止文明，女同学要稳重大方，心态要自然，要学会保持一定的距离等。

五、大学生人际交往的类型

大学生在校四年，每天都生活在集体中，其人际交往是复杂多样的。根据是否需要中间人或媒介，大学生人际交往可分为直接交往与间接交往。直接交往或间接交往又都可细分为个体间的相互交往、群体间的相互交往、个体与群体间的交往三种类型。根据大学生人际交往的对象，大学生人际交往可分为与老师的交往、与同学的交往、与父母的交往、社会交往和网络交往五种类型。下面主要介绍按对象分类的大学生人际交往。

（一）与老师的交往

教师是大学生人际交往的重要对象，师生关系是大学生人际关系的重要内容。师生关系直接影响着大学生在学校的健康学习与成长。教师是知识的传授者，是大学生人格模仿的对象。相对于中学阶段比较密切、严肃的师生关系，大学里师生之间的交往相对松散、活泼。根据与学生的关系，大学教师可以分为两类：第一类是大学生接触最多的辅导员、班主任，他们与学生的关系平等，会像朋友一样与学生交流思想、促膝谈心，并参与班级组织的各项文体活动；第二类是任课教师，他们面对不同班级的学生，教学对象数量多，流动性大，和学生交流的时间短，多在其授课时间与学生接触，切磋学问，探讨问题。随着大学生自主意识的增强，他们对教师的授课质量会提出更高的希望和要求。

（二）与同学的交往

同学是大学生人际交往的主要对象，同学关系是大学生人际交往的基本关系。大学生之间的交往是最普遍的、也是最微妙和复杂的。一方面，大学生年龄相仿，经历相似，兴趣爱好相近，共同生活在一个集体，学习相同的专业，沟通与交往容易；另一方面，大学生来自不同的地域，有不同的家庭背景，生活习惯、个性、气质存在差异，再加上大学生对人际交往的期望较高，一旦得不到满足，就容易采取消极退避的态度。

这类关系有班级内的同学关系、宿舍关系、老乡关系、社团关系等。班级同学交往以学习与班级活动为主，宿舍同学关系以情感交往与生活交往为主，老乡关系以情感交往为主，社团关系以兴趣与工作交往为主。

（三）与父母的交往

大多数的大学生觉得自己长大了，会有意识地、积极地调整心态以适应新的环境。他们能体谅父母对自己思念的心情，因此，他们大多会通过书信或电话向父母汇报自己的学习、生活等情况，和父母加强思想感情的交流。

（四）社会交往

就业压力日益增大的大学生们要想在激烈的竞争中脱颖而出，找到理想的工作，就需要具备较强的社会交往能力。扩大社会交往的方式多种多样，如加入学生社团、参加社会公益活动、勤工助学等积极健康的社会实践活动是扩大社会交往面的途径。通过各种社会实践活动，大学生们既可以增加对社会的了解，也可以扩大社会交往的范围，还能够提高自己独立谋生的本领。

（五）网络交往

网络拓展了人类交往的空间，网络交往已经成为一种重要的新型人际交往方式。人们通过QQ、微信、微博、短视频等手段在网络虚拟社区中聊天、交友、游戏等。同学之间、师生之间、老乡之间、室友之间、个人与班级以及和学校之间等错综复杂的社会交往，构成了大学生人际交往的网络系统。

扩展阅读

“00后”大学生人际交往的新特点

从交往心理看，大学生交往呈多元性与开放性。大学生渴望友谊，渴望结交更多的朋友，获得更多的信息，接受更多的新思想，十分关心自己所扮演的社会角色以及在集体中的位置，关心自己的发展和奋斗目标，希望开阔视野，早日成熟。在这种心理的作用下，大学生的人际交往呈现出前所未有的开放式交往趋势。

（1）交往的范围扩大。交往对象由以前的亲缘、朋辈交往转向更广泛的社会交往群体；同学交往不局限于同班同学，发展到同级、同系甚至是同校的所有同学；不仅包括同性交往，异性交往也是同学交往的重要方式。

（2）交往内容丰富。大学生进入高校之后在知识的影响下，对人生目标有更高的要求，对社会政治、经济、文化的变革与发展也更为关心。因此，大学生交往形式多种多样，诸如各类剧社、协会、沙龙、兴趣小组等。交往的内容也是多层次、多色彩的，广泛涉及文学、艺术、政治、经济、文化、历史、民俗等各个方面。

(3) 交往频率提高。交往由偶尔的相聚、互访发展到较为经常的聊天、社团活动、举行聚会、体育活动、娱乐、结伴出游以及其他一些集体活动。

(4) 交往手段多元化。网络的发展为大学生的交往提供了更加广阔的空间，交往手段的发展，使大学生的人际交往变得更方便、更快捷，交往距离更远，交往范围更广。一份针对“00后”大学生的调研报告显示，17岁到20岁年龄段人群中，98%的人首选智能手机聊天软件作为沟通手段。

(5) 有较多的小群体。存在小群体是指由于成员彼此认同而自发形成的群体，多以情感因素调节人际关系为主要特征；另外还具有不定型、多样、多变等特征。学校管理者应积极支持大学生发展导向良好的小群体，使其在集体的建设中发挥积极作用。

从交往方式看，大学生的社交以寝室为中心，社会工作和网络社交占主导。大学生虽然主动追求开放式的人际交往，但由于时间、精力、生活环境、经济条件等方面的限制，交往的主要场所仍然在校园内，中心是学生的寝室。

六、大学生人际交往的重要性

(一) 人际交往是大学生正确认识自我的重要途径

通过以他人为镜来认识自我。古人讲：“君子不镜于水，而镜于人。镜于水见面之容，镜于人则知吉与凶。”所谓“镜于人”就是以他人为镜，把他人的态度和反应作为判断自己的重要参照系，通过自己在他人身上的映像来审视自己的人生态度、人格状况、人际关系等方面的情况，并以此来警示自己、教育自己。

(二) 良好的人际交往是事业成功的助推器

拥有良好的人际关系，可以为事业的成功积累必要的人脉资源。一所大学的MBA班，首次开课前，某知名糕点连锁店老板抢先登上讲台，在一番自我介绍后，他一边派发名片一边对大家说：“我来这上MBA倒不是真要学什么，主要是为了认识大家。”这折射出人们对人际资源的重视。

拥有广泛良好的人际关系网意味着拥有更多机会、更多便利和更大的成功。美国石油大王洛克菲勒说：“我愿意付出比得到天底下其他本领更大的代价来获取与人相处的本领。”有人看中了一个年轻人，并想提携他。于是他找到了石油大王洛克菲勒，对他说：“先生，我想替你女儿找个丈夫，他是世界银行副总裁。”洛克菲勒同意了。然后他又找到世界银行总裁，对他说：“总裁先生，任命洛克菲勒的女婿为世界银行的副总裁，您觉得如何？”总裁先生同意了。于是这个年轻人既成了世界银行副总裁，又成为了洛克菲勒的女婿。只要你拥有人际资源并学会整合利用，你就是赢家。

(三) 人际交往是人的心理需要

马斯洛是美国人本主义心理学家，他在1943年所著的《人的动机理论》一书中提出了需要层次理论。马斯洛认为，人的基本需要可分为生理需要、安全需要、归属与爱的需要、尊重需要和自我实现需要五种。这五种需要由低到高，当人满足了低层次的需要，就会产生高层次的需要。当人的生理需要、安全需要得到满足后，就会产生归属与爱的需要。归属与爱的需要也称社交需要，人类需要爱，也需要得到爱，主要表现为对亲情、友情、爱情的需要。处于这一需要层次的人，希望能拥有幸福美满的家庭，把友爱看得非常珍贵，渴望得到一定社会成员与团体的认同、接受，并与同事建立良好和谐的人际关系。如果这一需要得不到满足，个体就会产生强烈的孤独感、异化感、疏离感，产生极其痛苦的体验。大学生时期心理需要处于归属与爱的需要、尊重的需要阶段，强烈渴望被人接近与理解。

（四）人际交往是身心健康的需要

哲学家培根说："友谊使欢乐倍增，使痛苦减半"。现代医学和心理学研究表明：正当的积极交往是促进心理平衡和个性完善的必要手段，而缺乏这种交往，将会破坏人的心理平衡，不利于人的个性发展，甚至导致疾患或人格出现异常。人类的病态心理大多是由于人际关系失调所致。与人发生冲突会使人心灵蒙上阴影，导致精神紧张、抑郁，不仅可致心理障碍，而且会刺激下丘脑，使内分泌功能紊乱，进一步引起一系列复杂的生理变化。冠心病、消化性溃疡、甲状腺功能亢进、偏头痛、癌症等许多疾病都与患者的长期不良情绪有关。

（五）人际交往是人生幸福的需要

在日常生活中，有些人往往认为，人的幸福是建立在金钱、成功、名誉和地位的基础之上的。实际上，对于人生的幸福来说，所有这些方面远不如健康的交往和良好的人际关系重要。西方心理学家克林格做过一项调查，结果发现，良好的人际关系对于生活的幸福具有首要意义。当人们被问到"什么使你的生活富有意义"的时候，几乎所有的人都回答："亲密的人际关系是首要的，自己的生活是否幸福取决于自己同生活中其他人的关系是否良好"。如果同配偶、恋人、孩子、父母、朋友及同事关系良好，有深刻的情感联系，那就会感到生活幸福且富有意义。反之，则会感到生活缺乏目标、没有动力。

第二节　大学生人际交往中的常见问题

大学生人际交往问题主要有不愿与人交往、不敢与人交往和不懂与人交往三类。

一、不愿与人交往

（一）问题描述

不愿与人交往是指自我封闭，生活在自己的世界，对外界的事物不适应或不感兴趣，不愿与他人交流内心的想法。个人的世界里只有他自己，没有和周围人交往的意愿和行动，缺乏交往动机。

（二）心理表现

不愿与人交往者的心理表现一般有以下四种。

（1）自傲心理。这种心理与自卑心理相反，在交往中往往过高地估计自己，总觉得自己优于别人、盛气凌人、自以为是，甚至不愿与别人为伍。

（2）自恋心理。自傲心理侧重于外部行为表现，自恋心理主要是指内部的心理体验，表现为过分地自我关心、自我欣赏，总抱怨别人不重视自己、不欣赏自己。

（3）封闭心理。这种心理表现为把自己的真情实感和欲望掩盖起来，过分地自我克制，使交往无法深入。

（4）孤僻心理。这种心理表现为行为怪癖、偏执，为人孤独，不愿与人交往，几乎没有什么知心朋友和人际往来，却时常抱怨自己生活在人际情感的沙漠中。

二、不敢与人交往

（一）问题描述

不敢与人交往是指心里愿意与人交往，但因为过分关注自己交往时的表现，在行动上表现出退缩的心理。在自卑心理的影响下，不敢与人进行正常的交往。

（二）心理表现

不敢与人交往者的心理表现一般有以下四种。

（1）害羞心理。这种心理表现为在交往过程中，过于羞涩拘束，神情不自然，往往不能准确、充分表达自己的思想感情，成为人际交往中的被动者。

（2）敏感心理。这种心理表现为在交往过程中，自我牵连倾向太重，对他人的言行过分敏感、多疑，往往陷入痛苦和焦虑之中。

（3）自卑心理。这种心理表现为在交往过程中，对自己缺乏正确的认知，在交往中缺乏自信，总觉得自己不足的地方太多，优势太少，失去交往的勇气和信心。

（4）恐惧心理。这种心理表现为在交往过程中，特别是在大庭广众之下，不由自主地感到紧张、担心和害怕，以至于手足无措、语无伦次，严重时会发展为社交恐惧症。

扩展阅读

社交恐惧症

社交恐惧症（SocialPhobia），又名社交焦虑症，是一种对任何社交公开场合都感到强烈恐惧或忧虑的疾病。患者对于在陌生人面前或可能被别人仔细观察的社交、表演场合，有一种显著且持久的恐惧，害怕自己的行为或紧张的表现会引来别人的羞辱或使自己难堪。

对社交恐惧症，可采取以下治疗措施。

（1）不断地告诉自己，这种恐惧是可以消除的。正确认识人与人交往的程序，了解与人交往的方法。

（2）查找出自己产生社交恐惧的原因，并试图挖掘心灵深处的根源。

（3）在一个假想的空间里，不断地模拟发生社交恐惧症的场景，不断练习重复发生症状的情节，并不断地鼓励自己勇敢面对这种场景，以便从假想中适应产生焦虑紧张的环境。

（4）采用强迫疗法，逐渐改进。先站在车水马龙的大街上；适应后减少人数，在商场里购物；接着再减少人数，参加一些大规模的聚会；然后参加小聚会，并试图发表你的观点；最后和自己很惧怕的人交往，并时刻给自己以奖励。利用这种方法，经常不断地练习，就会使病症有很大的好转。

三、不懂与人交往

（一）问题描述

许多大学生既有与人交往的动机，又敢于与人交往，他们带着良好的人际期望与同学交往，但由于不懂得与人交往的正确方法，结果往往事与愿违。北京师范大学教授于丹说："我看到很多以600多分考进某全国重点大学的学生，在入校的一个月内让老师调了三次宿舍，仅仅是因为和同学争一个上下铺、因为别的学生在宿舍把收音机的声音调得太大等原因。这样的学生缺乏最起码的人际关系处理能力和社会责任观念。"

（二）心理表现

不懂与人交往者一般有以下三种心理表现。

（1）与人交往的过程中不注重交往原则，有急功近利的心理。

（2）自我中心主义。在人际交往过程中过分关注自我，在交往中过多地考虑自己的需要，过分注重自己在人际关系中的地位，而忽视了他人的需要和存在，变成了自我中心者。

（3）退缩心理。当人际交往出现问题时不懂如何解决问题，表现得无所适从，退回到不敢甚至不愿与人交往的状态。

第三节　大学生人际交往能力的培养

一、利用人际交往的心理效应

社会心理学研究表明，在人际交往中，对交往对象的认知、印象等有时会与真实情况有所差别，这会直接影响到交往的正常进行。那么，人际交往中的心理效应对我们日常生活中与人交往有什么样的启示意义呢？

有句话说，要轻松到达别人的内心，你需要了解人性。有这样一则寓言，一把坚实的大锁挂在门上，一根铁杆费了九牛二虎之力还是无法将它撬开。钥匙来了，只见他瘦小的身子钻进锁孔，只轻轻一转，大锁就"啪"的一声开了。铁杆奇怪地问"为什么我费了那么大的力气也打不开，而你却轻而易举就打开了呢？"钥匙说："因为我最了解他的心。"同样，了解人际交往中的心理效应可以帮助我们克服这些效应的消极作用，也可以帮助我们学会怎样留给他人一个好印象。

（一）首因效应

首因即最先的印象，或称第一印象。在人际交往中，人们往往注意开始接触到的细节，如对方的表情、身材、容貌等，而对后来接触到的细节不太注意。这种由先前的信息而形成的最初的印象及其对后来信息的影响就是首因效应。在现实生活中，首因效应常常影响着人们对他人的评价和看法。这就是人们常说的"先入为主"，它影响着交往活动的深入进行。

首因效应在人际交往中扮演着重要角色，因此人们应该重视与人交往时留给他人的第一印象。在交友招聘、求职等社交活动中，可以利用这种效应给别人留下良好的印象，为日后的交流打下良好的基础。

（二）近因效应

近因即最后的印象。近因效应指的是最后的印象对人们的认知所产生的影响。最后留下的印象往往是最深刻的印象，这也就是心理学上所阐释的后摄作用。多年不见的朋友在自己的脑海中印象最深的其实就是临别时的情景；一个朋友总是让你生气，可是谈起生气的原因，大概只能说上两三条，这也是一种近因效应的表现。

首因效应一般在交往初期（即双方还较生疏的阶段）特别重要；而在交往后期，就是双方已经十分熟悉的情况下，近因效应就发挥了更大的作用。在与他人进行交往时，既要注意平时给对方留下的印象，也要注意给对方留下的第一印象和最后印象。

（三）光环效应

光环效应是指我们在对别人作评价的时候，常喜欢从或好或坏的局部印象出发，从而扩散出全部好或全部坏的整体印象，就像月晕（或光环）一样，从一个中心点逐渐向外扩散成为一个越来越大的圆圈，所以有时也称为晕轮效应或月晕效应。所谓“情人眼里出西施”说的就是这种光环效应。

光环效应常使人犯“以偏概全”“爱屋及乌”的错误，旁观者清、当局者迷，要善于倾听和接受他人的意见，防备光环效应的副作用。同时也可以利用光环效应的影响增加自身的吸引力，即在与人交往时，可以采用先入为主的策略，让对方了解我们的优势，以获得积极的评价。

（四）刻板效应

刻板效应是社会上对于某一类事物或人物的一种比较固定、概括而笼统的看法。它主要表现为：在人际交往过程中机械地将交往对象归于某一类人，不管他是否呈现出该类人的特征，都认为他是该类人的代表，进而把对该类人的评价强加于他。例如，商人常被认为是奸诈的，有“无商不奸”之说；教授常常被认为是白发苍苍、文质彬彬的老人；江南一带的人往往被认为是聪明伶俐、随机应变的；北方人则被认为是性情豪爽、胆大正直的。

刻板印象所产生的影响即为刻板效应。刻板效应的积极作用在于它简化了人们的认识过程，因为当人们知道他人的一些信息时，常根据该人所属的人群特征来推测他的其他典型特征。但刻板效应带来的多是负面效应，如种族偏见、民族偏见、性别偏见等，它常使人以点代面、凝固地看待他人，容易产生判断上的偏差和认识上的错觉。

（五）投射效应

投射效应是指在人际交往中，认知者形成对别人的印象时总是假设他人与自己有相同的倾向，即把自己的特性投射到其他人身上。“以己度人”反映的就是投射效应的一个侧面。心理学家罗杰斯曾做过这样的实验来研究投射效应，即在 80 名参加实验的大学生中征求意见，问他们是否愿意背着一块大牌子在校园里走动。结果，有 48 名大学生同意背牌子在校园内走动，并且认为大部分学生都会乐意背；而拒绝背牌的学生则普遍认为，只有少数学生愿意背。由此可见，这些学生将自己的态度投射到其他学生身上。

为了克服投射效应的消极作用，人们应该正确地认识自己和他人，做到严于律己，宽以待人，尽量避免以自己的标准去判断他人。人们的交流对象并非一定如人们所想象的那样，只有交往以后才能确知。

（六）定势效应

心理定势是指人们在认知活动中用已有的知识经验来看待当前问题的一种心理反应倾向，也称为思维定势。心理定势所产生的影响叫做定势效应。例如，有一个农夫丢失了一把斧头，怀疑是邻居的儿子偷盗的，于是观察他走路的样子、脸上的表情，感到其言行举止没有一点不像偷斧头的贼。后来农夫在深山里找到了丢失的斧头，他再看邻居的儿子，竟觉得他言行举止中没有一点偷斧头的迹象了。这则故事描述了农夫在心理定势作用下的心理活动过程。

定势效应在某种条件下有助于人们对他人作概括的了解，但往往会产生认知的偏差。例如，在大学生的日常交往中，农村来的学生认为城市来的学生见多识广，但狡猾、小气；城市来的学生则认为农村来的学生孤陋寡闻，但忠厚、老实。心理定势效应使人们产生的偏见和成见阻碍人们正确地认知他人，因此不要一味地用老眼光来看人处事。

案例

小刘是某大学某系学生会新上任的主席。按照惯例，新任学生会主席上任后要定期召开全体学生会工作人员例会，这不仅是展示自己、获得大家认可的机会，也是加深与学生会其他同学认识的好机会，还是对他的人际交往能力的考验。根据上述所介绍的人际交往中的各种心理效应，小刘应该如何在学生会的工作中加以应用呢？请你给他提一些建议，帮他完成表4-1。

表4-1　心理效应应用表

效应类型	发挥积极作用	避免消极作用
首因效应		
近因效应		
光环效应		
刻板效应		
投射效应		
定势效应		

二、提高人际沟通能力

（一）学会倾听，提高理解别人的能力

倾听是我们认识世界的重要途径，是理解别人的最佳方式。说话是表达自我、宣泄内心的一个途径，而倾听是接受对方的过程。著名心理学家迪金森（Dickin-son）曾说过，好的倾听者用耳听内容，更用心“听”情感。倾听时，不仅要注重说话者所说的字词和内容，理解其语言的含义，而且还要注意说话者通过语调、身体姿势、手势、脸部表情和眼神所表达的意思，感同身受对方的情感。

故事

三个金人

很久以前，一个部落使者向皇帝进贡了三个一模一样的金人，这三个金人金碧辉煌，皇帝十分高兴。使者给皇帝出了一道题：这三个金人哪个最有价值？

皇帝请来全国最好的珠宝匠检查三个金色小人，称质量、看做工，结果是三个金人是一模一样的，这可怎么办？

一位老大臣说他有办法，皇帝将使者请到大殿，老大臣胸有成竹地拿着三根稻草分别插入三个金人的耳朵里。插入第一个金人耳朵里的稻草从另一边耳朵出来了；插入第二个金人耳朵里的稻草从嘴巴里掉出来了；而插入第三个金人耳朵里的稻草掉进了金人的肚子里，老大臣说：第三个金人最有价值！使者默不作声，表明了答案是正确的。

老天给我们两只耳朵、一个嘴巴，本来就是让我们多听少说的。善于倾听，才是成熟之人最基本的素质。

（二）学会表达，增加别人理解自己的可能性

“良言一句三冬暖，恶语伤人六月寒”。语言艺术运用得好就能吸引对方，从内容到形式适应对方的心理需要、知识经验、双方关系及交往场合，使交往密切起来。有这样一则故事：一位英国人失业后没有钱，走在费城街道上找工作。他走进当地一位大商人保罗·吉彭斯的办公室，要求与吉彭斯先生见面。吉彭斯先生以怜悯的眼光看看这位陌生人。他的外表显然对他不利，他的衣衫褴褛，衣袖底部已经磨光，全身上下到处显出寒酸样。吉彭斯先生一半出于好奇心，一半出于同情，答应与他谈谈。一开始，吉彭斯只打算听对方说几秒钟，但这几秒钟却变成几分钟，几分钟又变成一个小时，而谈话依旧进行着。谈话结束之后，吉彭斯先生打电话给狄龙出版公司的费城经理罗兰·泰勒，而泰勒这位费城的大资本家则邀请这位陌生人共进午餐，并为他安排了一个很好的工作。这个外表潦倒的男子怎么能够在这样短的时间内影响了如此重要的两位人物？其中秘诀就是他有很强的语言表达能力。

（三）重视非言语沟通能力

英国心理学家阿盖依尔等人曾做过一个实验，当语言信号和非言语信号所代表的意义不一致时，人们相信的是非言语信号所代表的意义，而且非言语交际对交际的影响是语言的43倍。美国传播学家艾伯特·梅拉比安曾提出一个公式：信息的全部表达＝7%语调＋38%声音＋55%肢体语言。也就是说，在许多时候，你的声音、你的肢体语言要比你具体说什么话更能影响别人。非言语沟通是指包括仪表、服饰、动作、神情、目光、发型、肌肤、体态、音质、音色等以非语言信息作为沟通媒介进行的信息传递。

1. 面部表情

对沟通双方来说，表情是传情达意和相互理解的一种必不可少的重要方式。目光接触

是人际间最能传神的非言语交往。“眉目传情”“暗送秋波”等成语形象说明了目光在人们情感交流中的重要作用。

2. 服饰仪表

仪表包括服装、头发、饰品和色彩等。意大利影星索菲亚·罗兰说：“你的衣服往往表明，你是哪一类型，它代表你的个性，一个与你会面的人往往不自觉地根据你的衣着来判断你的为人。”有人通过实验证明，穿着打扮不同的人，寻求路人的帮助时，那些仪表堂堂，有吸引力的人要比那些不修边幅的人更有成功的可能。仪表还对人类的性格及心理状况起到了很明显的作用。以服装为例，蓝色的衣服能使人心理平静，有效地削弱烦乱的情绪；红色的衣服能煽动人的热烈情绪；黄色衣服显得高贵有气质；黑色衣服则显得庄重。

3. 身体姿势

达·芬奇曾说过，精神应该通过姿势和四肢的运动来表现。姿势语是指通过身体的姿势、动作来表达情感、传递信息的体态语，主要包括坐姿、站姿和行姿三种。

4. 空间距离

美国社会心理学家霍尔曾经针对人与人之间的物理距离做过调查研究，他发现人们之间存在着四种类型的人际距离。

（1）第一种距离——公众距离，范围是360～760厘米，它属于人际交往中的正式距离。处于该距离的人，可以容易地采取躲避或防卫行为。它多出现在陌生人之间或正规场合。

（2）第二种距离——社交距离，较近的社交距离是120～210厘米，多出现在非正式的个人交往中，如谈判和商业接待；较远的社交距离为120～360厘米，一般多出现在正式的公务性接触中。

（3）第三种距离——个人距离，范围大约为44～120厘米，这个距离通常是与朋友交谈或日常同事间接触的空间距离。

（4）第四种距离——亲密距离，在0～44厘米的范围内，这种空间距离只出现在关系特殊的人之间，如父母与子女、夫妻、恋人。对关系亲密的人来说，这个距离可以感受到对方的气味和体温等信息。

心理训练

心理训练一：测测你的人际关系现状

下面是一组有关人际关系方面的测试题，自我测查后统计得分，根据得分可以了解自己的人际关系现状。

（1）在人际关系中，你的信条是（　　）。

A. 大多数人是友善的，可与之为友

B. 人群中有一半是奸诈的，一半是善良的，你选择与善良者为友

C. 大多数人是奸诈虚伪的，不可与之为友

（2）最近你新交了一些朋友，这是（ ）。

A. 因为你需要他们

B. 因为他们喜欢你

C. 因为你发现他们很有意思，令人感兴趣

（3）外出旅游时，你总是（ ）。

A. 很容易交上新朋友

B. 喜欢一个人独处

C. 想交朋友，但又感到很困难

（4）你已经约定要去看望一位朋友,但因为太累而失约了。在这种情况下,你感到( )。

A. 这是无所谓的，对方肯定会谅解你

B. 有些不安，但又总是在自我安慰

C. 你很想了解对方是否对自己有不满的情绪

（5）你结交朋友的时间是（ ）。

A. 数年之久

B. 不一定，合得来的朋友能长久相处

C. 时间不长，经常更换

（6）一位朋友告诉你一件很有趣的个人私事，你会（ ）。

A. 尽量为其保密

B. 根本没有考虑过要继续扩大宣传此事

C. 当朋友刚一离去，随即与他人议论此事

（7）当你遇到困难时，你是（ ）。

A. 通常是靠朋友解决的

B. 找自己可信赖的朋友商量此事

C. 不到万不得已决不求人

（8）当朋友遇到困难时，你觉得（ ）。

A. 他们大多喜欢来找你帮忙

B. 只有那些与你关系密切的朋友才来找你商量

C. 一般都不愿意来麻烦你

（9）你交朋友的一般途径是（ ）。

A. 经朋友介绍

B. 在各种社交场合

C. 必须经过相当长的时间，并且还相当困难

（10）你认为选择朋友的最重要的品质是（ ）。

A. 具有能吸引我的才华

B. 可以信赖

C. 对方对你感兴趣

（11）你给人们的印象是（ ）。

A. 经常会引人发笑

B. 经常在引发人们去思考

C. 和你相处时别人会感到舒服

（12）在晚会上，如果有人提议让你表演或唱歌时，你会（　　）。

A. 婉言拒绝

B. 欣然接受

C. 直截了当地拒绝

（13）对于朋友的优缺点，你会（　　）。

A. 诚心诚意地当面赞扬他的优点

B. 诚实地对他提出批评意见

C. 既不奉承，也不批评

（14）你所结交的朋友是（　　）。

A. 只能是那些与我的利益密切相关的人

B. 通常能和别人相处

C. 有时愿与同趣味相投的人和睦相处

（15）如果朋友们和你开玩笑或恶作剧，你总是（　　）。

A. 和大家一起笑

B. 很生气并有所表示

C. 有时高兴，有时生气，依自己当时的情绪和情况而定

（16）当别人依赖你的时候，你的想法是（　　）。

A. 你不在乎，但却喜欢独立于朋友之外

B. 这很好，你喜欢别人依赖你

C. 要小心点，你愿意保持冷静、清醒

评分标准见表 4-2。

表 4-2　评分标准

题目	得分			题目	得分		
	A	B	C		A	B	C
1	3	2	1	9	2	3	1
2	1	2	3	10	3	2	1
3	3	2	1	11	2	1	3
4	1	3	2	12	2	3	1
5	3	2	1	13	3	1	2
6	2	3	1	14	1	3	2
7	2	3	1	15	3	1	2
8	3	2	1	16	2	3	1

心理训练二：人际关系行为困扰诊断

这是一份人际关系行为困扰的诊断量表，共 28 个问题，每个问题做“是”（打√）或“非”（打×）两种回答。请你根据自己的实际情况如实回答，答案没有对错之分。

（1）自己的烦恼有口难言。(　　)
（2）和生人见面感觉不自然。(　　)
（3）过分地羡慕和妒忌别人。(　　)
（4）与异性交往太少。(　　)
（5）对连续不断地会谈感到困难。(　　)
（6）在社交场合，感到紧张。(　　)
（7）时常伤害别人。(　　)
（8）与异性来往感觉不自然。(　　)
（9）与一大群朋友在一起，常感到孤寂或失落。(　　)
（10）极易受窘。(　　)
（11）与别人不能和睦相处。(　　)
（12）不知道与异性相处如何适可而止。(　　)
（13）当不熟悉的人对自己倾诉他的生平遭遇以求同情时，自己常感到不自在。(　　)
（14）担心别人对自己有什么坏印象。(　　)
（15）总是尽力使别人赏识自己。(　　)
（16）暗自思慕异性。(　　)
（17）时常避免表达自己的感受。(　　)
（18）对自己的仪表（容貌）缺乏信心。(　　)
（19）讨厌某人或被某人所讨厌。(　　)
（20）瞧不起异性。(　　)
（21）不能专注地倾听。(　　)
（22）自己的烦恼无人可倾诉。(　　)
（23）受别人排斥与冷漠。(　　)
（24）被异性瞧不起。(　　)
（25）不能广泛地听取各种意见、看法。(　　)
（26）自己常因受伤害而暗自伤心。(　　)
（27）常被别人谈论、愚弄。(　　)
（28）不知如何与异性更好地相处。(　　)

评分标准：

打“√”的给1分，打“×”的给0分。

将28个问题分成四类，见表4-3。

表4-3　类别及包含的问题

类　别	包含的问题
A	（1），（5），（9），（13），（17），（21），（25）
B	（2），（6），（10），（14），（18），（22），（26）
C	（3），（7），（11），（15），（19），（23），（27）
D	（4），（8），（12），（16），（20），（24），（28）

结果分析：

（1）总体评述。

0～8分：表明你在与朋友相处上的困扰较少。你善于交谈，性格比较开朗，主动关心别人，你对周围的朋友都比较好，愿意和他们在一起，他们也都喜欢你，你们相处得不错。而且，你能够从与朋友相处中得到乐趣。你的生活是比较充实而且丰富多彩的，你与异性朋友也相处得比较好。总之，你不存在或较少存在交友方面的困扰，你善于与朋友相处，且人缘很好，能获得许多的好感与赞同。

9～14分：表明你在与朋友相处存在一定程度的困扰。你的人缘很一般，你和朋友的关系并不牢固，时好时坏，经常处在一种起伏波动之中。

15～28分：表明你与朋友相处上的困扰较严重，而且在心理上出现较为明显的障碍。你可能不善于交谈，也可能是一个性格孤僻的人，不开朗或者有明显得自高自大、讨人嫌的行为。

（2）交谈方面（A类得分）。

6分以上：表明你不善于交谈，只有在极需要的情况下你才同别人交谈，你总是难以表达自己的感受，无论是愉快还是烦恼；你不是一个很好的倾诉者，往往无法专心听别人说话或只对单独的话题感兴趣。

3～5分：表明你的交谈能力一般。你会诉说自己的感受，但条理不够清晰；你努力使自己成为一个好的倾听者，但还是做得不够。如果你与对方不太熟悉，开始时你往往表现得拘谨与沉默。经过一段时间的接触与锻炼，你能有所改变，会主动与人交谈。

0～2分表明你有较高的交谈能力和技巧，善于利用恰当的谈话方式来交流思想感情，因此在与别人建立友情方面，你往比别人获得更多的成功。这些优势不仅为你的学习与生活创造了良好的心境，而且常常有助于你成为伙伴中的领袖人物。

（3）社会交往方面（B类得分）。

6分以上：表明你在社交活动与交友方面存在着较大的行为困扰。例如，在正常集体活动与社交场合，你比大多数伙伴更为拘谨；在有陌生人或老师存在的场合，你往往感到更加紧张，从而扰乱你的思绪；你往往过多地考虑自己的形象而使自己处于越来越孤独的境地。总之，交际与交友方面的严重困扰使你陷入“感情危机”和孤独困窘的状态。

3～5分：表明你需要和朋友在一起，但你又不太善于创造条件并积极主动地寻找知心朋友，你生怕自己的主动行为被人拒绝。

低于3分：表明你对人较为真诚和热情。总之，你的人际关系较和谐，社会交往顺利。

（4）待人接物方面（C类得分）。

6分以上：表明你缺乏待人接物的技巧。你常有意无意地伤害别人，或者过分地羡慕别人以致在内心妒忌别人。因此，别人可能以冷漠、排斥，甚至是愚弄的态度回应你。

3～5分：表明你是一个多侧面的人，也可以说是一个较圆滑的人。对待不同的人，你有不同的态度，而不同的人对你也有不同的评价。你讨厌某人或被某人所讨厌，但你却极喜欢另一个人或被另一个人所喜欢。你的朋友关系在某方面是和谐的、良好的，在某些方面却是紧张的、恶劣的。因此，你的情绪很不稳定、内心极不平衡，常常处于矛盾状态中。

0～2分：表明你较尊重别人，敢于承担责任，对环境的适应性强。你常常以真诚、宽容、责任心强等个性获得众多的好感与赞同。

（5）与异性朋友交往（D类得分）。

5分以上：表明你在与异性交往的过程中存在较为严重的困扰。也许你过分地思慕异性或对异性持有偏见。这两种态度都有它的片面之处。也许是你不知如何把握好与异性交往的分寸而陷入困扰之中。

3~4分：表明你与异性同学交往的行为困扰程度一般，有时可能会觉得与异性同学交往是一件愉快的事，有时又会认为这种交往似乎是一种负担，你不懂得如何与异性交往最适宜。

0~2分：表明你懂得如何正确处理与异性朋友之间的关系。对异性朋友持公正的态度，能大方、自然地与他们交往，并且在与异性交往中得到了许多从同性朋友那里得不到的东西，增加了对异性的了解，也丰富了自己的个性。你可能是一个较受欢迎的人，无论是同学、朋友还是异性朋友，多数人都较喜欢你和赞赏你。

心理训练三：盲人方阵

活动目的：

（1）培养团队成员的沟通意识，提高沟通技巧和决策能力；

（2）使学生理解角色定位及尽职尽责的完成本职工作的重要性；

（3）增强团队协作意识和协作能力。

活动方式：

（1）所有成员戴上眼罩后，活动开始。必须确认眼罩不能看到亮光；

（2）所有成员先找到位于附近不超过5米范围内的绳子，并在40分钟内，把它围成一个最大的正方形，最后所有的人相对均匀地分布在这个正方形的四条边上；

（3）所做的正方形是一个极具价值的防御工事，所以正方形越大越精确越好；

（4）整个活动中任何人不得摘去眼罩，确认完成后，并通知教师，得到准许后才可以摘下眼罩。

安全要求：

（1）要求地面平整，周围没有障碍物，以保证成员的安全；

（2）戴上眼罩后，要求成员将手放在胸前，不得背手行走，严禁蹲下；

（3）不要猛烈地甩动绳子以免打到其他成员的面部；

（4）小心不要被绳子绊倒；

（5）听到停止信号后，不得继续向不安全地带移动；

（6）摘下眼罩时背对阳光，先闭一会儿再慢慢睁开眼睛；

（7）避免在烈日或恶劣天气下完成任务。

分享：

（1）如何避免现场的混乱？

（2）如何进行有效的沟通？

（3）你觉得做好这个游戏的关键是什么？

（4）活动过程中产生了分歧，你的团队是如何化解的？

（5）如何让这个正方形更精确，有没有技巧可循？

心理训练四：信任背摔

活动目的：

（1）培养团队内部的相互信任；

（2）增强学员挑战自我的勇气和良好的心理素质；

（3）发扬互相帮助的团队精神和团队责任感；

（4）培养学员的换位思考能力；

（5）增强学员的责任感，提高自我控制的能力。

活动方式：

（1）个人挑战部分的学习。

1）调整好心态后接受队友的“队训”激励，然后沿梯子慢慢爬上背摔台，站到指定的区域。

2）两臂前举，双手外旋，十指交叉相扣，内旋然后紧紧地靠向身体，由培训师绑上背摔绳。

3）在培训师的引导下移向台边背向“人床”站立，脚后跟超出台面少许，两脚并拢，脚尖相靠，膝关节绷紧，臀肌收紧，下颌微收，略含胸。

4）调整呼吸，大声问队友“准备好了吗?”当听到队友齐声回答“准备好了”后喊“1，2，3”，同时直体向后倒向人床。

（2）团队接人部分的学习。

1）身高体重比较接近的两人面对面站立，伸出右脚成前弓步，脚尖内侧相抵，膝关节内侧相触，保持重心稳定。

2）双臂向前平举与肩同高，双手搭在队友右肩前，掌心与肘窝都向上，手指伸直，手臂自然伸展进入用力状态。

3）抬头看队友的背部，当队友倒下时将其接住。

4）当大家接住队友后，将其慢慢放下，先放脚，站稳后再慢慢松手，并解开背摔绳。

安全要求：

（1）有腰背外伤病史，或者心脑血管及精神病、高度近视的等可选择不参加此项目；

（2）检查“人床”的承受力，尽量将“人床”摆平；

（3）“人床”排列从背摔台向外按弱、较强、强、强、较强、弱来排列，3、4 组安排男生或力量较大的女生；

（4）必须摘除身上的所有硬物；

（5）学员站上背摔台应靠护栏站立，移向台边时要稳。

分享：

（1）让学员体验到信任与责任，在什么情况下能增加信任?

（2）强调沟通的重要性。随时保持清晰有效的信息交流。

（3）体验规则和自律的重要性。

（4）通过身体不自主的弯曲，谈谈你对“本能”的理解，为什么有时候本能并不一定全对，如何突破本能障碍?

（5）谈谈躺在别人手臂上的感受及接人的感受。

（6）分工协作与关键岗位在此项目中有什么重要作用?

第五章　驾驭情绪，摆正心态
——大学生情绪管理

心语心愿

能控制好自己情绪的人，比能拿下一座城池的将军更伟大。

——［法］拿破仑

案例导入

情绪的力量

小伟是某工科院校的大一男生，他身形高大、谈吐儒雅、待人礼貌，学习成绩好，入学后就当选班级生活委员。小伟的人际关系也不错，班上的同学很信任他。

但是最近发生的一件事，让小伟很苦恼。成为生活委员后，小伟创建了一个微信群，把班里同学都拉到群里，以便更好地联系和发布通知。但是，有两名同学使用的不是智能手机，没有微信账号，不能加入微信群。所以，每次发布通知，小伟都要单独通知这两名同学，有时通知的时间会有延误。有一次，期末开考核会，小伟竟然在开会前才想起还未通知这两名同学，赶忙打电话。虽然没有耽误最终的会议，但是这两名同学十分不满，他们暗地里议论小伟“瞧不起穷人”，小伟想跟他们解释，说明通知延误的原因，但这两名同学生气地离开了。

小伟感到委屈，却不知道该怎么办。晚上，他独自跑到操场上用力捶打篮球架，用拳头发泄负面情绪，直到一只手肿起来。看着受伤的手，他怕同学议论，悄悄地去医院包扎好伤口。回到宿舍，一切就像没有发生过，他依然儒雅温和。但是小伟知道，这已经不是第一次因为生气而弄伤自己了。他生气的时候，行为常常失控，要么不管不顾地摔手机、砸电脑、踢门，要么伤害自己。

第一节　情绪概述

一、情绪

（一）情绪的概念

人类在认识外界事物时，会产生喜与悲、乐与苦、爱与恨等主观体验。人们把人对客观事物的态度体验及相应的行为反应称为情绪。当代心理学家把情绪界定为一种躯体和精神上的复杂的变化模式，包括生理唤醒、主观体验、认知过程和行为反应四个方面。

（1）生理唤醒。生理唤醒是指情绪产生的生理反应。例如，人在紧张时，会呼吸急促、心跳加快、手心出汗；恐惧时，会身体颤抖、瞳孔放大；高兴和生气时，会血压升高。

（2）主观体验。主观体验是个体对不同情绪和情感状态的自我感受，每种情绪都有不同的主观体验，不同的刺激会引起不同的主观体验，它们代表了人们不同的感受，构成了情绪和情感的心理内容。例如，人在受到伤害时，会感到痛苦；面临危险境地时，会感到恐惧；充分满足某些需要时，会感到高兴。

（3）认知过程。认知过程是人最基本的心理过程，是指人们获得知识或应用知识的过程，它包括感觉、知觉、记忆、想象、思维、期望和解释等。同样一件事，不同的人会有不同的感受，这就是认知在发挥作用。例如，某个男生失恋了，可能他会以“我只是失去了一个不爱我的人，而对方却失去了一个爱她的人，我的损失不算大”之类的话来安慰自己，就比较容易释然；但如果他认为“失恋就代表着被人否认，就说明了我没有男儿气概”，那无疑会深受打击，甚至一蹶不振。

（4）行为反应。行为反应是情绪的外部表现，它是一个连贯的过程，包括表达型反应和工具型反应两种。前者帮助人们和他人沟通感受、交流感情，包括面部表情、语气语调、手势等；后者可能发源于远古人类的自我保护、求生的本能，表现为“攻击/逃跑”行为机制等。

一般来说，情绪的产生会同时包含上述四个方面，并且一一对应。但也有情绪的外部表现，即表现出与内心体验不对应的特殊情况，如假装生气、强颜欢笑等。

（二）情绪的类型

我国古代把人的情绪分为喜、怒、哀、乐、爱、恶、惧七种基本形式。现代心理学把人的情绪分为快乐、愤怒、恐惧、悲哀四种基本形式。

快乐是追求并达到目的时所产生的满足体验；愤怒是由于受到干扰而使人不能达到目标时所产生的体验；恐惧是企图摆脱、逃避某种危险情境时所产生的体验；悲哀是在失去心爱的对象或愿望破灭、理想不能实现时所产生的体验。

在以上四种基本情绪之上，可以派生出众多复杂情绪，如厌恶、羞耻、悔恨、嫉妒、喜欢、同情等。

扩展阅读

情绪与情感

在当代心理学中，分别用情绪与情感来表达感情的不同方面。

情绪主要指感情过程，即个体需要与情境相互作用的过程，也就是脑的神经机制活动的过程。情绪具有较大的情境性、激动性和暂时性，往往随着情境的改变和需要的满足而减弱或消失。

情感经常用来描述那些稳定的、深刻的、具有社会意义的感情。因此，情感具有较大的稳定性、深刻性和持久性。

情绪与情感是两种既有区别又有联系的主观体验。情绪是情感的表现形式，情感是情绪的本质内容，情绪比较低级、简单，不仅人具有，动物也常有；情感则是高级的、复杂的内心体验，是人所特有的心理现象。

人的社会性情感带给人类特有的高级情感，包括道德感、理智感和美感。道德感是人对自己和别人的思想言论、行为举止是否符合社会道德标准而产生的情感体验；理智感是指人认识事物和探求真理的需要是否得到满足而产生的情感体验；美感是对客观事物或艺术作品是否符合社会道德标准而产生的情感体验。

课堂讨论

在日常生活中，什么事情会导致你的情绪变得不好，你是如何排解的？

（三）情绪的状态

依据情绪发生的强度、速度、紧张度、持续性等指标，情绪可被分为心境、激情和应激三种状态。

1. 心境

心境是一种比较微弱而又持久的情绪状态。心境具有弥散性，它不是关于某一事物的特定体验，而是由一定情境唤起后，在一段时间内影响各种事物的态度体验。当一个人处在某种心境中，他往往以同样的情绪状态看待一切事物，即所谓“忧者见之则忧，喜者见之则喜”。心境的持续时间可能是几小时，也可能是几周、几个月或更长时间。某种心境持续的时间取决于引起这种心境的客观环境和个体的人格特点。因此，心境对人的生活、工作、学习和身体健康有很大影响，要学会调节和控制心境。

2. 激情

激情是一种爆发迅速、强烈而短暂的情绪状态，如狂欢、暴怒、痛哭等。激情常常是由对个体具有重大意义的强烈刺激或突如其来的意外事件所引起的。在激情状态下，人的一切心理过程和全部行动会随之产生显著变化。激情产生的过程十分猛烈，且强度很大，使人体内部突然发生剧烈的生理变化，并有明显的外部表现，如咬牙切齿、面红耳赤、捶胸顿足等，有时还会出现痉挛性的动作。

3. 应激

应激是在出现意外事件和遇到危险的情况下所出现的高度紧张的情绪状态。应激状态对人的活动有着很大影响，它能导致生理和行为的急剧变化。在生理上，表现为心跳过速、呼吸急促、血压升高；在行为上，由于发生普遍性的兴奋反应，在一定程度上造成行为上的紊乱，如动作不协调、姿势失常、语无伦次等；在心理上，由于意识自觉性的降低，造成思维的混乱，判断力减弱，知觉和记忆错误等。有些人在应激状态下，全身发生抑制，身体的一切活动受阻，呆若木鸡，甚至休克。

但是，一定程度的应激状态会对人的行为产生积极作用。在这种状态下，个体能更好地发挥积极性，思维清晰、精确，反应灵敏。人适应应激状态的能力存在较大差异，这主要是受人的性格，过去的经验、知识，特别是思想道德修养的影响。

（四）情绪的功能

1. 情绪会影响人的活力

情绪对人的行为活动具有增力或减力的效能。快乐、热爱、自信等积极的情绪会提高人们的活力，推动人积极地行动，产生强烈的推动作用；而恐惧、痛苦、自卑等消极的情绪则使人精神不振、心灰意冷，降低人们活动的积极性，对人的行为活动产生阻碍作用。

2. 情绪会影响人的认知

良好的情绪会提高大脑活动的效率，提高认知操作的速度与质量；相反，不良情绪对人的认知活动具有瓦解作用。一些消极情绪，如恐惧、悲哀、愤怒、焦虑等，会干扰或抑制认知功能。考试焦虑就是一个典型例子，考试压力越大，考生考试失利的可能性就越大。

3. 情绪可以传递信号

情绪能通过表情外显而具有信号传递的功能。一个人可凭借表情来传递情绪信息和思想愿望。有一项研究标明，在日常生活中，55%的信息是靠非言语表情传递的，38%的信息是靠言语表情传递的，只有7%的信息是仅靠言语传递的。由此可见，表情比语言更具生动性、表现力和敏感性，特别是在言语信息暧昧不清时，表情往往具有补充作用，人们可以通过表情准确而微妙地表达自己的思想感情，也可以通过表情去思忖对方的态度和内心想法。

4. 情绪可以感染他人

当一个人产生某种情绪时，可以通过表情外显，为他人所觉察，并引起他人相应的情绪反应。例如，走在大街上，看见有人被车撞伤，伤者在路边痛苦地呻吟，目击者可能也会产生痛苦的感受。在日常生活中，一个人的情绪能引起另一个人完全一致且相当强度的情绪，被称为情绪共鸣，这是最典型、最突出的移情现象。心理学研究表明，一个人的情绪会影响他人的情绪，而他人的情绪反过来进一步影响其原先的情绪，这就使人与人之间的情绪相互感染产生影响。

5. 情绪可以影响身心健康

情绪对身心健康的作用表现在正反两个方面：不良情绪压抑过久，或是某种情绪表现过激都会影响人的身心健康；而合理控制情绪的变化，巧妙地运用情绪来调节人体的生理指标，又会增进人的身心健康，所以，情绪能致病亦能治病。

我国古代就很注重情绪对身心健康的作用。如《黄帝内经》中指出："心者，五脏六腑之主也……故悲哀忧愁则心动，心动则五脏六腑皆摇。"古代所讲的"心"不是指心脏，而是指大脑的神经活动，指心理活动。任何情志的失调都可导致伤心，心伤则会引起其他脏腑功能失调。现代科学也进一步证明，情绪可以通过大脑而影响心理活动和全身的生理活动。当人们产生某种情绪变化的时候，人们体内的生理指标都会发生一系列的变化，如心跳速率、呼吸的节奏、血压的升降、血管的容积、体内激素的水平等都会受到影响。如果人们受到强烈的外部刺激或长期处于消极的情绪刺激状态下，刺激作用于大脑，多次经过大脑的分析加工产生过激或消极的情绪体验，这种不良的情绪体验受到压抑便导致心理的失衡，引起正常生理功能的减弱或紊乱，尤其是植物性神经系统功能的失调，进而产生身体器官组织病变或身体功能障碍。反过来，身体的不适和病痛又会引起不良的情绪变化和积压，引起生理指标进一步变化，如此恶性循环，最终导致疾病或加重疾病。

美国生理学家艾尔玛曾做过一个简单实验研究情绪对健康的影响。他将人在不同情绪状态下呼出的气体收集在玻璃试管中，冷却后变成水，结果发现，在心平气和的状态下呼出的气体冷却成水后，水是澄清透明的；在悲伤状态下呼出的气体冷却成水后，水中有白色沉淀；在愤怒、生气状态下呼出的气体冷却成水后，将其注射到大白鼠身上，几分钟后大白鼠死亡。这说明，人在生气时的生理反应非常剧烈，同时会分泌出许多有毒物质。

医学心理学家还用狗做嫉妒情绪实验：把一只饥饿的狗关在一个铁笼子里，让笼子外面的另一只狗当着它的面吃肉骨头，笼内的狗在急躁、气愤和嫉妒的负性情绪状态下，产生了类似神经症的病态反应。

积极情绪能够改善人的心理状态，提高人的活动能力，充实人的体力和精力，促进人的感知、记忆、思维、意志等心理活动，使人思维敏捷，记忆准确，意志坚定，决策果断。

积极的情绪能维护生理机能的正常运转，使人体的免疫系统处于平衡状态，从而增强对疾病的抵抗力，使人精力充沛，延年益寿。莎士比亚说："积极、愉快、坚强的意志和乐观的情绪，可以战胜疾病，更可以使人强壮和长寿。"国内外许多科学家都指出：长寿老人最大的特点之一就是具有乐观的情绪。如湖北省曾对本省 88 名百岁老人做过调查，发现积极开朗型 45 名，占 51.2%；安静温和型 39 名，占 44.3%；孤僻忧郁型 4 名，占 4.5%，这 4 位老人虽然孤僻、忧郁、内向，但是自控能力强。

二、情商

（一）情商的概念

情商（EQ，Emotional Quotient）主要反映一个人感受、理解、运用、表达、控制和调节自己情感的能力，以及处理自己与他人之间情感关系的能力。情商的高低反映着情感品质的差异。情商对于人的成功起着比智商更加重要的作用。

（二）情商的功能

1. 认识自身情绪

认识自身情绪是情商的基石，当人们出现某种情绪时，应该承认并认识这些情绪，而不是躲避或推脱。一个人只有能够把握自己的情绪，才能成为生活的主宰，才能更好地指导自己的人生，更准确地决策婚姻、职业等大事；反之，不了解自身真实情绪的人，必然沦为情绪的奴隶。

2. 妥善管理情绪

情绪管理是指能够调控自我情绪，使之适时、适地、适度。这种能力具体表现在通过多种途径，有效地摆脱焦虑、沮丧、激怒、烦恼等消极情绪的侵袭，不使自己陷于情绪低潮中，可以从人生挫折和失败中迅速调整、重整旗鼓。

3. 自我激励

自我激励是指能将情绪专注于某项目标上，为了达成目标而调动、指挥情绪的能力，任何方面的成功都必须有情绪的自我控制。拥有这种能力的人能够集中注意力，把握自我，发挥创造力，积极热情地投入学习和工作，并能取得杰出的成就；缺乏这种能力的人，则易半途而废。

案例

通用汽车公司的董事长罗杰·史密斯

1949年，一位24岁的年轻人充满自信地走进了美国通用汽车公司，应聘会计一职。因为他的父亲告诉他，通用汽车公司是一家经营良好的公司，建议他去看看。于是，这位年轻人就来了。

在面试的时候，这位年轻人的自信给面试官留下了深刻的印象。当时，招聘的会计岗位只有一个名额，面试官告诉这个年轻人，与他竞争这个职位的人非常多，而且，对于他这个新手来说，可能很难立即胜任这个职位的工作。但是，这个年轻人根本不认为这是一个困难；相反，他认为自己完全可以胜任这个工作。更重要的是，他是一个善于自我激励、自我规划的人。

正是由于年轻人具有自我激励和自我规划的能力，他被录用了！录用这位年轻人的面试官这样对秘书说："我刚刚雇用了一个想成为通用汽车公司董事长的人！"这位年轻人就是罗杰·史密斯。自1981年以来，他一直担任通用汽车公司的董事长。

罗杰的一位同事阿特·韦斯特这样说："在与罗杰合作的一个月当中，他不止一次地告诉我，他将来要成为通用的总裁。"

4. 认知他人的情绪

认知他人的情绪即移情的能力，是在自我认知的基础上发展起来的最基本的人际技巧。具有这种能力的人，能通过细微的社会信号敏锐地感受到他人的需要与欲望，能分享他人的情感，对他人的处境能感同身受，又能客观地理解、分析他人的情感。

5. 人际关系管理能力

人际关系管理能力就是管理他人情绪的艺术。这种能力包括情感展示能力、情绪感染力，以及社交能力（组织能力、谈判能力、冲突能力等）。人际关系管理可以强化一个人的受欢迎程度、领导权威、人际互动的效能等。充分掌握这项能力的人常是社交上的佼佼者；反之则易攻击别人，不易与人协调合作。因此，一个人的人缘、领导能力及人际和谐程度，都与这项能力有关。

课堂讨论

你认为自己的情商高吗，为什么？请举例说明。

（三）提高情商的方法

1. 注意随时省察自我

有些情绪体验（如快乐或悲伤）人们能明确意识到，但有时人们并不一定能准确地感知自己的情绪状态。例如，人们在情绪不佳时往往容易"祸不单行"，有些人此时并不能意识到是自己的不良情绪在作祟，而常常认为自己运气不好。这时就要加强自我省察了，看看自己到底处于一种什么样的情绪状态，造成这种状态的原因又是什么。当很难说清自己处于什么样的心境状态时，可借助自己的行为表现及行为发生的情境加以判断。如果能随时关注自我的情绪状态，那么就能及时识别、判断自己的情绪体验。

2. 学会察言观色

人的情绪、情感常常通过一些外部表情表现出来，因此要把握他人的情绪、情感状态，就应学会观察他人的外部表情。察言观色的能力需要在日常的交往中努力培养和提高，即一方面要求自己必须学会关注他人，避免以自我为中心；另一方面，要注意观察日常交往中的细节。

3. 学会理解他人

有时尽管人们能准确识别、把握他人的情绪状态，但并不一定能理解他人的情绪表现。例如，某人为某事而伤心落泪时，能理解他不快乐，但有时会认为他落泪是小题大做，并嗤之以鼻。在这种情况下，对方往往会因得不到你的理解而伤心，彼此之间的关系也会受到影响。因此要学会理解，站在他人的立场上，将心比心，设身处地地从他人的角度考虑问题。只有这样，才能更好地理解他人，提升自己的情商。

4. 学会调节自己的情绪

对不良情绪的调节和控制是情商的重要组成部分。如果能很好地调节自己的情绪，保持良好的情绪状态，你就会成为一个高情商的人。不善于调节自己情绪的人，也无法用自己的言行来影响他人的情绪。因此，对情绪的自我调节是培养和提高情商的关键。

第二节 大学生的情绪特点

一、大学生的情绪特点

进入青春期的大学生处于特殊的身心发展期，表现出特定群体的情绪特点。

（一）丰富性

随着生理和自我意识的不断成熟和发展，大学生出现较多的是自尊、交往、爱与被爱，以及自我发展的需要。同时，随着交往范围的日益扩大，同学、朋友及师长之间的交往频繁，有的学生开始恋爱，情绪表现得更细腻、更复杂。大学生通过各种活动了解社会，对自己的能力特长、性格特征、身份地位、道德水平等有了更深刻的认识和评价，专业、兴趣、恋爱、人际交往、就业等新问题摆在大学生面前，这些需要和问题相应地产生了多种多样的情绪体验，理智感、美感、集体荣誉感等高级情感也有所发展，使高职大学生的情绪、情感变得特别丰富，活跃、浪漫、热情，并富有创造性。

（二）冲动性

大学生处于青年期，年轻气盛，对外界事物较敏感。在遇到外界的强刺激或突发事件时容易情绪激动、感情用事。高职大学生的情绪往往表现得快而强烈，喜怒哀乐一触即发。

大学生情绪的冲动性一般表现为对外部环境或他人的不满，情绪失控，语言、行为极富攻击性。当理想化的未来憧憬与客观现实之间发生矛盾冲突时，往往容易产生焦急和浮躁情绪，表现为兴奋、焦虑。

（三）矛盾性

（1）情感独立与依赖的矛盾。随着高职大学生自我意识的增强，他们的成人感迅速增强，已经获得了一种独立于父母的自主感，自信心和自尊心也有很大的提高。但是在家长眼里，他们仍是未经世事的孩子，而学校和社会又把大学生认同为社会成员，要求他们独立。因此，一方面，他们在情绪上有着强烈的独立意识，希望社会承认并相信他们有独立生活的能力；另一方面，由于受社会经验和认识能力的局限，他们还无法完全依靠自己的力量来处理学习与生活中一系列复杂的问题，对家庭、学校和社会有明显的情绪依赖性。这种依赖性与迅速发展的独立性并存，常使大学生产生强烈的负性情绪。

（2）理想与现实的矛盾。青年期是人生最富于理想的时期，大学生一般都会对自己的理想进行设计，但由于缺乏一定的社会经验，许多大学生对理想只是停留于想象阶段或口头阶段，不确定实现自我理想的途径，没有坚定的行动力，这种对自我理想的认识与行为的不同步，以及由此而形成的自我现实与理想的差距，特别是当理想在现实中受挫时，许多大学生就会表现出强烈的负性情绪。

另外，心理与生理之间的矛盾、个人需要和社会满足之间的矛盾等都会反映在情绪上。

（四）易于心境化

随着认知思维的发展，大学生的情绪不再像中学生那样受外界环境的控制，而是易于心境化。他们的情绪一旦被激活，即使刺激消失，也仍会进行分析与思考，使情绪的状态转化成一种心境。这种情况具有两重性，正性情绪转化为心境后使学生长时间保持乐观的情绪，并成为不断前进的动力；负性事件引发的狂躁、愤怒等可能会转化为一种压抑，导致长时间没有快乐的心境。如果这种不良心境持续时间太长，极容易产生心理问题，影响学习、工作和身体健康。

扩展阅读

认识自我情绪的方法

（1）记录法。做一个记录自我情绪的有心人。不妨每天抽出一点时间，有意识地记录自己当天的情绪。可以以情绪类型、时间、地点、环境、人物、过程、原因、影响等项目列一个情绪记录表，连续一段时间记录自己的情绪状况。一个时期结束后，回头看看记录表，你会有不一样的感受。

（2）反思法。可以利用情绪记录表反思自己的情绪，也可以在一次情绪体验过后立即反思：自己的情绪是否得当？为什么会有这样的情绪？产生这种情绪的原因是什么？这种情绪有什么消极的、负面的影响？今后应该如何消除类似情绪的发生？如何控制类似不良情绪的蔓延？

（3）恳谈法。通过与家人、老师、同学、朋友等恳谈，询问他们对你的情绪的看法和意见，借助他人的眼光认识自己的情绪状况。

（4）测试法。借助专业情绪测试软件或咨询专业人士，获取有关自我情绪认知与管理的方法建议。

二、大学生常见的负性情绪

现代社会的竞争激烈、生活节奏加快，文化观念的多元碰撞，加之大学生自身身心发展的矛盾，以及生活、学习的压力与挫折等，都可能使大学生产生种种负性情绪。负性情绪是指因生活事件引起的悲伤、痛苦等长时间持续不能消除的情绪状态，是在人们主观预期有挫折、威胁、压力等事物和情境将要来临，自己又感到缺乏有效的应对措施而产生的以紧张为主并伴以忧虑、恐惧、不安等不愉快的情绪体验。如果负性情绪反应持续时间过长或者泛化，就会严重影响学习和生活。大学生中常见的负性情绪及表现主要有以下几方面。

（一）焦虑

在大学生所有的情绪问题中，焦虑是最主要的一种情绪困扰。焦虑是人们对即将发生的某种事件或情境感到担忧和不安，又无法采取有效的措施加以预防和解决，此时心理上产生的紧张情绪，表现出不明原因的忧虑和不安，是一种紧张、害怕、担忧、焦急混合交织的情绪体验。焦虑本身并不是病态的，几乎每个人都曾有过焦虑的体验。有时候焦虑是一种正常的情绪反应，而且适当的焦虑是发挥潜能、解决问题、有效学习的动力之一，但过度焦虑则会对大学生带来不良的影响。

被焦虑困扰的大学生内心感到紧张着急、惶恐害怕，并且心烦意乱，总是担心有什么事情要发生，常常烦躁不安、心事重重，不能放松自己，经常处于警觉的、无所适从的状态，思维迟钝、记忆力减弱，同时伴有头痛、食欲不振等身体反应。

大学生的焦虑情绪主要有考试焦虑、社交焦虑和就业焦虑三方面。

（1）考试焦虑。考试焦虑是因考试压力引起的一种心理障碍，主要表现在迎考及考试期间出现过分担心、紧张、不安、恐惧等复合情绪障碍，还可伴有失眠、全身不适等症状。这种状态影响大学生的思维广度、深度和灵活性，降低应试的注意力、记忆力，使复习及考试达不到应有的效果，甚至无法参加考试。

（2）社交焦虑。社交焦虑是一种与人交往的时候，觉得不舒服、不自然，紧张甚至恐惧的情绪体验，表现为情绪上的紧张、不安、担心甚至害怕，还伴随心跳加快、出汗、脸红、发抖、呼吸困难等生理表现，行为上还伴有回避。

（3）就业焦虑。就业焦虑是大学生在面对毕业求职问题时，对可能出现无法实现就业目标的情况所产生的焦躁不安的情绪体验。

（二）自卑

自卑是个体在自我认识过程中对自己的能力或品质评价过低，轻视或者看不起自己，担心失去他人尊重的一种心理状态。产生自卑感的学生大都情绪低落，干任何事情都提不起精神，不敢或不积极参与各项工作和各种活动，甚至在学习上不敢提问，造成了心理、能力、学习上的恶性循环。

自卑，并不是指客观上看来自己不如别人，而是主观上认为自己不如别人，认为自己不够好。上课的时候，不敢举手发表自己的意见，因为害怕自己的回答不够好；很多事情想做，但是又害怕去做，因为害怕自己做不好；一件衣服，穿在别人身上很好看，但是穿在自己身上即使很合身，也觉得不如别人穿着好看；做任何事情都会小心翼翼，因为害怕别人说自己不够好，这些都是自卑心理在大学生身上的主要表现。有自卑感的大学生由于自我评价过低，导致行为畏缩、瞻前顾后、多愁善感，严重影响各方面的正常发展。

案例

自卑心理

小王在上高中时，在大众场合不敢发言，跟别人交流时总不能恰当地表达自己，尤其是跟老师或陌生人谈话，总觉得十分局促，举手投足不知如何是好，并且脸红得很厉害。他没有一个可以谈心的朋友，变得越来越自闭，有时甚至偷偷掉眼泪。他很羡慕别的同学在公共场合能够从容不迫，侃侃而谈。他知道自己的性格会影响生活，甚至是以后的成长，强烈希望改变自己。进入大学时，小王暗暗下决心要改变自己的“交往低能”，他认为“最怕什么，就去做什么”。进校不久，小王不断挑战自己，参加各种校园精英挑战比赛，如“精彩大学特训营”“课前 5 分钟演讲”“辩论赛”等。通过一系列的练习，小王从刚开始的混乱、紧张，变得神采奕奕、自信非凡。他不再是那个不敢和别人交流的小王，而是面对别人的不屑、疑问、耻笑，仍会自己笑着做下去的自信的小王。伙伴们也惊喜于他的变化，觉得他现在有了脱胎换骨的变化。小王说：“在我改变的过程中，遇到的都是友善的笑脸，困难比我想象中要小得多，走出自己心灵桎梏的一小步，就成功了一大步。”

（三）抑郁

抑郁是一种持续时间较长的低落消沉的情绪。抑郁状态中的大学生对学习、生活兴趣索然，情绪低落，遇事缺乏信心，无精打采，常常逃课，不愿与人交流思想，常感到精力不足，注意力不集中，缺少青年人应有的朝气与活力，对生活失去信心，同时伴有羞愧、痛苦、自怨自艾、悲伤、忧郁、沮丧、孤独、绝望、自责等不良心境。

大学生产生抑郁的主要原因包括：

（1）性格方面，如内向孤僻、不爱交际、敏感等；

（2）学习方面，如压力过大、成绩不理想等；

（3）人际交往方面，如长期不受欢迎、人际关系紧张、得不到理解与尊重等。

抑郁的大学生体验不到生活、学习的快乐，并伴有食欲减退、失眠、疲劳等不良反应。研究表明，长期处于抑郁状态下的个体，其对活动的参与性和主动性会降低，严重者甚至出现辍学、自杀等行为。

（四）恐惧

恐惧感包括担心、惧怕、被威胁感、不安、焦虑等。在负性情绪中，恐惧是最常出现的情绪。担心长得不好看、担心考试不及格、担心朋友背叛自己、害怕生病、害怕孤独、害怕穷困潦倒、害怕别人对自己的印象不好、害怕高考落榜丢面子、害怕找不到工作等。在日常生活中总是怕别人说三道四，怕社会舆论压力，怕被别人拒绝而使行为受阻，这些所有的“担心”和“怕”，情况严重的会影响学习和生活。

因恐惧而导致的心理疾病多种多样，如疑病症、强迫症、恐惧症等。恐惧感通常与当事人幼年及青春期的经历和挫折体验有关。对于恐惧，人们可以采取以下措施消除其影响：面对现实、接受事实；放弃消极无效的行动，采取积极行动；对于潜在的危险、威胁、恐惧等，最好的办法是从心理上做最坏的打算。

案例

交往恐惧

小张，女，大三，相貌平平，成绩一般，从小性格内向、胆小、孤僻。父母对她要求极严，如对小张的要求很多，不准她和陌生孩子交往。父亲认为女孩子在外蹦蹦跳跳、打打闹闹是不正经的，还容易上坏人的当。所以除了学校和家，小张很少在外玩耍。

谈到不愉快的经历，小张还记得：初中时，一向成绩很好的她，一次没答好老师的提问，老师当众批评她、挖苦她，她难过得直流眼泪。大一时，同寝室一位同学 A 来自农村，家境不好，小张就经常主动帮助她，可这样反而伤了 A 的自尊，A 不但不把小张当朋友，反而时常挑剔她、指责她、刁难她，故意当着她的面和其他同学亲亲热热，冷落她、孤立她，这使小张很委屈难过。她恨自己，认为自己是不受欢迎的人。

不知不觉地小张就怕和人接触了，越来越害羞。她认为自己是个“怪人”，怪毛病就是害羞。一年多来，她从不与人讲话，与人讲话时也不敢直视，只能低头盯住脚尖，浑身起鸡皮疙瘩，好像全身都在发抖。她不愿与班上的同学接触，觉得别人都讨厌自己，在别人眼中自己是个“怪人”。

她也害怕老师。上课时，只有老师背对学生板书时她才不紧张。只要老师面对学生，她就不敢朝黑板方向看。常常因为紧张，听不清老师讲的内容。更糟糕的是，她现在在亲友、邻居面前说话也“不自然”了。由于这些问题，她极少去社交场所，很少与人接触。平常她就在家里上网，因为她认为“在虚拟世界里的交往比较有安全感”。

从大一下学期起她就申请了走读，除了上课和考试，基本上不与同学有任何交往，她表示自己和“不熟悉”的人在一起生活会感觉不自在，自己难以适应大学生活，长期以来她一直承受着心理障碍的困扰和折磨，这已经给她的生活和学习造成了很大的影响。

（五）悲哀

悲哀是指失去所热爱的对象或需要的东西，以及由期盼破灭而产生的情绪体验，包括遗憾、失望、难过、悲观和极度悲痛等不同程度的消极体验。悲哀虽不能导致大学生心理失调，但体验过多或时间过久也会导致大学生承受过多负性情绪，给学习和生活带来负面影响。

（六）冷漠

冷漠是情感的萎缩，对他人冷淡、漠然的消极心态，主要表现为对人怀有戒心甚至敌对情绪，既不与他人交流思想感情，又对他人的不幸冷眼旁观、无动于衷、毫无同情心、感知迟钝、缺乏热情和激情。冷漠通常因受人欺骗、暗算等心灵创伤或受人漠视、轻视甚至歧视所致。

克服冷漠的最根本方法是改变认知，让其发现生活的意义，发现自我的价值，改变长此以往形成的对人生消极的看法；从行为上要多鼓励其积极投身各种有意义的活动中，融入集体，进行积极的自我暗示与自我提升。

（七）厌恶

厌恶是对现实、人生都感到不满或厌烦，不愿学习，不愿工作，对什么都没兴趣，常伴有悲观厌世心理。厌恶有时是由某种挫折感引起的，比如升学、应聘、晋级受阻、受挫。挫折感通常是当个体的愿望与现实发生矛盾时产生的，它导致人的心理失调。长期处于对某一对象厌恶感中的人，可能会把这种厌恶感“泛化”到更多的对象身上，从而严重影响当事人的社会适应功能，造成人际关系紧张。对厌恶情绪，只有不断调整自己用来对比的参照体系，看到更多的解决途径，才能减少由挫折感而引起的厌恶情绪，保持良好的心境。

（八）愤怒

愤怒情绪表现为血液涌向四肢、躯干、脑部，心率加快、肾上腺激素分泌增加，产生强大的身心能量，以应付激烈的行动。愤怒、生气、不满、仇视、鄙视等情绪都属于激怒冲动类情绪。这种情绪类型的人，容易产生难以自控的行为。

大学生有愤怒情绪时，首先，应调动自己的自制力，并弄清愤怒的根源。采取内心质问方式：在我的生活中，究竟是谁给我造成了怒气冲冲的感觉，这种感觉是从什么时候开始反复出现的。通过分析会发现，自己的愤怒情绪往往都有历史根源。其次，分析一下发怒、冲动或报复的后果，重要的是对自己会造成什么样的后果。再次，怎样使自己不过分冲动。平常要训练自己的自我约束能力和放松能力，尽量避免冲动后的遗憾。同样是别人不友好的举动，关键在于自己怎样去理解。最后，尝试做出建设性的行动来改善人际关系。

（九）自我

所谓自我，就是以自我为中心。以自我为中心的人很难与别人相处，因为常常表现出自私和自负，以自我存在为处世的前提，有这种心理的大学生片面强调自我需求的合理性，自私自利并自以为是。

案例

这位同学为何不受欢迎

一直以来，周围的人都对我不满，很多人都不喜欢我。我现在很少和同学来往，他们有事也不找我，我觉得很孤单，其实我内心是很想交朋友的。刚进校不久，我住在宿舍，另外三个人特别吵闹，弄得我晚上总是睡不好，后来我就在外面租了房子，清净多了，但这样同学都不理我了。这种情况出现之前，记得有一次我去同学宿舍玩，看到同学们忙忙碌碌的，就问他们在干什么，同学们说正在做准备，晚上有一个同学过生日，问我是否愿意一起去。我就问要交多少钱，因为一般同学过生日都要一起凑钱的。同学回答说每人75元。我就说，那你们去吧，我觉得我没有能力承担75元，要是20元，我就参加了。但这次没有参加后，其他同学过生日时就再也不喊我了。

有一次，有一个不是很熟的同学，找我帮助他，之后他主动请我吃饭，我推辞不掉后就答应了。请客那天因为早上没吃饭，临近中午时就特别饿，我就在同学请客的饭馆点了一碗面条，打算一边吃一边等他，结果他发现我在吃面条非常生气，说我这样做是不给他面子，而且责问我，是不是以为他请不起客。其实我根本没有那个意思，我觉得饿了就先吃一点，这很正常吧。

对我不满的还不只同学。去年春节期间姑妈来我家做客，她为我们烧了一个汤，端上桌子，她说太烫了，我就说，烫没关系，正好去毛。我是开玩笑的，但姑妈立刻就不高兴了。一般情况下和人说话，我总是想表现自己的独特性，也想开玩笑，一般人都会说的常用语，我基本上都不说，因为我觉得太平常了，说了没意义。

（十）内疚

内疚是个体认为自己对实际的或者想象的罪行或过失负有责任，而产生的强烈的不安、羞愧和负罪的情绪体验。内疚者往往有良心和道德上的自我谴责，并试图做出努力来弥补自己的过失。内疚主要包括羞耻感、自责心理、自卑心理、无地自容等。过少或者过多的内疚感都是不健康的，特别是过多的内疚感是心灵的“毒药”，会使人长期生活在压力、紧张和痛苦中，这样不利于身心健康。被这类情绪所缠绕的人，常常会沉湎于往事，为过去所做的事情而自悔自恨。

控制内疚情绪的积极措施有以下几点：设法面对和理解自己一再逃避的问题；保证最重要的心理需要得到满足的同时，学会放弃一些并不重要的需要；检查造成内心冲突和焦虑的观念，用新的观念替代陈旧的观念。

（十一）嫉妒

嫉妒是指因为他人在某些方面胜过自己而引起的不快甚至是痛苦的情绪体验。就内心感受来讲，前期依次表现为由攀比到失望的压力感；中期则表现为由羞愧到屈辱的心理挫折感；后期则表现为由不服、不满到怨恨、憎恨的发泄行为。嫉妒在大学生中普遍存在，具体表现是当看到他人学识能力、品行荣誉甚至穿着打扮超过自己时，内心产生不平、痛苦、愤怒等感觉；当别人身陷不幸或处于困境时则幸灾乐祸，甚至落井下石，在人后恶语中伤、诽谤。

要想摆脱嫉妒的苦恼，最根本的是自己的胸襟要宽，气量要大，不去斤斤计较别人的一言一语，仍旧保持坦诚的态度与人相处，即使是嫉妒自己的人，也不必疏远，也许别人对你的嫉妒也就因你的态度而随之瓦解；闲言碎语也不再有作用，因为大家都了解你是什么人，不实事求是的言论自然站不住脚。懂得自己所取得的成绩与别人的帮助是分不开的。在取得成功和荣誉时，不要冷落了大家，更不要居功自傲，因为这的确容易招来他人的嫉妒。真诚地感激大家，一同分享荣誉，虚怀若谷，就会得到众人的拥护、支持，不致招来嫉妒。

案例

嫉妒心理

小赵，女，大二，来自农村，家庭条件较差，同宿舍的几位室友家庭条件较好。在与同伴交往的过程中，她产生了强烈的心理落差与嫉妒感，为了能像别的同学一样吃好、穿好、玩好，她疯狂地打工、做家教，挣来的钱全部用来买名牌衣服和生活用品，而且经常借债买这些物品，被同学们称为“购物狂”。每当看到别人穿着高档的衣服、生活幸福的样子，她就感到心理不平衡，怀疑别人都看不起她。大学一年级时，她的学习成绩在寝室6位同学中是最好的，她常常以此为傲。可是大学二年级时，寝室有一位同学的外语成绩优于她，她心里觉得难受，怎么看这位同学都不顺眼，便趁这位同学不在寝室时，将其听英语磁带的收录机损坏。之后，内心很内疚，也很矛盾，可自己无论如何也不能容忍其他同学比自己的成绩好，因为自己就只有这一点在寝室里占绝对优势。后来又有两位同学的总分超过她，她觉得无地自容，感到痛苦不堪，甚至感觉自己的天塌了，坐卧不宁。有一天深夜，趁同学们睡着时，她用剪刀将那两位同学摘下的隐形眼镜各捅破一个，内心获得了暂时的平衡。事后她又不断谴责自己，心理上产生了严重的罪恶感，导致自我否定，进而产生了轻生的念头。

趣味测试

嫉妒心理自测

按照下列要求画一幅画，通过画面来测试自己嫉妒心理的程度。

（1）首先选择图画纸的背景（　　）。

A. 视野开阔的原野

B. 繁华拥挤的都市

C. 神秘莫测的森林

D. 驰名中外的景区

（2）画上一幢你自己想象的、被称作“家”的房子，你会选择（　　）。

A. 宽敞气派的俄式别墅

B. 实用现代的欧式公寓

C. 简洁干净的日式住宅

D. 古雅浪漫的中国庭院

（3）接下来在房子的周围建设公共设施，你想要（　　）。

A. 街心花园

B. 超级市场

C. 中小学校

D. 高级商场

（4）你希望画中有几个人？（　　）

A. 1个（自己）

B. 2个

C. 没有

D. 很多（2个以上）

（5）应该有一辆交通工具供你出行，你希望画上的车子是（　　）。

A. 黑色奔驰

B. 金色林肯

C. 红色法拉利

D. 银色劳斯莱斯

（6）花儿是画面必不可少的装饰，你喜欢（　　）。

A. 灿烂的樱花

B. 高贵的郁金香

C. 淡雅的桃李

D. 多情的玫瑰

（7）有一条路是通往外面世界的必经之路，你会将它画在哪里？（　　）

A. 不管通向哪里，反正在自己车轮之下

B. 这条路连接着“家”和公共设施

C. 这条路在画中人的脚下

D. 被花儿和树木掩映

（8）你可以在画上留下签名，你会选择（　　）。

A. 画的左上角

B. 画的右上角

C. 画的左下角

D. 画的右下角

评分标准：

请计算你的得分，并把分数相加。

第1、5题为A. 0分；B. 1分；C. 2分；D. 3分。

第2、7题为A. 3分；B. 0分；C. 1分；D. 2分。

第3、6题为A. 1分；B. 2分；C. 0分；D. 3分。

第4、8题为A. 3分；B. 1分；C. 2分；D. 0分。

结果分析：

0～3分：恭喜你，嫉妒并没有很好地表现出来，并影响你。

4～15分：有较为普遍且正常的嫉妒情绪。

16～21分：嫉妒心理较重，需要适当调适。

22～24分：嫉妒心理程度严重，建议接受专业的调适。

三、大学生负性情绪产生的原因

负性情绪反应通常是对压力进行应对后产生的结果。研究表明，随着压力水平的提高，个体的抑郁、焦虑水平往往呈现上升的趋势。在大学生群体中，负性情绪主要是由就业压力、经济压力、学业压力、人际压力、感情问题等引起的。

（一）就业压力

就业压力是由自身期望、理想与现状及自我实现三个方面构成。目前大多数毕业生在找工作的过程中会遇到各种各样的困难，即便找到工作了，也和自己的理想存在一定的差距。低薪致使刚刚参加工作的大学生在较长的时间内难以维持自己在城市的基本生存需要，更不用说有的人还需要解决结婚、购房等问题，这种现状使大学生迷茫、彷徨，这是大学生产生负性情绪的主要因素。

案例

毕业前2个月的一天，陆某在一场大型的招聘会上递交了几十份个人简历，全都是往大企业、大公司投的。面试当天，还精心打扮了一番。但在面试时，她还是很紧张，以至于说话有点发抖。面试结束后，他们告诉陆某，如果通过第一次面试，会通知她来复试。在等待复试的日子里，她总是随身带着手机，晚上也不敢关机。可是两个星期过去了，这家公司还没有通知她去复试，而且也没有其他公司通知她去面试。眼看就要毕业了，工作还没有着落。她每天都在想：为什么我找不到好工作？是不是因为我的大学不起眼，不是重点大学？每当这个时候，她的耳边都会响起父母说的话，“只有重点大学毕业的学生才能找到好工作”。她越想越后悔，……

（二）经济压力

学费和生活费使得家庭贫困的大学生承受着沉重的心理负担。贫困家庭的大学生无论在生活水平还是消费观念上与富裕家庭的大学生都有较大的差异。经济因素制约了人际交往，贫困大学生长期的自卑和压抑易演变为激烈的心理冲突，导致负性情绪产生，甚至导致极端行为的出现。

（三）学业压力

学业压力涉及学业本身、担心将来和家人期望三个方面。多数大学生面临学习方法不得当，外语过关过级考试几次不能通过，普通话等级证书与自己无缘，考试失败等各方面的压力，造成其精神状态紧张。

（四）人际压力

人际压力则由家人关系、朋友关系和恋人关系三个方面构成。大学生渴望友谊，希望有较强的人际交往能力，也正因为如此，由交往所产生的苦恼和困惑就显得格外突出。有些大学生的人际关系不佳是由于个体过于情绪化，缺乏必要的情绪管理能力。自己高兴就喜欢和别人交往，不高兴就远离别人，对人忽冷忽热，缺乏坚持性。这类学生很难获得稳固的同学关系，更没法交到知心朋友。因此，他们往往是快乐可以和人分享，但苦恼却没人分担，于是内心会感到孤独，甚至陷入对别人、对社会不信任的怪圈，情绪会受到消极影响，变得越来越消极。

（五）感情问题

大学生谈恋爱是一种普遍现象，他们在恋爱中也确实存在某些情感困惑。大学生恋爱无论是出于青春期的生理冲动，还是出于从众心理，一旦恋爱双方中的一方提出分手，大学生特别是女大学生自尊、自负、虚荣、情感脆弱的特点会使他们在心理上受到极大的伤害，造成心理失调，甚至精神崩溃。

在学业和人际压力方面，可通过提高学习或交往兴趣、培养适宜的学习策略或交往技巧来减少压力和消极情绪；在经济压力方面，可寻求外界帮助，如助学贷款、勤工助学等。此外，学习一些情绪宣泄策略，积极应用那些有助于问题解决和个人情绪释放的应对策略，对负性情绪的缓解有一定的帮助。

第三节 调适情绪

大学生处于青年成长的高峰期，特别是考虑到大学生情绪的特征，不良情绪随时都可能发生，学习上如何消除焦虑、紧张等负面情绪；恋爱、情感问题的处理；贫困生受困于压抑、自卑等一系列需要调适的情绪问题；毕业生即将进入社会，在未来的事业发展中能否取得成功，都在很大程度上取决于对情绪问题的深刻理解和驾驭能力。懂得管理自己的情绪，保持积极、健康的情绪，对于大学生的顺利成长成才具有十分重要的意义。

情绪管理就是通过有效的方法，合理地控制自己的情绪，使自己总是处于一种积极的状态。良好的情绪管理者需要具有对自己情绪的自我认识、自我控制、自我区分等能力和对他人情绪的认识与适度的反应能力。因此，对于大学生来讲，管理情绪、调节情绪、驾驭情绪、做情绪的主人，能够正确对待各种压力，克服不良情绪，消除负性情绪，才能确保身心健康。

一、健康情绪的标准

（一）一定的诱因引起相应的情绪

情绪的发生和发展必须是由一定的诱因引起的。例如，可喜的事件引起欢乐的情绪；不幸的事件引起悲哀的情绪；挫折事件引起愤怒的情绪等。情绪不可能凭空产生，无缘无故的情绪反应、不明缘由的情绪表现都不是正常的情绪。

情绪反应的强度应与引发情绪的诱因强度相符合。在不同的时间和场合有恰如其分的情绪表达，情绪反应与环境相适应。一般情绪反应有三类表现：第一类是情绪反应不足；第二类是情绪反应适当；第三类是情绪反应过激。两极性的情绪反应对健康有很大危害，极度压抑情绪和过度放纵情绪都对健康无益。

（二）情绪的作用时间随客观情况的变化而转变

情绪的作用时间随客观情况的变化而转变。在一般情况下，引起情绪的诱因消失之后，其情绪反应也应逐渐消失。例如，孩子偶尔不慎摔碎了一个碗，母亲可能当时不高兴，事情过后，也就不生气了。如果几天都生气，甚至长期生气，这就是情绪不健全的表现。

（三）情绪稳定

健康的情绪应保持相对的稳定性。情绪稳定是指情绪状态比较平稳，情绪反应不强烈。情绪稳定的人，一般不因外界刺激而产生强烈的情绪反应或者引起的情绪反应比较缓慢。那些变化莫测、波动大、起伏剧烈的情绪反应，是情绪不健康的表现。

（四）心情愉快

这是情绪健康的另一个重要标志。愉快表示一个人的身心处于积极的健康状态。一个人经常情绪低落，总是愁眉苦脸，心情苦闷，则可能是心理不健康的表现。但一个人在生活的道路上难免发生挫折或不幸。例如，由于亲友的病故而产生悲哀的情绪，这是正常的情绪反应。

（五）能合理调控情绪

善于控制与调节自己的情绪，既能恰当克制又能合理宣泄自己的情绪。那些只懂得掩盖而过分压抑不表现的情绪反应，不但不能有效地适应环境，还会不利于身心健康。懂得如何调控情绪，并能从别人调控情绪的方法中借鉴到一些适合自己的情绪调控方法，是一个情绪健康者最应学会的保持身心健康的一项技能。

二、情绪的自我调控

克服不良情绪，关键就在于情绪的自我调控。情绪控制的方法很多，如运用错觉和幻觉影响情绪；利用语言和动作进行暗示；发挥积极的想象产生激情；依靠坚强的意志对情绪进行控制等。根据控制的方向，还可以利用心理宣泄、倾诉，使情绪发生转移，用相反的情绪代替形成转化控制；采取措施使强烈的情绪冷静下来的冷化控制；以及自我激励，使自己情绪保持一定的兴奋状态的自激控制。总之，通过控制、调节起到管理情绪的职能。

下面提出几点自我情绪调控的具体实施办法。

（一）转移法

1. 转移注意力

转移注意力就是把注意力从引起不良情绪反应的刺激情境转移到其他事物上。当出现情绪不佳时，可以换个环境，如出门散步、外出旅游；也可以暂时停止正在做的事情，改做其他轻松的事情，如看电影、听音乐、打球、聊天等。转移注意力一方面可以终止不良刺激源的持续作用，防止不良情绪的泛化；另一方面也可以在新的活动或新的环境中找到新的刺激源，促进积极情绪的产生。

2. 暂时搁置法

在处理人与人之间强烈的矛盾冲突时，可暂时离开，等情绪冷静下来再处理。

案例

丘吉尔的智慧

在第二次世界大战中，英国首相丘吉尔领导英国的全体军民浴血抵抗，同时还要处理政治、外交、经济等各方面繁杂的事务，常常是夜以继日地忙碌，精神高度紧张。然而有媒体发现丘吉尔在敌机的轮番轰炸时却忙里偷闲，坐在他寓所的沙发上织毛衣，这一举动让全国上下极为震惊，更让人百思不得其解，在如此危急紧张的时刻，他竟然有闲情逸致织毛衣，太不可思议了。其实这正是丘吉尔的高明所在，织毛衣是为了休息，为了放松，还自己一颗平静的心和清醒的思维。这是他的一种独特的自我放松方法。因为他知道，长时间的紧张和忙碌，很容易让人头脑模糊、思维混乱，身为最高统帅的他，如果不慎做出了错误的决断和指令，很可能会毁了一个国家，因此他必须放松，劳逸结合，让自己保持清醒，从而以更加充沛的精力和清晰的头脑去应对纷繁复杂的国家事务。这是一种处乱不惊、临危不惧的良好心态。

正因为丘吉尔有这样的智慧和心态，能够使自己及时地放松和休息，所以虽然政务缠身，每天工作18个小时，他却依然精力充沛，并且活到了90岁，他晚年所写的《第二次世界大战回忆录》还荣获了诺贝尔文学奖。

当一个人承受的压力过大时，不妨抽出身来，让自己休息一下，以便恢复体力和精神，然后再去应对棘手的事。

（二）合理宣泄

过分压抑只会使情绪困扰加重，而适度宣泄则可以把不良情绪释放出来，从而使紧张情绪得以缓解、轻松。有着丰富的、复杂的、强烈的情绪体验的大学生也应得到情绪宣泄的机会，使不良的情绪得到排解。宣泄的方法有找人倾诉、畅快地哭一场，在旷野中大声喊叫、拳击沙袋、到运动场上猛跑一阵等。但是，在采取宣泄法来调节自己的不良情绪时，必须增强自制力，不要随便发泄不满或者不愉快的情绪。要采取正确的方式、选择适当的场合和对象，以免引起不良后果。

（三）积极暗示法

运用内部语言或书面语言对自身进行暗示，如默想或用笔在纸上写出“冷静”“三思而后行”“制怒”“镇定”等词语；用简短、有力、肯定的语句反复默念“我的能力很强”“我一定会考好”“我一定会胜利”，以此来稳定情绪，消除紧张；用“胜败乃兵家常事”“塞翁失马，焉知非福”“坏事变好事”等进行自我安慰，能摆脱烦恼，缓解矛盾冲突，消除焦虑、抑郁和失望，保持情绪的稳定。实践证明，这种暗示对人的不良情绪和行为有积极的影响和调控作用，既可放松过分紧张的情绪，又可用来激励自己。

（四）合理情绪疗法——情绪 ABC 理论

美国心理学家艾利斯认为，人的情绪困扰并不是诱发事件本身引起的，而是对诱发事件的非理性的解释与评价引起的。正是由于人们常有的一些不合理的认知才使人们产生情绪困扰。这些不合理的认知久而久之还会引起情绪障碍。

合理情绪疗法旨在通过纯理性分析和逻辑思辨的途径，改变求助者的非理性观念，帮助他们解决情绪和行为上的问题。其目标是减少求助者的各种不良情绪体验，使他们能够带着最少的焦虑、抑郁和敌意生活。

情绪 ABC 理论是合理情绪疗法的核心理论，情绪在 ABC 理论中，A 代表诱发事件；B 代表个体对这一事件的看法、解释及评价，即信念；C 代表继这一事件后个体的情绪反应和行为结果。

例如，一位男生在失恋（A）之后变得消沉抑郁（C）。虽然失恋本身确实给他带来了痛苦，但是这种情绪产生的根源可能是他对自己完全否定的态度（B）。在他看来，女友离开自己和他人在一起，表明自己不如他人，自己注定是个恋爱的失败者，因此才会抑郁。该理论强调是不合理的信念导致了最终的情绪问题。

艾利斯经过归纳研究，总结出了不合理信念的几个特征：

（1）绝对化的要求，即个体以自己的愿望为出发点，认为某一事物必定会发生或不会发生的信念；

（2）过分概括化，即一种以偏概全的不合理的思维方式，常常以某一件或某几件事来评价自身或他人的整体价值；

（3）糟糕至极，是一种对事物的可能后果认为会非常可怕、非常糟糕，甚至是一种灾难性的预期的非理性观念。

合理情绪疗法的基本人性观认为，人既是理性的，也是非理性的。因此在人的一生中，任何人都可能或多或少地具有上述某些非理性观念。只不过这些观念在那些有严重情绪障碍的人身上表现得更为明显和强烈。表 5-1 是 11 种常见不合理信念和合理信念。

表 5-1　11 种常见不合理信念和合理信念

不合理信念	合理信念
（1）一个人应被周围的人喜欢和称赞	（1）一个人只要不被周围所有的人否定和排斥，就可以肯定自己是受欢迎的
（2）一个人必须能力十足，各方面都有成就，人生才会有价值	（2）人的精力是有限的，能在某些方面上有所成就，人生就是有价值的
（3）那些邪恶可憎的人，都应该受到责骂与惩罚	（3）人人都有可能犯错误，对那些犯错误的人要宽容以待
（4）当事情不如意的时候，是很可怕的，也是很悲惨的	（4）受挫是很正常的事情，没有什么可怕的。不喜欢某事可以试着去改变它；如果无能为力那就试着接受它
（5）不幸福、不快乐是外在因素所造成的，个人无法控制	（5）通过改变悲观的评价态度，人是可以获得快乐和幸福的
（6）我们必须非常关心危险可怕的事情，而且必须时时刻刻忧虑，并认为它可能再次发生	（6）对危险可怕的事情要有一定的心理准备，但是不可过分忧虑
（7）面对困难和责任很不容易，还是逃避比较省事	（7）逃避只是暂时摆脱了情绪困扰，不能真正解决问题。只要认真对待，困难和责任并非想象中的那么难以应付
（8）一个人应该依靠别人，且需要找一个比自己强的人来依靠	（8）每个人都是一个独立的个体，别人至多只能在某些方面帮助你，但不能代替你生活。安全感的获得还是得依靠自己
（9）过去的经验决定了现在，而且是永远无法改变的	（9）过去已成历史，并不能决定现在和将来，人通过自身的努力是有能力改变现状的
（10）我们应该关心他人的问题，也要为他人的问题感到悲伤难过	（10）对于他人的问题，我们可以表示关心和同情，有能力时伸出援手，但如果帮不上忙也不必过多自责

续表 5-1

不合理信念	合理信念
（11）人生中的每个问题，都有一个正确而完美的答案，一旦得不到答案就会很痛苦	（11）并不是所有的问题都会有正确而完美的答案，对于那些没有确定答案的问题不必穷究到底，更不必因为得不到完美答案而痛苦伤心

如果改变了非理性观念，调整了对诱发事件的认知，消极情绪就会改变，就会达到“退一步海阔天空”的效果。对事物的不同认识可以导致情绪的极大不同。通过改变对事物的认知，可以达到调节情绪的目的。应该明白任何事物都有正反两面，既没有绝对的好事，也没有绝对的坏事。因此，任何事情都有好的一面，也有坏的一面，即使是人人都痛恨的、不愿意接受的失败和挫折，也会有好的一面。

能引起人们什么样的情绪，最关键的不是人们遇到了什么样的事物，而是人们会用怎样的方式去看待这一事物。当你闷闷不乐或忧心忡忡的时候，你所要做的第一步是找出原因，分析哪些是导致自己情绪消极的问题，优先或集中解决这些问题，找出问题的症结所在，调整好自己的认知方式，改变错误观念，树立正确的观点。

（五）自我放松法

自我放松法，又称松弛反应训练或自我调整疗法，它是一种通过自主调节身体的主动放松来增强自我调控能力的有效方法。只要有一个相对安静的环境，按要求完成一系列动作，通过反复练习，对缓解紧张焦虑情绪有很好的效果。

自我放松训练中较常用的是渐进性放松法，其原理是通过让你有节奏地控制你的肌肉收缩、放松，并反复交替，使你体验到从紧张到松弛的过程，了解到自己的紧张状态，从而最后能达到全身心放松的目的。其操作方法如下。

首先，让身心处于一种舒适的状态，从头到脚一点一点通过放松暗示来舒缓身心。呼吸放松，即专注呼吸，双眼只看一个固定目标，有意识地放慢呼吸，做深而且均匀的呼吸，到慢慢忘记呼吸进入一种无我状态，从而使自己平静下来。

其次，人们也可以通过学习和掌握呼吸调节、放松全身肌肉的方法来消除杂念。先把注意力集中于躯体的一部分（如左手），尽量使这部分肌肉放松，直至产生温暖感，然后转移注意力到躯体的另一部分（如右手）。如此反复训练，可使心情平静，心跳规则，呼吸均匀。

人们还可以通过想象达到放松的目的，如静卧后，自我意念想象：脑海里出现了一幅图画，湖面平静，清澈安宁，一只美丽的白天鹅浮过湖面；或天上洁白的雪花轻轻地飘落着，或金光灿灿的太阳跳出地平线，海面上浪花激荡；孩子们在草地上嬉戏；清澈的蓝天，团团白云飘浮。在这些诗情画意中，自然会感到心旷神怡，心情格外轻松、舒适和愉快，内心平静极了。

放松有以下五个组成部分：

（1）安静的环境；

（2）专注；

（3）顺其自然的态度，不在意自己在做什么；

（4）身体舒适舒展，肌肉张力减到最小；

（5）逐渐放慢的、深度的呼吸。

对于自我放松法，最好在平时就多加运用，而不是临时抱佛脚。如果平时能熟练掌握，经常使用，到考试时或其他紧张焦虑的场合也能运用自如；反之，如果平时知而不用，到临场想救急不一定会有好效果。

（六）音乐疗法

音乐具有明显的调节情绪的功能。情绪主要表现在人的精神方面，精神世界的波动起伏，呈现出不同情绪的情感色彩。因为音乐的节奏、旋律、音色、速度可以影响人的情绪变化，所以可用不同情绪的乐曲引导全神贯注的听者产生相应的情绪。节奏明快、铿锵有力的音乐能振奋人的情绪；旋律优美、悠扬婉转的乐曲能使人情绪安定、轻松和愉快。实践证明，让神经衰弱、失眠的人听舒缓的民乐、轻音乐等，可以使其情绪平稳、状态放松、心神宁静。因此，音乐有不同程度的镇静、镇痛、降压的作用，能使人心平气和，消除不安和烦躁而安静入眠。对于有焦虑、忧郁症状的人，听柔和、优美、抒情的音乐，能排除忧郁和焦虑，忘记忧愁，沉浸在音乐之中，有助于改善人的精神状态。

扩展阅读

音乐与情绪

音乐作为一门艺术，是人情绪情感的表现方式之一，曲调和节奏不同的音乐可以使人产生不同的情绪体验。古希腊人认为，不同的曲调代表不同的情绪：A 调高扬、B 调哀怨、C 调和蔼、D 调热情奔放、E 调安静优雅。有人对近代音乐的曲调进行了研究，也发现了曲调与情绪的关系。

在国外，音乐调节已经应用到了外科手术及精神病、抑郁症、焦虑症等病症的治疗上。例如，忧郁烦恼时可以听《蓝色的多瑙河》《卡门》《渔舟唱晚》等意境广阔、充满活力、轻松愉快的音乐；失眠时可以听莫扎特优雅宁静的《摇篮曲》、门德尔松的《仲夏夜之梦》等乐曲；情绪浮躁时可以听《小夜曲》等宁静清爽的乐曲……每个人都可以根据自己的情绪状况，选择适合的音乐来调节心情。

（七）向心理老师咨询

在上述方法都无效的情况下，仍不要灰心，可找心理咨询师进行专业咨询、倾诉，在心理咨询师的指导和帮助下克服不良情绪。

情绪调控的方法多种多样，可视每个人的情况灵活选用。重要的是要坚信不良情绪是可以克服的，情绪是可以调控的。为了身心的健康要适时、不断地对情绪进行自我调控。

自我调节的关键是重获一种自我控制，在自控的感觉下才会有自由选择的能力，在烦恼的时候，仍需知道人们内心还有快乐与轻松。真正的自我情绪调节是一种情绪的平衡，人不能总是快乐，也不能总是不快乐。让情绪处在一种流动的状态，关注、体验它的起伏，并乐在其中。

心理训练

心理训练一：你的情绪稳定吗？

对下列题目作出“是”或“否”的回答（是画“√”，否画“×”）。

（1）尽管发生了不快，仍能毫不在乎地思考别的事情。（ ）

（2）不计小事，经常保持坦率、诚恳的态度。（ ）

（3）习惯于把担心的事情写在纸上并进行整理。（ ）

（4）在做事情时，往往具体设定有可能实现的目标。（ ）

（5）失败时仔细思考，反省其原因，但不会愁眉不展、整天闷闷不乐。（ ）

（6）具有悠闲自娱的爱好。（ ）

（7）常常倾听众人的意见。（ ）

（8）做事有计划地积极进行，遇挫折也不气馁。（ ）

（9）无路可走时，能够改变生活方式和节奏，以适应生活。（ ）

（10）在学业上，尽管别人比自己强但仍保持“走自己的路”的信条。（ ）

（11）对自己的进步，哪怕只是一点点，都会高兴地表示。（ ）

（12）乐于一点一滴地积聚有益的东西。（ ）

（13）很少感情用事。（ ）

（14）尽管很想做某一件事，但自己估量不可能时也会打消念头。（ ）

（15）往往理智、周密地思考和判断，不拘泥于细枝末节。（ ）

评分标准：

每题选择“是”计 1 分；选“否”不计分。然后将各题得分相加，算出总分。

结果分析：

0 ~ 6 分：表明你的情绪不是很稳定，经常患得患失，不能很好地生活。常常拘泥于一些小事情，无论做什么事情都过分认真。总是忙忙碌碌，但难以做出重大决策，一丝不苟反而使自己感觉迟钝。

7 ~ 9 分：表明你的情绪较为稳定。时而感情用事，时而十分克制。即使在很恶劣的环境下仍能坚定信念，从消极情绪中摆脱出来，因此很少与人争吵，生活十分愉快、轻松。即使偶尔陷入情感纠纷，也能不自觉地处理好。

10 ~ 15 分：表明你的情绪很稳定，多数情况下擅长处理各种事情，不拘泥于细微小节，能积极大胆地处理一些事情，在各种困难面前毫不动摇。

心理训练二：放松训练

放松训练法简单易学，既可以调节情绪，又能消除心理紧张和心理压力，减轻烦恼。坚持使用这种方法一段时间以后，你就会感觉到它能有效保证心理松弛和舒畅，但关键是要做到持之以恒。当你熟练地掌握了这种方法之后，就可以随时随地练习，可以坐着练、步行练，甚至在课间也能抽出片刻时间做一做，这样就能够缓解不良情绪，摆脱消极情绪的不良干扰。

（1）放松训练的一般注意事项。

1）做好放松训练前的准备工作。最好能寻找一处安静的场所（以单人房间为宜），配置一把舒适的椅子（以单人沙发为宜）。若不具备这些物质条件，利用自己的卧室和床铺也可以。放松前要松开紧身衣服和妨碍练习的饰物等，减少外界刺激。

2）使身体形成一种舒适的姿势。其基本要求是减少肌肉的支撑力。轻松地坐在一张单人沙发里，双臂和手平放在沙发扶手之上，双腿自然前伸，头与上身轻轻靠在沙发后背上。

3）整个放松过程中切忌吸烟、吃零食等多余动作。

4）合理安排时间。开始时，最好每天2次，每次15~30分钟，最合适的是早、晚各1次。

5）务必做到持之以恒，坚持训练。

（2）身体肌肉放松。

遵循由下至上的原则，从脚趾肌肉放松开始到颈部肌肉放松结束。

1）脚趾肌肉放松：将双脚脚趾缓慢向上用力弯曲，同时两踝与腿部不要移动。持续10秒后逐渐放松。放松时注意体验与肌肉紧张时不同的感觉，即微微发热、麻木松软的感觉。20秒后，做相反的动作。将双脚脚趾缓慢向下用力弯，保持10秒。

2）小腿肌肉放松：将双脚向后上方朝膝盖方向用力弯曲，以使小腿肌肉紧张，保持10秒后放松。20秒后，做相反的动作。将双脚缓慢向下用力，保持10秒。

3）大腿肌肉放松：绷紧双腿，使双脚后跟离开地面，持续10秒。放松20秒后，双腿伸直并紧双膝，保持10秒后放松。注意体会微微发热的感觉。

4）臀部肌肉放松：双腿伸直平放于地。用力向下压下腿和脚后跟，使臀部肌肉紧张，10秒后放松。20秒后，将两半臀部用力夹紧，尽量提高到骨盆位置，10秒后放松。体会该部肌肉开始发热，有沉重的感觉。

5）腹部肌肉放松：高抬双腿以紧张腹部肌肉，同时胸部压低，10秒后放松。体会由紧张到放松的过程中腹部的变化感觉。20秒后做下一个动作。

6）胸部肌肉放松：双肩向前并拢，使胸部四周肌肉紧张，体验紧张的感觉，10秒后放松。体会胸部舒适，轻松的感觉。

7）背部肌肉放松：用力向后弯曲背部，努力使胸部和腹部突出，形成拱状，10秒后放松。20秒后，往背后扩双肩，使双肩尽量合拢以紧张其上背肌肉群，保持10秒后放松。

8）肩部肌肉放松：双臂外伸悬浮于沙发两侧扶手上方，尽力使两肩向耳朵方向上提，10秒后放松。注意体验发热和沉重的放松感觉。20秒后做下一个动作。

9）臂部肌肉放松：双手平放于沙发扶手上，掌心向上，紧握拳头，使双手和双前臂肌肉紧张。10秒后放松。接下来将双前臂处弯曲，使双臂的二头肌紧张，10秒后放松。然后双臂向外伸直，用力收紧，以紧张上臂三头肌，持续10秒后放松。

10）颈部肌肉放松：将头用力下弯，以使下巴抵住胸部，保持10秒后放松。注意体验放松时的感觉。

（3）头部肌肉放松。

1）紧皱额头，像生气时的动作似的，保持姿势10秒后放松。

2）闭上双眼，做眼球转动动作。先使两只眼球向左边转，尽量向左，10 秒后还原放松。然后使两只眼球尽量向右边转动，尽量向右，10 秒后还原放松。随后，使眼球按顺时针方向转动 1 周，然后放松。接着，再使眼球按逆时针方向转动 1 周后放松。

3）皱起鼻子和脸颊部肌肉，保持 10 秒后放松。

4）紧闭双唇，使唇部肌肉紧张，保持姿势 10 秒后放松。

5）收紧下颌部肌肉，保持姿势 10 秒后放松。

6）用舌头顶住上颚，使舌头前部紧张，保持 10 秒后放松。

7）做吞咽动作以紧张舌头背部和眼部，但是注意不要完全完成吞咽动作，持续 10 秒后放松。

头部肌肉放松后，整个放松训练便结束。

应该注意的是，放松前的紧张动作是为了体验放松的感觉，这种感觉越强记忆就越牢固。当感觉清晰地铭刻于记忆中后，便可去掉紧张部分而只做放松部分。

放松训练对增强机体的能量水准，消除消极情绪，促成积极的心理状态有重要作用。考试焦虑患者可以从中得到明显的收益。

第六章　此时不搏，更待何时
——大学生挫折应对与压力管理

心语心愿

没有播种，何来收获；没有辛苦，何来成功；没有磨难，何来荣耀；没有挫折，何来辉煌。

——［英］佩恩

案例导入

小杨出生在一个条件很好的家庭里。父母给了他优越的物质生活条件，小杨从小也非常争气，成绩从小学到高中都一直名列前茅。自然，他听到的都是赞扬声，所有认识他的人都说他是个优秀的孩子，他自己也一直这样认为。后来，小杨毫不费力地就考上了国内一所非常好的大学，大学毕业后他又报考了国内一所较好的大学的研究生，所报专业也是很热门的。由于竞争非常激烈，他因几分之差未被录取，而他班里平时成绩不如他的同学，由于考研时避开了热门大学或热门专业，大多被顺利录取。

考研失败后，他一直纠结于自己为什么失败了，而平时不如自己的同学却成功了。尽管父母想尽各种办法让他在一家事业单位找了份待遇不错的工作，但他仍沉湎于考研失败的阴影中，以至于总是担心自己的能力达不到单位的要求，因此，对待自己的工作总是十分仔细，生怕哪里出现差错。

他会不断反复检查自己完成的工作，一定要再三确认之后才提交给领导。可这样一来，不但影响了他自己的工作速度，同时也影响了其他同事的工作进度，为此，他没少挨领导的骂。渐渐地，他对工作越来越感到恐惧，一听到电话声响起，就觉得浑身不自在。后来就干脆离职在家，不再外出工作，也不愿意接触任何人，父母怎么劝也不管用。

第一节　大学生挫折及应对

一、正确认识挫折

（一）挫折的概述

挫折是指个体在通向目标的过程中遇到难以克服的障碍或干扰，使目标不能达到，需要无法满足时，所产生的不愉快情绪反应，挫折无所不在，关键要看人们是否承受得住。心理学就是研究挫折情境下个体产生的挫折感，以及如何提高人的挫折承受能力。

从上述概念可以看出，挫折包括三个方面的含义。

（1）挫折情境。挫折情境是指人们在有目的的活动中，使需要不能获得满足的内外障碍，干扰所实际呈现的情境状态或情境条件。例如，被恋人抛弃、比赛失利、受到讽刺打击、高考没有考入理想大学等，都是造成挫折的情境因素，是产生挫折的重要条件之一。

（2）挫折认知。挫折认知是指对挫折情境的知觉、认识和评价。挫折认知既可以是对实际遭遇到的挫折情境的认知，也可以是对想象中可能出现的挫折情境的认知。

（3）挫折反应。挫折反应是指主体伴随着挫折认知，对于自己的需要不能得到满足而产生的情绪和行为反应，如愤怒、焦躁、紧张、逃避或攻击等。

其中，挫折认知是核心因素，挫折反应的性质及程度，主要取决于挫折认知。这是因为，只有当挫折情境被主体所感知时，才会在个体心理上产生挫折反应。如果出现了挫折情境，而个体没有意识到，或者虽然意识到了但并不认为很严重，那么，也不会产生挫折反应，或者只产生轻微的挫折反应。

案例

有个人，在他的一生中曾遭受过两次惨痛的意外事故。第一次不幸发生在他 46 岁时，一次飞机意外事故，使他身上 65% 以上的皮肤都被烧坏了。在 16 次手术中，他的脸因植皮而变成了一块彩色板。他的手指没有了，双腿特别细小，而且无法行动，只能瘫在轮椅上。谁能想到，6 个月后，他亲自驾驶飞机飞上了蓝天。4 年后，命运再一次把不幸降临到他身上，他所驾驶的飞机在起飞时突然摔回跑道，他的 12 块脊椎骨全被压得粉碎，腰部以下永远瘫痪。但他没有把这些灾难当作是自己消沉的理由，他说："我瘫痪之前可以做 10000 种事，现在我只能做 9000 种，我还可以把注意力和目光放在能做的 9000 种事上。我的人生遭受过两次重大的挫折，所以，我只能选择不把挫折拿来当成自己放弃努力的借口。"这位生活的强者就是米歇尔（Michell）。正因为他永不放弃努力，最终成为一名百万富翁、公众演说家、企业家，还在政坛上获得一席之地。

米歇尔面对挫折的反应是什么？这样的反应对他的生活有什么样的影响？请填写到表 6-1 中。

表 6-1 米歇尔面对挫折的反应

挫折情境	挫折认知	挫折反应	对生活的影响

课堂讨论

回顾自身曾经遭遇过的印象最深的几次挫折经历，当时的情绪状态是怎样的，后来采取了什么样的应对措施？通过这次经历，你认为应对挫折最重要的是什么？

（二）挫折产生的原因

造成挫折的因素可以是多方面的。常见的挫折可以是来自于自然、社会、家庭和学校及个人。

1. 自然因素

自然因素是指非人力所能及的一切客观因素。2004 年的印度洋海啸、“5 · 12”汶川特大地震、2010 年我国西南五省干旱等自然灾害、2021 年 7 月河南的暴雨引发的特大洪涝灾害都属于自然因素带来的挫折。

自然灾害是人类依赖的自然界中所发生的异常现象。自然灾害对人类社会所造成的危害往往是触目惊心的。特别是一些突发性灾害，如地震、火山爆发、泥石流、海啸、台风、洪水等，给人们带来不可避免的创伤和挫折。随着科技的不断发展，人们对自然的认识会越来越深刻，抵御自然灾害的能力会越来越强，但是要想完全避免是不可能的。

2. 社会因素

社会因素是指人在社会生活中所受到的人为因素的限制，其中包括一切政治、经济、民族习惯、宗教信仰、社会风尚、道德法律、文化教育的种种约束等。如学非所用，在工作岗位上不能充分发挥作用；学习的课程与兴趣间的矛盾；家长和老师教育方法不当等。凡此种种社会因素，不但对个人的动机构成挫折，而且对个体行为所发生的影响较自然环境因素影响更大、更深远。

3. 家庭和学校因素

家庭的自然结构、家庭的人际关系、家庭的教育方式、家庭的抚养方式及家长的素质等对学生的心理挫折都有直接或间接的影响。有关研究表明，大学生的不少心理问题是与家庭生活的不良背景、早期不良家庭生活经历联系在一起的。自小娇生惯养和过分受保护、被溺爱的孩子进入大学后，更容易产生心理挫折。家庭贫穷、双亲不和或单亲家庭的孩子，由于父母对他们过分管制或放任不管，他们上大学后，有些人会表现得蛮横无理或做出一些违背社会规范的反常举动；有些人会表现出内向、孤僻的性格，很少与人交往，不轻易表露感情，郁郁寡欢，也容易产生心理挫折。

家庭的社会经济状况对大学生的心理有潜在影响。贫困大学生除了面对所有大学生都要面对的个人发展与就业压力外，还面临巨大的生活压力与经济压力，因为经济压力而影响其学业发展与个人发展会导致更多的心理冲突，从而产生挫折感。

学校的各项规章制度、教学教育方式、学习风气、校园文化氛围等对学生的行为起规范、制约作用，但是如果与学生的性格、爱好、态度、愿望、成长背景等不相符，挫折感也将由此而生。另外，学生在中学就对大学充满了向往，但在现实中校园较小、宿舍破旧等，现实和期望的落差太大，也会产生挫折感。

4. 个人因素

个人身高、容貌、经济状况、知识、能力、社会地位、疾病及某些生理缺陷（如口吃、色盲）所造成的限制也会使人产生挫折感，特别是与生俱来的生理条件，由于它通常无法改变，给人带来的挫折感很大。此外，心理动机的种种冲突、对自己估计不当、期望值过高、认知水平不足、意志薄弱、情绪不稳定等也会导致个人的挫折心理。

心理冲突比个体生理条件所造成的挫折要更为明显和强烈。常见的心理冲突主要包括以下四种类型。

（1）双趋冲突。双趋冲突是指两个或两个以上目标同时吸引个体，而个体只能选择其中一个时所产生的内心冲突。例如，两门选修课都是自己喜欢的，却因时间等因素只能择其一；两个工作单位都比较理想，却只能选择其中一个。要解决这种冲突，必须放弃一个，或者同时放弃二者去追求另一个折中的目标，这对部分高职大学生来说是一种两难选择。

（2）双避冲突。双避冲突是指两个或两个以上的目标都是个体想要回避的，而只能回避其中一个时所产生的内心冲突，这是一种左右为难、进退维谷式的冲突。例如，不想温习功课，可又怕考试不及格，复习和不及格都是想要回避的，但只能回避其一。

（3）趋避冲突。趋避冲突是指个体一方面要接近某个目标，同时又想回避这个目标时所产生的内心冲突。例如，一个大学生明明不爱某专业，却因其录取分数低而选择该专业；想在大学生活中多锻炼自己的实践能力，但却没有充裕的时间参加社团活动及社会实践；想找理想的工作，但又不愿付出求职成本，投了几份简历就了事，或被拒绝一两次就灰心等。

（4）双重趋避冲突。双重趋避冲突是双趋冲突与双避冲突的复合形式，也可能是两种趋避式冲突的复合形式，即现实中两个目标或情境对个体同时具有吸引与排斥的两种力量。例如，在挑选工作时，可能会遇到一种是物质待遇优厚而社会地位不高的工作，另一种是社会地位高但物质待遇不高的工作，两个工作都想要，但又都存在顾虑。

二、大学生常见的挫折

（一）学业挫折

大学的学习生活与中学的非常不同，老师不再像中学老师一样管得很多，也没有人督促上晚自习等。由于无人约束，学生开始不知道该如何学习，有的同学对所学专业不感兴趣；有的基础知识薄弱而学习吃力；有的考试失败等。因此觉得自己能力差，没有前途，会产生较大的挫折感。

（二）经济负担的压力

现在高昂的学费让上大学成为很多经济状况不佳的家庭的沉重负担。对于来自农村或城镇低收入家庭的贫困大学生而言，尽管有国家规定的奖学金或贷款作为支持，但是他们仍然承受着家庭经济困难的压力，生活水平较低。对贫困大学生而言，在人际交往时囊中羞涩，与生活优越、时尚、铺张的同学相形见绌，更易激发他们的挫折感。

（三）感情挫折

大学生因恋爱而造成的情感危机，是诱发大学生心理问题的重要因素。进入大学阶段，个体生理上基本已成熟，完全达到了性成熟水平，开始关注异性和追求异性。但是由于每个大学生的信念、理想、性格、爱好、对爱情的态度、表达感情的方式等的不一致，而感情不能契合，导致恋爱关系的终止，给一方或双方带来情感上的伤害和挫折。

（四）人际交往挫折

大学生渴望交往，但在大学中，来自五湖四海的学生因为语言不同、性格各异、生活习惯相差较大，以及社会交往经验、技巧不足而不可避免地发生摩擦和冲突。有的同学在交往中不善于处理人际矛盾，与同寝室同学关系很僵；有的同学不善与人沟通，与同班同学没有共同语言，感觉孤独和被排挤；有的同学面对大学复杂的人际环境不知所措，觉得人人都是虚伪和自私的，恐惧与人交往……本来读大学就让很多学生远离熟悉的家乡、父母和同学，一旦出现人际关系方面的挫折，就会加剧孤独、无助的感觉，从而产生压抑和焦虑。

（五）就业挫折

据北京青年压力管理服务中心发布的《2020 中国大学生就业压力调查报告》显示，2020 年我国高校毕业生再创新高达 874 万人。新冠肺炎疫情暴发，不仅使得 GDP 明显下降，对宏观经济产生较大影响，而且对我国高校毕业生就业市场也造成冲击，就业形势非常严峻。而有的大学生知识储备不够、综合素质与实践能力不强；有的大学生在对待就业问题上期望值偏高，而不愿屈就或调整目标；还有的大学生缺乏自信，面对求职受挫，对能否找到合适的工作岗位非常担心。

三、挫折对大学生心理的影响

（一）积极影响

从积极的方面来讲，挫折能给人以教益，给人启迪，也能磨炼人的意志，激励人奋发向上，使人更加成熟、坚强。挫折对大学生心理的积极影响具体表现为以下几点。

（1）有利于磨炼性格和意志。坚强的性格和意志，往往是长期磨炼的结果。多数大学生的家庭与学校环境较为安逸，虽然这种环境有利于他们的学习，但也降低了他们对挫折的适应能力，不利于其坚强性格的形成。一旦遇到挫折，将会使大学生承受更大的压力。如果大学生能够多参加历练，经受适度挫折的考验，那么他们承受挫折的能力就会增强，就能更清醒、更深刻地认识所面对的问题，其性格也就变得愈坚强。

（2）有利于增强情绪反应能力和解决实际问题的能力。当大学生面临困难或挫折时，其神经中枢会受到强烈的刺激，引起情绪激奋、精力集中，使整个神经系统兴奋水平提高，在这种情况下，人的精神焕发、思维加快、情绪反应能力大大提高。同时，在解决困难和对付挫折的过程中，大学生可以从中得到经验，提高解决问题的能力。

（3）有利于正确地认识自我，提高生活适应能力。许多大学生对社会、对自己有一些不切实际的想法，当他们用这些想法来指导自己的行动时，就容易出现挫折。挫折的产生，无疑会使他们清醒过来，使他们对自己做出一个合乎实际的评价，同时也使他们对生活、对社会有一个较为客观的认识，从而增强其适应现实生活的能力。

（二）消极影响

从消极的方面来讲，挫折使人产生消极的情绪体验，这种消极的情绪体验影响受挫者的身心健康。挫折对大学生心理的消极影响具体表现为以下几点。

（1）降低学习效率。学习是一种积极的思维活动，学习效率除受个体的智力水平和知识水平的制约之外，还与学习者的情绪状态、自信心等因素密切相关。当大学生遭遇挫折后，会极大地降低学习效率。在现实生活中，有许多大学生在遇到失恋、考试失败、父母离婚等挫折后，学习成绩明显下降，就是挫折产生消极影响的表现。

（2）降低思维能力与生活能力。大学生受挫后，容易引起情绪波动和出现行为偏差。如果持续遭受挫折，则可能导致神经系统的紊乱。这样不但大大降低大学生的思维创造力，而且使他们的生活适应能力也大打折扣。

（3）改变性格与出现行为偏差。当大学生遭到重大挫折或持续挫折而又无法做出相应的调整时，就会使某些行为反应形成相应的习惯模式或个性特征。例如，一位对爱情充满憧憬、热情开朗的女大学生，因恋爱屡次失败，导致她对男生怀有过度的戒心，对爱情不再抱有热情和希望。这种消极态度的持续发展，使其从外向热情变得深沉世故。同时，由于受挫的大学生处在应激状态，感情易冲动，自控能力较差，不能正确评价自己的行为及其后果，可能会做出违反社会规范的行为。例如，有些大学生受挫后，喜欢借酒消愁，醉酒后情绪过于激动，容易发生打架、斗殴事件，严重的甚至走上犯罪的道路。

四、大学生的挫折反应

当个体体验到挫折之后，在情绪和行为上总是会产生一系列的反应，以维持心理平衡。由于大学生的挫折承受力的个体差异较大，所以遇到挫折后的挫折反应较为多样，有的情绪过度低落，有的情绪异常激动，有的行为退化，有的行为过激，有的固执冷漠，有的自暴自弃，有的出现异常心理和行为，有的甚至导致心理疾病或自杀行为的出现，等等。人们把人们受挫后的行为表现分为积极行为反应和消极行为反应。

（一）积极行为反应

挫折后的积极行为反应是正视挫折，承认挫折，正确分析挫折产生的主客观原因，并总结经验教训，采用积极的行为方式战胜挫折。

1. 坚持

坚持指个体发现目标难以达到，要求自己做出加倍的努力，并要求个体通过不断的努力最终实现目标。美国电影《阿甘正传》中的主人翁阿甘就是一位智商并不高的普通人，他面对挫折的方法就是忽视它并坚持不懈地努力，最后赢得了人们的尊重，赢得了自己的事业，也获得了自己的生活。正如有的学者所说：成功就在最后的坚持之中。

2. 补偿

补偿是指当个体行为受挫时，或因个人某方面的缺陷而使目标无法实现时，往往以新的目标代替原有目标，以其他方面的成功来补偿因失败而丧失的自尊与自信。这就是人们常说的“失之东隅，收之桑榆”。例如，因家庭经济条件或自身的相貌条件在恋爱问题上受挫的大学生，可以发奋学习，以学业上的成功来增强自己的自信心。

应该注意的是，补偿的行为反应并非都是积极的。由于个体要实现的目标有高尚与平庸之分，挫折后对补偿的选择也有进取与沉沦之别，因而决定了补偿有积极与消极之分。

如果补偿选择的新的目标和活动符合社会规范和人的发展需要，这时的补偿反应行为是积极的、有益的。如果补偿选择的新的目标和活动不符合社会规范或有害于心身，虽然，这种补偿的行为反应使自己暂时获得了心理平衡和心理满足，但也无助于心理健康发展，有时还会自暴自弃、甚至堕落犯罪，危害他人与社会。

3. 升华

升华即用一种比较崇高的具有创造性和建设性的目标代替，借以弥补因受挫而丧失的自尊与自信，减轻痛苦。升华是最积极的行为反应，从古至今演绎出绵绵佳话。例如，古之文王拘而演《周易》；仲尼厄而作《春秋》；屈原放逐赋《离骚》；左丘失明写《左传》；孙膑跛脚修《兵法》；司马迁受辱著《史记》。不仅如此，升华还是一种富有建设性的行为反应。它使人在遭受挫折后，将不为社会认可的动机和不良的情绪转移到有益的活动中去，使其转化为有利于社会并为他人认可的行为。例如，失恋的大学生把失恋的痛苦转化为发奋学习、强身健体的动力等。

4. 幽默

遇到挫折，以看似轻松好笑的语言对挫折的原因或遭受挫折以后的后果进行解说，使人的紧张心理或愤怒感暂时消失的艺术，就是幽默。幽默反映个人看待挫折成败的一种超然的心态和智慧。

5. 宣泄

宣泄是指采用道德法律许可的方式发泄心中的不满、愤怒等极端情绪，从而避免发生直接人际冲突和心理郁积的一种方式。常见的宣泄方式有在空旷空间大吼大叫、摔打物品、跳舞、唱歌、运动等。大学生遇到挫折时，很容易产生强烈的情绪反应，宣泄是一种很好的挫折应对方式。

（二）消极行为反应

挫折后的消极行为反应是指个体不能正确对待长久、过强、超过了个体忍受力的挫折，引起了适应不良、情绪紊乱，甚至发生疾病或行为的偏离。这是个体在遭受挫折后所表现出来的带有强烈感情色彩的非理性行为。

1. 固执

当个体一而再、再而三地遭受到同样的挫折，就会慢慢失去信心，失去随机应变的能力，而形成刻板的反应方式，固执盲目地重复同样无效的行为。固执行为不同于意志力，在这种行为反应中，个体往往不能客观正确地分析失败的原因，反而采用刻板的方式盲目地重复着某种无效行为，是一种极不明智的对抗形式。例如，某大学生多次因违反校规校纪受到批评，却固执地认为自己没错，屡教不改。

固执是非理智性的消极行为，对大学生的成长极为不利。固执行为往往容易发生在一些性格内向、倔强、看问题片面的大学生身上。

2. 退行

退行是指个体遇到挫折时，心理活动和反应退回到个体早期发展水平，以幼稚的、不成熟的方式来应对当前的情境。例如，大学生的活动计划如果受到家长或老师的反对，可能就会采取赌气、咒骂、砸物、暴饮暴食、疯狂购物，甚至离家出走等非理智、非成熟的方式去应对。

3. 逆反

一般来说，个人的行为方向和他的动机方向应当是一致的。但是，当个体遭到挫折后，如果对正确的方面盲目地持反抗、抵制与排斥态度，一意孤行，这种行为便是逆反。例如，某大学生因上课受到教师的批评，便采取公然反抗或逃课等方式来表达自己的不满。

持逆反心理的人往往为了排除内心的不满，会抱有不符合社会规范、不被允许的愿望，产生一些反社会行为。

4. 攻击

攻击是最为常见的一种情绪性反应。当个体的动机和目标受到阻碍而不能实现时，常会产生愤怒、敌视的情绪或对造成其挫折的人产生报复的心理，在行为上可能会引起过激的举动，即为攻击。

攻击包括直接攻击和间接攻击。直接攻击是指一个人受到挫折后，把愤怒的情绪指向对其构成挫折的人或物，多以动作、表情、言语、文字等形式表现出来；间接攻击是指将挫折引起的愤怒和不满的情绪转向发泄到自我或与挫折来源不相关的其他人或物上，如埋怨自己能力不够强、机遇不好、命运不佳、生不逢时等。

5. 轻生

在现实中，面对一些突发的、重大的挫折，在得不到外力帮助的情况下，部分学生很可能自暴自弃，产生厌世轻生、自杀自残等行为，以此来解脱内心的痛苦。

6. 反向

持反向心理的人，不敢正面表露自己的真实动机，往往从相反的行为方向表现出来。例如，自卑的同学往往表现出高傲自大，明明对异性充满向往，却装出一副不屑一顾的样子。虽然这种行为可以在一定程度上掩饰个体的真实动机，但掩饰包含着压抑，长此以往会从根本上扭曲自我意识，使动机与行为脱节，造成心理失常。

7. 逃避

逃避是指大学生受到挫折后，不敢面对自己所预感的挫折情境，而逃避到比较安全的环境中去的行为。逃避有三个表现：

（1）通过沉迷于其他事来逃避，如学习不好就玩游戏，沉溺其中；

（2）通过幻想进行逃避，如一位性格内向、缺乏魅力的男生恋爱受挫后，想象自己是一个英俊的小伙子，是很多少女心中的偶像，使自己陶醉在幻想的世界中获得心理满足；

（3）通过生理疾病进行逃避，如参加高考的学生考试当天发烧、拉肚子等。这种疾病的发生是无意识的，并非装病。

8. 冷漠

冷漠是指个体在遭受挫折后产生的一种漠不关心和无动于衷的态度。这是一种比攻击更为复杂的反应。从表面上看，冷漠的人似乎毫无情绪反应，而实际上是把情绪暂时压抑或以间接方式表现出来而已。这种现象表面平静，内心深处则往往隐藏着极大的痛苦。有些大学生遭受挫折后变得冷淡麻木、意志消沉，对人对事无动于衷、漠不关心，失去了正常的喜怒哀乐等情感反应。例如，某学生干部一向敢于同班上的不良现象做斗争，但受到一些同学的非议、讽刺、打击后，转而对不良现象采取冷淡态度，漠然视之。

9. 压抑

压抑是指把不愉快的经历和体验压抑到无意识中，不去回忆，主动遗忘。压抑并不意味着问题的解决，按照精神分析理论，被压抑的情绪进入潜意识，会通过其他途径变相地表露出来。

总之，积极的行为反应有助于大学生适应挫折、化解困境，利于他们的成长；消极的行为反应只能起暂时平衡心理的作用，不能解决问题，有时还会使当事人在一种自我欺骗中与现实环境脱节，降低适应能力，形成一些恶习，埋下心理病患的种子，影响其身心健康和全面发展。大学生应该树立积极的心理防卫机制，增强自己的挫折承受力，以适应社会的发展。

五、大学生挫折承受力的培养

挫折承受力是指个体在遭遇挫折时适应挫折、抵抗挫折和应对挫折的能力，是个体在遇到挫折情境，经受打击和面对各种压力时，摆脱和排除困境而使自己避免心理与行为失常的一种耐受力。

面对挫折，不同人的反应是不一样的，有的人遇到一点小挫折就颓废、沮丧、绝望，而有的人即使遇到重大挫折仍然能够意志坚定、顽强进取。这些面对挫折的不同反应就是由个体挫折承受能力决定的。挫折承受力是维护个体心理健康的一道防线，挫折承受力较低的人，在挫折面前容易陷于不良情绪困扰之中，几经挫折打击之后，容易失去人格的统一和完整，甚至导致行为失常和心理疾病的产生；而挫折承受能力较强的人，不易被强烈的负面情绪困扰，挫折反应小，持续时间短，在重大挫折面前仍可保持正常的行为能力，采取理智的态度和正确的方法应付挫折。

增强挫折承受能力不但是大学生健全人格的需要，也是其提高心理健康水平、增强社会竞争力的需要。

（一）正确认识挫折，改变不合理观念

挫折具有普遍性，可以说是人生的一个必不可少的组成部分，每个人在人生旅途上都会遇到挫折。而挫折具有双重性，既有消极的一面，也有积极的一面。每个人都经历过逆境，在逆境面前建立积极进取的态度及信心。变阻力为动力，那么逆境和困难很可能成为一种难得的机遇。通过总结经验教训，寻找自身的不足，可以更好地促进个人的发展，同时还能够磨炼性格和意志，增强创造力和智慧，增长知识和才干。

另外，一些不合理的观念常常也会导致人们出现强烈的挫折感，如认为挫折不应该发生在自己身上；以偏概全地看待自己和他人；无限夸大挫折的后果等。只有改变这些不良的认知方式和错误的观念，才能客观评价挫折带来的后果，从挫折中获得成长。

（二）对挫折进行正确归因

当个体受到挫折后，要冷静客观地分析自己的目标、方法、动力和阻力，对挫折做出符合实际的准确归因。准确归因可以帮助人们了解自己究竟是在什么地方失败了，哪些因素是人们可以改变的，哪些东西是需要人们接受和面对的。

有些造成挫折的因素是人们通过努力可以改变的，如可以提高自身认识水平，避免因为主观认知的偏颇放大了暂时的困难和逆境。人们可以调整自身观念，对自己有更准确客观的认识，据此调节自己的抱负水平，制定适度可行的目标，并分阶段、分步骤地采取合理有效的行动去达成，从而用不断的成功来增强自信，进而取得成功。

还有一些造成挫折的因素是人们无法改变的，如个头的高矮，家庭经济贫困，或者现在严峻的就业形势等。面对这些无法改变的挫折因素，人们需要学会接受不完美的自己，用自己的能力去创造属于自己的成功。

（三）确定合理的个人抱负水平

大学生都有对未来工作和感情生活的美好向往，都在追求一定水平的目标，但目标水平的高低及其确定的标准是否合适是一个关键。如果抱负水平过低，个体的身心潜能处于

被埋没的状态，会产生由空虚、苦闷、不满足感所造成的挫折感；如果目标定得过高又不具备实现目标的能力和条件，就可能因为不能达成自己希望的目标而产生严重的挫折感，打击自己的自信心和自尊心。因此，确定适度的抱负水平是避免挫折，获得自信，使自己得以顺利发展的一个重要条件。

大学生需要对自己、对生活合理定位，确定目标时需要全面评估自己拥有的资源，如能力、智力、体力、时间、经验、兴趣、经济条件等，并确定好近期目标与远期目标，制订适宜且能实现的计划，从而逐一实现，也能不断增强成就感和自信心。

扩展阅读

最近发展区理论

维果斯基的最近发展区理论，认为学生的发展有两种水平：一种是学生的现有水平，指独立活动时所能达到的解决问题的水平；另一种是学生可能的发展水平，也就是通过教学所获得的潜力。两者之间的差异就是最近发展区。教学应着眼于学生的最近发展区，为学生提供带有难度的内容，调动学生的积极性，发挥其潜能，超越其最近发展区而达到其难以发展到的水平，然后在此基础上进行下一个发展区的发展。

如何设定一个恰当的目标主要要看自己的“最近发展区”，如果一个目标自己怎么努力都达不到则只能让人产生挫败感；但若一个目标太简单，人完成它后根本就没有成就感。最合理的目标就是处于最近发展区里的，有一定难度，但是一个人通过努力又可以达到。

（四）学习运用心理防御方式，减轻心理压力

挫折会使个体受到威胁和伤害，并引起焦虑、自卑、痛苦等，使人的心理平衡遭到破坏。此时，学习运用积极的心理防御方式能暂时减轻和解除痛苦和不安；然而，各种心理防御方式并不能绝对改变现实，说真正解决问题多少带有自欺欺人的色彩，甚至有时可能起到妨碍成长的消极作用。因此，在运用心理防御方式使自己的心理恢复平衡后还必须进一步地分析原因，以真正走出挫折。

（五）适时宣泄不良情绪

利用语言或行为，在较短的时间内将可能危害健康的、过度的情绪抒发出来，使自己的精神得到有益的调整，以达到防病、健身的目的，此时所采用的方法就是宣泄。挫折给人们带来较大的身心压力，通过宣泄进行心理释放是一种有效的手段。

语言宣泄如找人倾诉、唱歌、呼喊等；行为宣泄如跑步、快走、拳击、书写、哭泣等。不管是什么样的宣泄方式，都要注意合理应用，不能对自己和他人造成伤害。

（六）主动寻求社会支持，或借助于心理咨询

良好的人际关系是提高大学生应对挫折能力的有效手段，由交往形成的人际关系可以满足人的归属需要、情感需要、社会认可需要等。心理研究也表明，一个人与他人一起处于挫折压力之中时，可以降低消极情绪体验。良好的人际关系状况，也能保证个体遭受挫

折之后，可以积极主动地寻求他人的支持和帮助，从外界获得信息、方法和策略。

如果自己无法走出挫折的阴影。也不能获得朋友、家人足够的帮助，可以尝试求助于心理咨询，通过心理咨询来调适情绪，更好地认识自己并获得成长。

第二节 大学生压力及应对

一、正确认识心理压力

（一）压力与心理压力

压力对每个人来说都不陌生。联合国国际劳工组织发表的一份调查报告里指出：心理压抑已成为21世纪最严重的健康问题之一。当人们感到压力时，心理可能会出现焦虑、紧张、绝望、急躁、沮丧、消沉、失眠、做噩梦、退缩、忧郁和孤独等多种心理反应，严重的会引发精神疾病，甚至导致自杀。

1. 压力

压力又称为应激，是指个体在环境中受到各种刺激的影响而产生的身心紧张状态，同时为应付各种刺激，个体产生的生理和心理上的应激反应；是个体面对刺激时，自身的需求和满足需求的能力之间存在不平衡时所产生的一种反应。

在日常生活中，人们往往会面临以下三类不同的压力。

（1）急性压力。这种压力十分显著但持续时间很短，由近期的事件引发。少量的急性压力会使人产生积极的反应。但是，如果这种压力源不断积聚，就会导致消极的影响，使人产生头疼、背疼、胃疼和其他紧张反应。

（2）间歇性压力。这种压力与经常出现的压力源有关。受这种压力折磨的人通常受到过分的束缚，缺乏能力，没有时间完成每件事。间歇性压力的后果比第一种压力的后果严重得多。急脾气的人变得更爱生气，偶尔的紧张时的头痛变成经常性的偏头疼，心悸导致胸部疼痛，严重的焦虑变成了惯常的生活状态。

（3）慢性压力。这种压力与急性压力有关，但却没有急性压力那种激动和兴奋。实际上，长期、慢性的压力会使人们逐渐习惯于一种承受压力的生活，并把它当成是自己的一种生活方式，给人带来极大的危害。遭受慢性压力的人看不到任何出路，无法摆脱贫困的生活、工作中的不和谐、恶劣的环境或身体上的不适。

大学生的心理问题大多是由许多特定的压力造成的。这些压力有的是来自外在事件的刺激，有的来自内在生理方面的影响，也有一部分是由个体心理认知所诱发的。简单地说，当大学生不能获得安全、工作、家庭、教育、情感满足时，就会产生压力。

2. 心理压力

心理压力是指人们在日常生活中由于各种生活事件、突然的创伤性体验、慢性紧张（工作压力、家庭关系紧张）等导致的一种心理紧张状态。

大学生是社会中最活跃、最敏感的群体，他们能敏锐地感受到各种变化的冲击。大学生在大学阶段面临着一系列重大的人生课题，如大学生活的适应、专业知识的学习、交友恋爱、择业就职等。但由于其身心发展尚未完全成熟，自我调节和自我控制能力不强，面对复杂的自身和社会问题，往往容易导致他们产生强烈的心理冲突，进而产生较大的心理压力。

（二）压力与心理健康的关系

世界卫生组织把健康定义为："健康不仅仅是没有疾病和衰弱的表现，而且是生理上、心理上和社会适应方面一种完好的状态。"由此可见，能否有效地应对来自社会环境，个人生理、心理发展等带来的压力，与大学生的健康，尤其是心理健康有着密切的联系。

有心理学家指出："从压力源中（冲突、挫折、焦虑）获得的压力越多，那么应激源的数量和严重程度也就越大，也就越接近应激极限。"也就是说，当压力系统的合力超出了个体生理及心理上所能够提供的应对资源（能量），或者其持续作用于个体时，就会出现心理问题和心理障碍，甚至导致严重的心理疾病。

虽然至今还没有研究能够提供压力与心理健康之间准确的生理指数，但二者之间的确有着密切的关系。心理研究表明，人们要获得最高效率，要有一些压力，而且必须把压力唤醒水平控制在一个最佳状态，压力太多或太少其结果是一样糟糕的。同样，大学生要保持心理健康，也应该把压力控制在一个最佳状态，并不是彻底消除。加拿大心理学家薛利指出："完全脱离应激（压力）等于死亡。"因此，我们所要避免的是那些极端的、令人心烦意乱的压力，而不是完全没有压力。判断某种压力是否会引起生理和心理损害，则依赖于个人对需要和资源的评价。

课堂讨论

有人认为："生命要是没有压力该多好啊！"你认同这句话吗，为什么？

二、压力对个体的影响

压力对个体的心理影响就如同施加在弹簧上的重物，当重物在弹簧承受范围内并及时移走，弹簧能高高弹起并恢复原来的弹性；但如果重物超过弹簧的承受范围，或长期置于弹簧上，就会对弹簧产生破坏性作用，弹簧不仅不能弹起甚至会失去弹性。也就是说，压力对个体的影响包括积极影响和消极影响两方面。

（一）积极影响

1. 提高机体警觉性，防止意外伤害

压力的产生是机体面临紧张情境时产生的一种自主性反应，这种自主性反应的本质是自我防御，其目的是适应环境。这种自我防御的目的是提高机体的警觉性，防止意外伤害，即对紧张情境的适应。

2. 适度的压力是应付生活的基本条件

在个人成长过程中，压力是不可避免的，而适度的压力为主体学会应付生活、提高适应能力提供了可能。人们在遇到紧张情境时，不仅能够有能力顺利应付而使自己没有受到伤害，而且学会了适应。例如，考试前的适度紧张会使人认识到考试的重要性和意义，认真对待这次考试，事先做好计划和复习步骤，以便取得好成绩。

3. 促进个人成长

人的成长和发展就是不断适应环境压力的过程。人的一生在每个阶段都需要应对新的要求，都会面对各种不同的成长任务，因此压力是无处不在、不可避免的，也是人成长所必要的。只要能把压力变成动力，那么压力也可以成为成功道路上的加速器。

（二）消极影响

1. 对身体的消极影响

当人们面对压力时，身体会做出一系列的应对反应，如心跳加速、血压升高、肌肉紧张、消化不良、血管收缩、呼吸增强、淋巴细胞减少等，免疫系统就会减弱，易受疾病攻击，甚至身体的整个系统都会崩溃。有研究发现，学生面临考试的时候，唾液中的免疫球蛋白会减少，导致呼吸道感染的概率增加。压力还常易使人产生睡眠障碍。同时，研究发现，无论是长期的心理压力，还是短期的心理压力，都会影响免疫系统的活力。压力越大身体产生的抗体越少，受病毒感染的机会就越大。病毒会引起肺癌、血癌、皮肤癌等恶性疾病。

2. 对心理的消极影响

大多数压力都会让人感到不舒服，并带来不愉快的情绪体验，生活的琐事、繁重的学习任务，日积月累会给人造成心理压迫感，导致负面情绪产生，如焦虑、愤怒、抑郁、冷漠、恐惧等。如果不能及时消解这些负面情绪，将会导致个体心理适应困难，甚至造成严重的心理疾病。而当愤怒的情绪占主导时，个体则会变得易被激惹，甚至出现攻击性行为。

此外，压力还会冲击个体对自我的认识，引起挫折感和自我评价降低，久而久之，使个体在面对学习工作时产生无力感，对生活失去控制感。

3. 压力对人的行为的影响

压力过大会导致人体对烟、酒、茶、咖啡的依赖性增加，出现强迫行为。很多人在面对压力时，采取吸烟、喝酒、喝咖啡等方式舒缓情绪，缓解压力、解除疲劳。由于生理和心理两方面的作用，尼古丁、咖啡因等物质能使人产生一种轻松愉快的感觉。另外，重复的行为也能够减轻焦虑，如同吃零食、购物一样。这样的效果，会刺激使用者继续采取吸烟、喝酒、喝咖啡等方式缓解压力。可是，由于尼古丁、咖啡因、酒精等是成瘾性物质，在逐渐的重复使用中，机体对这些物质产生了耐受性，即必须吸入更多以达到和以前同样的舒适感，从而导致上瘾。

案例

小慧的社团经验

刚进大学不久的小慧在学校众多的学生社团中选择了她最喜爱的街舞社团。可入团没多久，她就发现团长没有投入很多心血在社团建设中，团里的活动也不是很多，她对此也没在意。由于舞技出众，到大二的时候，她就接过了团长的职位，负责管理这个社团。接手之后，她发现老团员们由于觉得以前的社团活动太少，感觉被骗，因此不愿意继续参加这个社团，且团里的经费也被上一任团长使用得一干二净。

这时，她接到学校的任务，要求街舞社团在迎新晚会上表演一个节目。这是扩大社团影响力的好机会，她不敢怠慢。可她发现，现在团里的多数成员舞蹈基础差，编舞人员也没有。由于时间紧迫，她只能从中选择几名团员进行彩排。到表演的那天，有的团员在音乐并没有响时就跳了起来，有的团员还跳错了，如此一来，更多的老社员离开了街舞社团。

很快，学校又有新任务给街舞社团。小慧试图找团员们一起来帮忙想办法，可他们要么拒绝帮忙，要么干脆退社。小慧现在感到压力很大，她没心思上课，整天无精打采，烦躁不安，她甚至一度想到退学。

三、大学生常见的压力

大学生面对的心理压力表现形式多种多样，对于不同的个体而言，可能有着不同的压力源，但总体来看，我国大学生面对的心理压力主要表现在观念变革、学业、人际关系、经济、就业、情绪等方面。

（一）观念变革

在社会转型期和多元化的社会背景下，大学生面临着多种价值观念、伦理道德、生活方式、道德信仰等新观念新思维的冲击，这往往容易引起大学生认识上的失调和压力感。

（二）学习压力

学习是大学生的首要任务，学习压力是大学生活中的重要应激源。过重的学业压力会引发大学生的身心健康问题，并削弱其学习效能。学习压力常界定为源于学习环境中，超出学习者应对能力范围的任何物理刺激和心理需求。学习压力一般包括两大范畴：一是内源性压力源，如个体对学习活动的目标、需要，个体对学业活动的认识、评价甚至期望等；二是外源性压力源（外部事件或刺激），学习和学业活动中任何超过学生应对资源的刺激或事件，都可能成为学习压力源，如大量的学习任务、期末考试临近、缺乏时间管理技巧、渴望学业上的进步、学业竞争等。

大学生活中的绝大多数时间是在与学习打交道，所以由学习所形成的压力有时强度不是很大，但持续时间却很长，对大学生的影响不可低估。据调查，有30%的被试者感到目前最大的压力是学习问题。学习方面的压力主要与以下几个因素有关：一是不恰当的社会比较；二是对专业和专业知识不感兴趣；三是学习时间长，学习头绪多。

（三）生活压力

也许对部分大学生来讲，最大的压力莫过于生活的艰辛。大学生所缴费用与上学花销在逐年加大，这成了一部分同学尤其是一些贫困生和特困生的压力源。该压力源首先带来的是生活上的窘迫感，有的甚至严重到了“不敢随便多吃一点东西，否则生活费就没有了”的地步；其次是对家人的内疚感，有的同学来自老、弱、病甚至父母双亡的家庭，他们最大的内疚就是对不起亲人，不想让家人替自己背包袱，可自己又无能为力。

（四）交往压力

大学的生活方式要求学生扩大自我交往面，建构高品位的人际关系。然而实际上，在大学生的交往过程中总是会或多或少地出现这样那样的问题，从而产生心理压力。据调查，大学生的所有压力源中人际关系压力占大学生压力来源的54%，人际关系压力甚至也是导致大学生心理障碍与心理疾病的主要原因之一。

在人际交往中部分大学生由于家庭背景、能力水平、经济条件、学业成绩等常会产生自卑感。有的同学总担心别人看不起自己，同学间不经意的一句玩笑或某种行为都会深深地刺伤他们的心灵，强烈的自尊渴望与脆弱的情绪、情感相交织。

心理学研究认为，社会支持（或良好的人际关系）能对应激状态下的个人提供保护，即对应激起缓冲作用，从而能有效地减少忧郁倾向和心态失衡。美国社会心理学家的一项调查认为，使人们感到幸福的既不是金钱，也不是名誉、地位、成功，而是良好的人际关系。我国在对大学毕业生所做的一项调查中也发现，大学生最留恋的是与朋友间的友谊。但是，“踏着铃声进出课堂，宿舍里面不声不响，互联网上诉说衷肠。”这句顺口溜实际上反映了相当一部分大学生的交际现状。在现实的大学生群体中，人际交往并没有那么顺利，反而成了一些人心理障碍的根源。

案例

小李是一位大二学生，是学生会学习部部长。他与女朋友小乔从大一下学期开始谈恋爱，转眼已经两年，感情一直很好。在大三快结束时，小李想暑假带小乔回农村的老家和父母见见面，然后到小乔家去见见她的父母。小李把这个打算告诉了小乔，可是没想到，小乔当场否决了这个提议，说她早和父母说好了，这个暑假哪里也不去，在学校专心准备考研的事。任小李好说歹说，小乔就是不同意去见双方父母，最终两人不欢而散。小李十分烦恼，开始怀疑小乔对他的爱情了。他忍不住想：“只需要三天时间就可以回一趟老家，小乔又不是不能抽出这个时间，她分明就是不想去！”他越想越想不通，时间慢慢越来越接近考试和放假。接下来小李又找小乔谈了几次，虽然小乔不再像上次那样语气生硬，但还是拒绝了他。这件事一直像石头一样压在小李的心中，使他根本无法复习。果然，小李的考试成绩很不理想，还有一门课程“挂了红灯”，作为学习部长，他的心里又增添了新的压力。

（五）情感压力

情感生活作为大学生活的主旋律之一，始终是问题的敏感点和多发点。进入大学校园后，同学们往往会发现，学会沟通，营造和谐的交往氛围，具有非常重要的作用。很多远离了家乡和父母亲人的同学总会产生孤独感，尤其在与他人产生人际冲突时，孤独感会进一步加剧，从而产生消极的情绪。很多个性不合群的同学，往往由于缺乏良好的人际关系，得不到他人的理解，产生焦虑甚至压力。在出现心理危机的学生群体中，情感危机引发的心理问题占到了相当比例。性与恋爱问题处理不当。造成的后果最为严重，很多大学生在与异性的接触过程中，不知道该接触到什么程度合适，一些学生难以把握自己，一旦出现问题就容易走极端。

（六）个体内部压力

有研究者把性爱问题、学业问题和交往问题并列为当代大学生心理行为的三大问题。生理方面，大学生正处于由少年向成年过渡的青春后期。生理成熟与学业间关系及与异性间关系都是大学生们经常思考的一个问题。承认这个问题的存在是自然的，也是必要的，它有助于我们正视问题和解决问题。在心理因素方面，不同的个性对人的影响不同，如性格内向者与性格外向者之间、胆汁质的人与抑郁质的人之间在对压力的看法上会有明显的不同。另外，像个性倾向性、心理过程等也会对个体承受压力的状况产生影响。

（七）就业压力

就业是大学生最为关注的一个话题，其形成的压力更大，涉及面也更广。在高校逐年扩招的情况下，大学生就业面临的压力就可想而知了。人才需求市场萎缩（或饱和）以及大学生择业种类和择业地域的过于集中，是造成这种压力的根本原因。

另外，就业压力还有部分原因来自大学生个体家庭背景的差别。家庭背景的差异一定程度上造成学生就业上的差异，形成就业机遇的差异。因此，一到毕业临近，那些家庭背景较差的同学就会为自己的前途感到焦虑、担忧，感叹社会的不公，甚至产生怨恨想法乃至做出某些过激行为。

四、大学生压力的应对

（一）正确认知压力

心理学研究表明，压力是一种中性的客观存在，本身并不会对人产生危害，伤害人的是我们对压力的认知和态度。很多时候，因为认知的偏差，个体的压力管理可能会走入误区。常见的压力认知误区有以下三个。

（1）过于忧虑，承受了过多不必要的压力。据心理学家研究发现，造成压力的事件中，有40%永远不会发生，如世界末日；有30%是担忧过去所做决定的结果，是无法改变的；有12%是别人因自卑等不良情绪对自身做出的不合理批判；10%的担忧与健康有关，越是担心就越严重；只有8%是合理的。

（2）认为那些没有产生冲击性负面影响的细小压力不会对自己造成伤害。事实上，如果长期处于持续性压力笼罩下，即便这些压力比较细微，时间长了也会对人造成伤害。

（3）所有压力都必须消除掉。这种误解表现在两个方面：首先，并非所有的压力都可以消除，能消除的只是其中的一部分；其次，并不是所有的压力都是坏的。压力是把双刃剑，有消极的一面也有积极的一面。适度的压力可以让人们对周围的环境更加警觉，可以帮助人们加深对自我的认识，帮助人们设立更现实的目标，增强自信心和成就感。

（二）消除有害压力源

引起压力的根本原因是大量的来自生物性的、精神性的和社会性的压力源，所以要从根本上控制压力，消除对个体有害的压力源不失为一个最理想的办法。生活中有很多的压力是通过人们的努力而消除的，如噪声和温度如果超出或低于一个范围，就会使人产生心烦意乱等情绪反应，而人类可以通过有效的科技手段使自身处于一个适宜的环境中，这样就可以免受压力的困扰。

（三）提高压力管理能力

压力管理能力是个体在应激期间处理应激情境，保持心理平衡的能力。加强个体任务管理能力、问题解决能力、有效沟通能力、构建和谐人际能力、保持灵活变通能力、正向思维能力、健康生活能力都能促进个体压力管理水平的提高。

1. 任务管理能力

任务管理能力即能将需要完成的任务进行记录、分配并组织安排的能力。在工作中养成将重要的信息记录下来的习惯，从而减轻大脑的负担，可以使用一个时间管理工具，即美国的管理学家科维提出的时间管理的理论。

这一理论把工作按照重要和紧急两个不同的程度进行了划分（见表6-2），基本上可以分为四个象限，分别为既紧急又重要（如考试临近、重要事务通知、危机事件处理等）、重要但不紧急（如制订个人学习计划、健身计划、建立人际关系等）、紧急但不重要（如电话铃声、不速之客、平常例会等）和既不紧急也不重要（如上网、闲谈、看电视剧等）。进行时间管理的目的不是要把所有任务做完，而是更有效地运用时间，把任务按轻、重、缓、急的特点分类后采取不同的处理方法和原则。

表6-2 时间管理四象限表

项目	重要	非重要
紧急	内容：非常紧迫的问题 处理方法：立即去做 原则：越少越好	内容：临时安排的工作 处理方法：交给别人 原则：适当放权
非紧急	内容：学习生活规划 处理方法：按计划进行 原则：集中精力处理	内容：娱乐休闲 处理方法：合理安排 原则：劳逸结合

2. 问题解决能力

问题解决能力即当一个人面临压力和困难时，处理和解决困难问题的意愿和能力。立即行动、界定问题、针对事件、明确结果、写出方案、坚定信心这一流程能有效解决问题，缓和压力。

（1）立即行动是指发现问题要立刻着手处理，特别是高优先级处理的压力问题，如果不进行处理，那么它是不可能自己消失的，所以必须立即行动。

（2）界定问题是指知道某事件的结果后，就要去推断是什么原因造成了这样的结果，查明原因并找到问题的突破口。

（3）针对事件即在处理事件过程中会牵涉相关的人，需要注意语言技巧和宽阔的胸怀，以免因小失大影响事件的进展。

（4）明确结果是为了让行动导向更为明确，能指导行为按照正解方向坚定不移地推进。

（5）方案的撰写可以采取头脑风暴法，做到集思广益发挥群众的创造力，头脑风暴法的过程包括：

1）将参与者给出的意见和建议全部罗列出来；

2）进行评价，选出较好的方案。

（6）坚定信心则是在遇到困难时要想到一定是有办法的，只是暂时没找到，而不是这件事太困难根本没办法解决。

3. 有效沟通的能力

有效沟通能力即在压力状态下与他人交换意见，分享自己的感受，并且寻求理解和支持的意愿和能力。个体积极主动地沟通，并懂得用语言把自己的情绪表达出来，这样可以有效减少矛盾的产生。定期与家人、同学、团队中的领导者汇报自己的情况，重要的信息及时确认，必要的时候能说“不”，越是有压力时越能倾听等能极大促进有效沟通。

4. 建立和谐人际关系的能力

这一能力即在生活的各个方面，包括工作和家庭，建立亲密、相互支持的关系的愿望和能力。良好的人际关系既是心理健康的重要保障，也是人们事业成功的关键支撑。当个体能用行动证明自己重视和珍惜与他人之间的关系，包括家人、同事和朋友，能善于和他人分享自己的感受，便可以拉近与别人的距离，增进彼此的情感；个体能学会平衡学习生活和工作，不管有多忙，都能多抽出时间陪伴家人，这样才能获得家人的关心、理解和支持，在人们面临压力的时候才能得到坚定有力的家庭支持；每个人都希望听到别人给予自己的鼓励和赞赏，给予适当的鼓励和赞赏，不仅能激励人们更好地投入工作中去，更是增进情感的最佳选择。

5. 保持灵活的能力

所谓保持灵活，是指个体面对不同思想观念应具有一定的包容性和开放性，并且在前景不明朗的情况下能维持镇定的能力。一件事情，当人们的信念认为是不可能的时候，什么东西都是不可能的，可是当信念改变之后，一切就会改变，所以对新的事物要保持开放的态度，学会从不同的角度看问题：现在的社会发现迅速，未来对每个人来说都具有太多的不确定因素，我们应该有进入未知的勇气，勇敢迎接挑战，发现新的自我。

6. 正向思维能力

正向思维需要我们停止担心，开始思考哪些行为能让我们接近目标，哪些行为会使我们远离目标。变“为什么”为“怎么做”是一种技巧，一个人不可能得到所有人的认可，不能总是问为什么，而应该经常想想要怎么做。一些非理性想法，如“我要得到所有人的认可和喜爱”“我必须是一个全能的人”“这个世界必须是公正的”“我周围的每个人都必须像我一样优秀，否则不能和我为伍”等，是需要去除的，否则会让我们陷于困惑。相反，积极地思考问题则能起到拨云见日的效果。

7. 健康生活的能力

只有健康的生活才能更好地开展事业。健康的饮食、活在当下的心态、良好的幽默感、避免疲劳、适当的运动、适当度假是人们追求健康生活的方法，适度地放松心情、放慢脚步，能让我们的道路走得更稳、走得更远、走得更美。

世界卫生组织对影响健康的因素进行过如下总结：

健康 = 60% 生活方式 + 15% 遗传因素 + 10% 社会因素 + 8% 医疗因素 + 7% 气候因素

由此可见，生活方式是影响个体健康的最大因素，生活方式管理是新兴起的个人健康管理中最重要的一个策略。健康生活方式是需要培养的，培养的主动性在人们自己，生活方式管理的观念就是强调个体对自己的健康负责。

心理训练

心理训练一：测验你的抗挫折能力

生活中，每个人都会受到不同程度的挫折，但受挫后的恢复能力却各不相同。有些人弹性十足，有些人一蹶不振，而大多数人则介于两者之间。下列问题则可以测验出自己应对困境的能力。在回答这些问题时，请用“同意”或“不同意”作答（同意的画“√”，不同意的画“×”）。回答越坦白，越能测验出自己的受挫弹性。

(1) 胜利就是一切。( )
(2) 我基本是个幸运儿。( )
(3) 白天工作不顺利，会影响我整晚的心情。( )
(4) 一个连续两年都名列最后的球队，应退出比赛。( )
(5) 我喜欢雨天，因为雨后常是阳光普照。( )
(6) 如果某人擅自动用我的东西，我会生气一段时间。( )
(7) 汽车经过时溅了我一身泥水，我生气一会儿便算了。( )
(8) 只要我继续努力，我便会得到应有的报偿。( )
(9) 如果有流行感冒，我常是第一个被感染的人。( )
(10) 如果不是因为几次霉运，我定比现在更有成就。( )
(11) 失败并不可耻。( )
(12) 我是有自信心的人。( )
(13) 落在最后，常使人提不起竞争心。( )
(14) 我喜欢冒险。( )
(15) 假期过后，我需要调整一天才能恢复常态。( )
(16) 遭遇的每一次否定都使我更接近被肯定。( )
(17) 我想我一定受不了被解雇的羞辱。( )
(18) 如果向爱的人求婚被拒绝，我一定会精神崩溃。( )
(19) 我总忘不掉过去的错误。( )
(20) 我的生活中常有些令人沮丧、气馁的日子。( )
(21) 负债累累的日子让我寒心。( )
(22) 我觉得建立新的人际关系相当容易。( )
(23) 如果周末过得不愉快，我星期一便很难集中精力学习和工作。( )
(24) 在我的生命中，我已有过失败的教训。( )
(25) 我对侮辱很在意。( )
(26) 如果聘任某个职务失败，我还愿意尝试其他的职务。( )
(27) 遗失了钥匙会使我整个星期不安。( )
(28) 我已达到能够不介意大多数事情的地步。( )
(29) 一想到可能无法完成某项重要的事情，我就会坐立不安。( )
(30) 我很少为昨天发生的事情烦心。( )
(31) 我不会轻易心灰意冷。( )

（32）必须要有50%以上的把握，我才会把时间投资在某件事上。（　　）
（33）命运对我不公平。（　　）
（34）我对他人的恨意会维持很久。（　　）
（35）聪明的人知道什么时候该放弃。（　　）
（36）偶尔失败，我也能坦然接受。（　　）
（37）新闻报道中的大灾难，使我无法专心工作。（　　）
（38）任何一件事遭到否决，我都会寻求报复的机会。（　　）

计分方法：

上述问题中，标准答案为“不同意”的为：(1),(3),(4),(6),(9),(10),(15),(17),(18),(19),(20),(21),(23),(24),(25),(27),(28),(29),(32),(33),(34),(35),(36),(37)，其余为“同意”。

结果分析：

依上列答案，相符者得1分，相反得0分。

0~10分：表明你易被逆境、失望或挫折所左右。你把逆境看得太重了，一旦跌倒，要很久才能站起来。你不相信“胜利在望”，只承认“见风转舵”。

11~25分：表明你遇到某些灾祸或逆境的时候，往往需要相当一段时间才能振作起来。不过这类人能找到很多的技巧和策略来获取个人的利益。

26~38分：表明你应付逆境的弹性极佳。不理想的境遇虽然会对你造成伤害，但不会持久。这类人在情感上通常相当成熟，对生活也充满热爱，他们不承认有失败，纵然一时失败，仍坚信有“东山再起”的一天。

心理训练二：压力测试

仔细阅读下列各题，符合情况的回答“是”。看看你有几个回答“是”的题目。
（1）因为发生了某些没有预料的事，你感到心烦。
（2）你感觉到你不能控制你生活中的重要事情。
（3）你常常感到紧张和压力。
（4）你常常不能成功地应付生活中有威胁性的争吵。
（5）你觉得你不能成功地应付生活中所发生的重要变化。
（6）你对解决你的个人问题没有信心。
（7）你感到事情不是按你的意愿发展。
（8）你发现你不能应付你必须去做的所有事情。
（9）你不能控制生活中的一切烦恼。
（10）你觉得你所有方面都是失败的。
（11）因为事情都是发生在你能控制的范围之外，所以你会感到心烦。
（12）你发现你常在考虑自己必须完成的那些事情。
（13）你不能控制自己消磨时间的方式。
（14）你感觉积累的大量困难不能克服。
（15）朋友同学的生日，免不了花钱。为避免花钱，你往往不想在这类场合出现。
（16）若你刚买的鞋子才穿了一天就裂口了，你会气愤、痛苦，还会不停地抱怨。

（17）你由于某件小事跟好朋友闹矛盾，大家互不相让，结果你会一个人生闷气，想忘掉这件事，可就是忘不掉。

（18）当父母因为学习责备你而使你感到压力很大时，你不会和他们争吵，而是一个人压抑、苦闷。

（19）你的一个非常要好的朋友因某些原因转学了，你很难过，不愿面对现实。

测试结果：

0～6个“是”：你能够应付生活中的许多事情，但有时也会有些烦恼，这是正常的。

7～14个“是”：你有轻度的心理压力，虽然常会体验到不必要的烦恼，但你基本能处理生活中的问题。你应学会调节自己的心情，保持轻松愉快的心境。

14～19个“是”：你已经在承受较大的心理压力，你不能处理生活中的许多问题，你常常紧张、不安，并且已经影响到你的学习和生活。你应尽快改变这种情况。

心理训练三：压力应对方式测试？

在社会生活中，每个人都不可避免地会面对各种压力情境，对个体的心理产生一定的影响。但相同的压力水平对不同人的影响有很大差别，这种影响差别主要取决于个体用什么样的方式来应对。可以用应对方式问卷来评估个体的应对方式类型。该量表包括62个条目，共分为6个分量表，分别为解决问题、自责、求助、幻想、退避、合理化。

表6-3给出了62道题目，每个题目有两个答案“是”“否”。请您根据自己的情况在每一题目后选择一个答案，并在相应的空格里打“√”。

表6-3　应对方式问卷

题目	是	否
（1）能理智地应付困境		
（2）善于从失败中吸取经验		
（3）制订一些克服困难的计划并按计划去做		
（4）常希望自己已经解决了面临的困难		
（5）对自己取得成功的能力充满信心		
（6）认为“人生经历就是磨难”		
（7）常感叹生活的艰难		
（8）专心于工作或学习以忘却不快		
（9）常认为“生死有命，富贵在天”		
（10）常常喜欢找人聊天以减轻烦恼		
（11）请求别人帮助自己克服困难		
（12）常只按自己想的做，且不考虑后果		
（13）不愿过多思考影响自己情绪的问题		
（14）投身其他社会活动，寻找新寄托		
（15）常自暴自弃		
（16）常以无所谓的态度来掩饰内心的感受		
（17）常想“这不是真的就好了”		

续表 6-3

题目	是	否
（18）认为自己的失败多系外因所致		
（19）对困难采取等待、观望、任其发展的态度		
（20）与人冲突，常是因对方性格怪异引起的		
（21）常向引起问题的人和事发脾气		
（22）常幻想自己有克服困难的超人本领		
（23）常自我责备		
（24）常用睡觉的方式逃避痛苦		
（25）常借娱乐活动来消除烦恼		
（26）常爱想些高兴的事来自我安慰		
（27）往往避开困难以求心中宁静		
（28）为不能回避困难而懊恼		
（29）常用两种以上的办法解决困难		
（30）常认为没有必要那么费力去争成败		
（31）努力去改变现状，使情况向好的一面转化		
（32）借烟或酒消愁		
（33）常责怪他人		
（34）对困难常采用回避的态度		
（35）认为“退后一步自然宽”		
（36）把不愉快的事埋在心里		
（37）常自卑自怜		
（38）常认为困难是生活对自己不公平的表现		
（39）常压抑内心的愤怒与不满		
（40）会吸取自己或他人的经验去应付困难		
（41）常不相信那些对自己不利的事		
（42）为了自尊，常不愿让人知道自己的遭遇		
（43）常与同事、朋友一起讨论解决问题的办法		
（44）常告诫自己“能忍者自安”		
（45）常祈祷神灵保佑		
（46）常用幽默或玩笑的方式缓解冲突或不快		
（47）认为自己能力有限，只有忍耐		
（48）常怪自己没出息		
（49）常爱幻想一些不现实的事来消除烦恼		
（50）常抱怨自己无能		
（51）常能看到坏事中好的一面		
（52）自感挫折是对自己的考验		
（53）向有经验的亲友、师长求教解决问题的方法		

续表 6-3

题　　目	是	否
（54）平心静气，淡化烦恼		
（55）努力寻找解决问题的办法		
（56）认为选择职业不当，是自己常遇挫折的主要原因		
（57）总怪自己不好		
（58）已经看破红尘，不在乎自己的不幸遭遇		
（59）常自感运气不好		
（60）常向他人诉说心中的烦恼		
（61）常自感无所作为而任其自然		
（62）寻求别人的理解和同情		

计分方法：

“应付方式问卷”有 6 个分量表，见表 6-4。每个分量表对应若干个题目，各分量表中，如题号前没有加“－”符号者，选择“是”得 1 分；有“－”符号者，选择“否”得 1 分。

因子分计算方法如下：各分量表因子分 = 分量表总分/各个分量表的题目数。

表 6-4　分量表

分量表	题目数	分量表对应的题号	分量表总分	分量表因子分
解决问题 A	12	1，2，3，5，8，－19，29，31，40，46，51，55		
自责 B	10	15，23，25，37，39，48，50，56，57，59		
求助 C	10	10，11，14，－36，－39，－42，43，53，60，62		
幻想 D	10	4，12，17，21，22，26，28，41，45，49		
退避 E	11	7，13，16，19，24，27，32，34，35，44，47		
合理化 F	11	6，9，18，20，30，33，38，52，54，58，61		

结果分析：

应对因子间的相关分析发现“解决问题”与“退避”两个应对因子的负相关程度最高，以此作为 6 个应对因子关系序列的两极，然后根据各因子与“解决问题”应对因子相关系数的大小排序，可将 6 个应对因子排序：退避→幻想→自责→求助→合理化→解决问题。

研究结果还发现，个体应对方式的使用一般都在一种以上，有些人甚至在同一应激事件上所使用的应对方式也是多种多样的。但每个人的应对行为类型仍具有一定的倾向性，这种倾向性构成了 6 种应对方式在个体身上的不同组合形式。这些不同形式的组合与解释为：

（1）“解决问题－求助”（成熟型），这类被试在面对应激事件或环境时，常能采取“解决问题”和“求助”等成熟的应对方式，而较少使用“退避”“自责”和“幻想”等不成熟的应对方式，在生活中表现出一种成熟稳定的人格特征和行为方式；

（2）“退避 - 自责”（不成熟型），这类被试在生活中常以“退避”“自责”和“幻想”等应对方式应对困难和挫折，而较少使用“解决问题”这类积极的应对方式，表现出一种神经症性的人格特点，其情绪和行为均缺乏稳定性；

（3）“合理化”（混合型），“合理化”应对因子既与“解决问题”“求助”等成熟应对因子呈正相关，也与“退避”“幻想”等不成熟应对因子呈正相关，反映出这类被试的应对行为集成熟与不成熟的应对方式于一体，在应对行为上表现出一种矛盾的心态和两面性的人格特点。

第七章　执子之手，与子偕老
——大学生恋爱与性心理

心语心愿

真正的爱情能够鼓舞人，唤醒他内心沉睡着的力量和潜藏着的才能。

——［意］薄伽丘

案例导入

恋爱与心理

案例一：什么是爱情

升入大二后，小丽的室友们陆陆续续都有了男朋友，只有小丽孤单一人。看着身边的朋友们都沉浸在爱情之中，小丽开始迷茫了：自己是不是也要恋爱呢？身边有个男孩平时对自己挺好的，自己也对这个男孩有好感，这是爱情还是友谊？

案例二：如何和男友交往

阿慧是一名大二的学生，她和男友是高中时的同学，后来两人同时考进了一所大学，原以为天天在一起，感情肯定会越来越好。可是，随着深入了解阿慧发现，男友有许多缺点，自己觉得越来越不能再像以前那样接受他，两人总因为小事吵架。于是阿慧想和男友分手，可是又不舍得两人之间这么长时间的感情，阿慧心里矛盾极了，阿慧该怎么办？

案例三：失恋了该怎么办

小刚最近心里很痛苦，刚刚和相识半年的女友分手了。小刚因此感觉自己的整个世界都崩溃了，性情大变，易冲动、好发怒、注意力不集中。上课精神恍惚、心神不定，有时想静下心来好好学习，可是学不进去。晚上失眠、做噩梦，他觉得生活黯淡无光，没有意义。

第一节　大学生恋爱心理现状

爱情是人类最永恒的话题之一，是关乎人生幸福的大事，它古老而又鲜活，复杂却又简单，具有普遍性但却因人而异；爱情又是一种奇妙和难以预测的情感，它可以使人极喜，感受到世界的美好和幸福，也可以使人极悲，痛不欲生，那么，爱情到底是什么？

一、什么是爱情

爱情是人类社会产生以来就一直存在的社会现象。自古以来，许多哲学家纷纷追问和回答关于爱的问题。罗杰斯认为“爱是深深的理解和接受”；弗洛姆认为“爱是我们对所爱者生命与成长的主动关切，没有这种关切就没有爱”；海德认为“爱是深度的喜爱”。

大多数人认为，爱情是一对男女在一定的社会关系和共同的生活理想的基础上，各自内心所形成的对对方最真挚的情意并渴望对方成为自己终身伴侣的最强烈的情感。

二、爱情形成的三要素

（一）激情

爱情是以性本能——性欲为生理基础的。没有性本能就不可能对异性感兴趣，就谈不上会发展成爱情，所以这是一个前提。现代科学的研究表明，爱情是大脑中多种神经递质产生和传递的结果。人的性爱中心是大脑的中心——丘脑，在这里藏着“丘比特之箭”——多种神奇的神经递质，也称为恋爱兴奋剂，如多巴胺、苯乙胺、内啡肽、去甲肾上腺素和后叶催产素等。当神经递质随着体液流遍全身时，就会产生让人魂牵梦萦的爱情。

因此，当一方发现钟情的异性之后，往往会出现一种渴望在一起的激情，进而出现相应的行为，其最主要表现在眼神上。通常情况下，当双方目光相对时，立即会出现将目光移至别处的反应，在这之后目光会随着观察对象的变化发生自然转移。若目光移至别处后，又很快回视特定对象，或目光停留于特定对象的时间过长，很可能是钟情的标志；若对方也面带笑容地出现同样的反应，则可称之为“眉目传情”或“秋波流传”，也称“来电显示”，预示着进一步发展关系的可能性。一般情况下，青年男女都会在这样的激励下，相互接近并加强交往。

另外，恋人双方也会表现出一种给予和奉献的激情。这种奉献的激情不是出于观念，不是出于伦理道德，不是出于责任，而是出于感情。正如康德所说，“我爱你和你无关”。在爱情关系中，恋人交往往往不求回报，不计得失，不考虑公平，对方的需要就是自己的义务，为了让对方快乐，不惜花费时间劳累奔波。

（二）亲密

当双方确定恋爱关系后，两人希望单独接触，多些私人空间，急于想缩短彼此的空间距离，因此会千方百计地想办法见面，即使是异地恋、双城恋也会通过网络聊天、煲电话粥等方式以解相思之苦。正如古人所说“一日不见，如隔三秋”。钟情于异性将会产生缠绵悱恻的体验，两人在一起的时候，感到时间飞逝；每一次分别都依依不舍、若有所失。分别后，经常回忆两人在一起的情境，回味对方的每一句话、每一个表情，并盼望下一次的接触机会。恋人在亲密交往中表现出强烈的排他性，双方十分在意对方的言行，见到对方与其他异性往来，往往会心生嫉妒。恋人之间的亲密交往还表现在交往的距离上，两人在共同的活动中距离相当接近，经常发生自然而然的身体接触，如边缘性接触（牵手等）、过程性接触（抚摸、亲吻等）和核心性接触（发生性关系）。

（三）承诺

恋爱是爱的选择，婚姻是爱的确定，养育是爱的分配，终老是爱的还原，人的一生都行走在爱之间。从爱的选择到爱的确定，这其中有一种强大的信念在支撑。这种信念是一种美好的愿景，是恋人双方相信对方是最适合自己的，是能够给自己带来幸福和快乐的，是值得托付的人。这种信念往往由承诺的方式表现。

由于男女双方交往关系的建立，自我暴露程度的大大提高，与对方倾心交谈成为一种美妙的享受。天南地北，人生社会，无话不谈，甚至隐私，也可以毫无保留地向对方倾吐。他们尽可能地让对方了解自己，也希望最大限度地了解对方。为此，双方都极力提高言语组织和表达能力，力求表述得更加形象生动。在交往过程中，男女双方关心对方胜过关心自己，愿意为对方负责并做出承诺。他们经常惦念对方的一切，安危冷暖、喜怒哀乐，无不挂在心上。他们会送衣物给对方，或在节日、纪念日互赠纪念品或礼品。有的人为对方学习或生活上遇到的困难而苦恼，全力相助；有的人在经济上也混合在一起，不分你我。在激情的驱动下，他们还会山盟海誓，承诺忠于对方，始终不渝，为对方终身的幸福负责。一般来说，若男女双方在交往中伴有激情、亲密和承诺，就说明这种交往已经是较成熟的爱情了。

第二节　大学生性心理

一、性心理健康的内容和判断标准

（一）性心理健康的内容

1. 良好的性认知

掌握科学的性知识，能正确认识性的自然属性和社会属性。例如，了解性别特征的角色期待及性的道德和伦理；了解性心理与性行为、性生殖与避孕、性传播与性疾病等方面的知识；能坚持自己的权利和拒绝他人的无理要求。

2. 具有社会责任感

对两性关系中的行为负责，能以一种健康的态度对待性行为。懂得享受性行为的和谐和快感，不应只以自己享受为目的，还必须考虑恋人的感受和对家庭及社会带来的影响，承担一定的社会责任。

3. 具有分寸感

既能坦诚地进行异性交往，妥善处理友谊、爱情、事业三者之间的关系，又能有所克制，不采取轻率、任性的态度，既无性压抑，又无性放纵。

4. 健康的性行为

性欲的满足建立在爱情的基础上，性爱的满足不仅停留在生理层面上，更重要的是在归属和爱、尊重和自我实现的高度上达到身心的交融，能消除、抑制一些损害性关系的不良心理因素，如恐惧、羞耻、罪恶感等，具有调节、控制性行为的能力。

（二）判断性心理健康的标准

大学生性心理健康的标准包括以下几个方面。

（1）性别认同。能够正确认识和接纳自己的性别角色，能够在现实生活中扮演好自己的性别角色。

（2）性心理发展水平与同龄人相当。在校大学生年龄相近，如果某学生的性认知、性欲望、性活动和性行为与周围同学的情况差异很大，说明其性心理可能存在问题。

（3）性适应能力较强。个体在出现性冲动时，能够排解和调控自己的性冲动，并使自己的性行为与性活动符合社会道德规范。

(4) 能与异性保持和谐的关系。大学生渴望与异性交往并保持和谐的关系，与异性保持和谐的关系是其性生理和性心理发育成熟的标志，是自然而正常的事情。

二、性心理的发展过程

青春期是个体从生理发育不成熟到成熟的过渡时期，其主要标志是性发育和性成熟。大学生处于青春期后期，性心理发展大体可以分为三个阶段。

(一) 异性疏远期

青春期开始时，由于第二性征的出现，个体的性意识开始觉醒，对性非常敏感，对两性关系似懂非懂，对性知识、性行为一知半解。在这个阶段，青少年将异性的生理差异与男女之间的关系看得很神秘，在与异性的交往中显得羞涩与茫然，相互有吸引力，却在行动上故意疏远，部分人甚至对异性反感。

(二) 异性吸引期

在进入青春期后，青少年开始有性欲的体验和要求，对性产生好奇心，逐渐摆脱心理上的封闭状态，对异性由抵触转向好感，愿意接近异性、了解异性、欣赏异性，甚至爱慕异性，有时会力求成为异性眼中有吸引力的人。由于此时男女性心理反应还不够稳定，欣赏和爱慕的对象往往是泛化的，不具有专一性。这一阶段的女生开始注意自己的外表；男生倾向于展示自己的智慧、体魄或运动技能。

(三) 择偶尝试期

进入青春期后期，随着性生理与性心理的成熟，青年男女会在异性面前展示自己的长处与才华，以引起对方的关注。青年男女开始对异性的爱慕和追求趋向专一化，将以往的泛化好感转为专注情感，并萌发爱情，开始通过恋爱增进相互了解，在工作、学习中互相帮助，生活中互相照顾体贴，憧憬婚后的美满生活，进而开始为未来组成家庭做准备。这时的青年对周围环境的注意减少：女青年常充满浪漫的幻想，向往被爱，含蓄而矜持；男青年则有强烈的照顾异性的欲望，从中得到独立感的满足，情绪往往较兴奋。如果感情碰壁，他们的心理挫折感也会很强烈。

三、大学生性困惑及调适

(一) 大学生性困惑

由于大学生的性认知、性思维和性意志等发展不够完全，对有关性的话题通常采取回避的态度，这使得他们不能正视一些正常的性生理和性心理的现象，进而产生一系列的心理困扰。

1. 性焦虑

性焦虑指的是对自己的形体特征、性别角色及性功能的焦虑。随着第二性征的出现，个体开始日益关注自身的性别角色和与之相关的形体特征，男生希望自己魁伟、高大，有男子汉气概；女生希望自己苗条、漂亮、引人注目。若自己不具备这些特征，就会感到自卑、苦恼、忧心忡忡或敏感多疑。有些男生会为自己生殖器的发育状况和性功能是否正常而担忧，有些女生会对乳房大小等问题异常敏感，但却难以启齿，由此导致焦虑和不安等心理困扰。

这种性焦虑的心理，往往会使大学生逃避与异性交往，害怕遭到异性的否定。即使有对异性的倾慕和对爱情的渴望，也会因自卑心理而被压抑，不能正常地表达自己的情感，久而久之，就会变得内向、孤僻和自闭，影响正常的人际交往和心理发展。

2. 性冲动

性冲动是在性激素和内外环境刺激的共同作用下产生的对性行为的渴望与冲动。它常伴有生殖器官的充血及心理上的激动和快感，是生理和心理的综合反应。对于大学生来说，性冲动是身心健康发展的必然结果，是正常的生理和心理现象，是个体自然的、本能的行为表现。

但是，有一些大学生由于缺乏对性知识的了解，认为性冲动是不纯洁、不道德的表现，他们不能正确地看待自己的性欲和性冲动反应，并因此而感到羞愧、自责、苦恼、厌烦和恐惧。这种不可避免的生理冲动与心理上对性冲动的否定，使大学生产生了极大的心理矛盾，进而引发困惑和不安等情绪反应。

还有一些大学生，尤其是一些男同学，往往容易受外界刺激而产生性冲动，但是由于社会责任、法律准则、行为规范及校园环境的约束和限制，他们无法自由地选择性行为，无法满足性的欲望、释放性冲动产生的能量，加之自我控制能力较弱，意志力不强，因而会感到压抑和不适，甚至引发严重的心理问题。

3. 性梦

性梦是指在睡梦中发生有关性的行为。这是性成熟后出现的正常现象。异性间的爱慕、倾心或某种外界刺激会导致性的冲动，但在清醒的意识控制下，个体会主动抑制这种冲动。而进入梦境后，这种潜意识中被压抑的性冲动可以不受理智和道德的约束在梦里得到释放。心理学家认为，对于大学生而言，通过性梦的方式可以使白天被社会规范限制的性冲动得到部分的满足，从而缓解性紧张。

但是，有一些学生由于不了解性梦产生的原因及其存在的合理性，而对自己的性梦感到羞耻，在清醒后时常会责备自己的肮脏和龌龊，并感到惶惶不安、心神不宁。事实上，性梦是一种自然的宣泄，可以缓解积压的紧张情绪，有利于性器官功能的完善和成熟，性梦并非病态，因此要合理看待。

4. 性幻想

性幻想，又称性的白日梦，是指在白天清醒的状态下想象与异性发生性行为的现象。性幻想表现为在某种特定的因素诱导下，自编、自导、自演与性交往内容有关的心理活动过程。它可以幻想出在日常生活中不能满足的与异性一起约会、接吻、拥抱、性交等活动。当大学生与异性交往的强烈渴求不能实现时，性的白日梦就有可能发生。

医学研究证明，在16岁以后到结婚以前，很多人都会有这种白日梦，这是一种普遍的心理现象，也是性冲动不可避免的结果。这种白日梦可以导致生理上的性兴奋，偶尔也会出现性高潮，这在一定程度上可以缓解人对于性的需求。但是，如果这种性幻想发展过分，使人整天沉溺于其中，甚至把幻想当作现实，就容易使一些大学生走向极端。

5. 性自慰

性自慰是指用手或其他物品以不同方式刺激性器官引起性快感，获得性满足的行为，是疏泄性冲动的一种方式。许多大学生对自慰都持消极和怀疑的态度。他们认为自慰是罪恶的、下流的、道德败坏的行为，同时他们又会担心自慰会有伤身体，造成性功能障碍，但又不敢向其他人询问，因此，会背上沉重的心理包袱。伴随着自慰快感的消失，就会产生悔恨、紧张、害怕、忧虑和自责等心理，越是如此，便越沉溺于自慰之中，借自慰来暂时释放紧张情绪，久而久之就会陷入恶性循环。大学生对自慰产生的内心紧张，还会引起身体功能的紊乱，出现一系列不良的身心反应，影响学习工作和日常生活。

当今国内外对性自慰的看法越来越趋向于无害的观点，有医学家和心理学家研究认为性自慰并非不正常或有害身心健康的行为，可以认为性自慰是一种没有正常性生活的一种代偿办法，其对于调节烦躁的神经系统也有一定的好处。所以，应该以正确的态度对待性自慰这种生理行为。但是，对于大学生来说，长期频繁的性自慰也会影响身心健康。科学的做法还是要培养广泛的兴趣，在丰富的校园生活中不断地充实自我，分散对性的注意力，将焦虑和压力转化为动力，寻求学业、事业方面的成功。

6. 亲昵过度导致婚前性行为的发生

热恋中的情侣常常会通过身体接触来表达对彼此的爱意和亲密，然而触觉是一切感觉中最缺乏理智的，其与性行为具有密不可分的关系，是最容易使恋爱双方产生性唤起的途径。特别是当双方的身体触及性敏感带时，性交的欲望会不可避免地被调动出来。爱抚本身就是性能量的积聚过程，一旦性能量的积聚到达了高峰，必然要寻找途径释放，发生性行为就是最好的释放途径。

当性行为的发生并非彼此的初衷时，事后所产生的懊恼、自责及罪恶感会给双方带来很多的困扰。这种性行为并非建立在彼此对婚姻承诺的基础之上，又受到道德规范的约束，虽然能够暂时带给恋爱双方身体上的愉悦，但却不能使他们感受到已婚夫妇那种心理上的绝对满足，会对日后婚姻的幸福感产生负面的影响。

（二）大学生性困惑的成因

1. 青春期提前与性知识的匮乏

青春期发育提前是世界性的趋势。尽管青少年青春期发育年龄普遍提前了，但性知识教育却没有及时跟上。一份对山西医科大学生性教育现状的调查表明，医科大学生中有99.9%的人未接受过正规的性教育；能够了解首次遗精或月经初潮方面知识的人只有36.5%。正因为如此，不少青少年对生殖器官发育过程中产生的各种生理、心理现象感到困惑、焦虑、恐慌，甚至陷入无端的痛苦之中。同时性知识的匮乏还使一些青少年在性朦胧中过早地与异性发生性关系，甚至导致早孕、人工流产，这不仅损害了少女的身心健康，也给她们将来的婚姻和家庭生活投下了阴影。

2. 性诱惑与性观念的混乱

文化对人的影响是相当大的：一方面，在纷繁复杂的环境中，青少年既想挣脱性禁锢的束缚，又企盼获得科学的性知识，这两者的矛盾使得青少年健康性意识很难形成；另一方面，青少年受到传统性观念的影响，不敢谈性，有性心理困扰也不敢问，导致有问题却得不到解决；同时由于青少年鉴别能力差，对外来文化教育特别是西方的“性解放”“性自由”等思潮认识不清楚，因而很容易被迷惑，形成错误的观念，以致走入误区。

3. 性知识的渴求与教育的滞后

大学生对性知识的需求很强烈，他们渴望了解自己的性器官以及怎样与异性相处等性知识。然而我国目前的性教育比较滞后，使青少年在本该受到适当性健康教育的时候却没有接受应有的教育。

我国大学生获得性知识的主要途径是图书、杂志、影视作品或是与朋友交谈。有些大学生由于受传统观念影响，认为性是羞涩、忌讳的，只能意会不可言传，认为谈论性是庸俗、下流的，把性视为“禁区”，对性知识了解很少。

4. 社会文化因素的作用

经济、文化的发展，社会的进一步开放，使得人们有更多的机会接受来自外界的性观念和性信息。一些不良的性观念和性信息对于处在青春期“性饥渴”状态中的大学生来说，无异于强烈的“兴奋剂”。然而，人格尚未成熟的他们却没有足够的心理能力来应对，因此，不免会出现种种困惑、焦虑、不适应，甚至出现模仿、尝试行为，进而有可能演变为性心理障碍或变态行为。

同时，家庭、学校的性教育方式不当，使孩子产生不良性反应，也可能引起性心理行为的变态反应。家庭的各项环境要素，尤其是文化结构，家庭成员特别是父母的观念、角色行为、养育态度、养育方式和养育条件，对孩子的性生理和性欲、性心理发育、性观念的形成影响很大。

（三）大学生性困惑的调适

1. 重视性科学的普及

传授科学的性知识，打破性神秘感，使他们能用科学的知识保护自己，以积极的态度迎接生理上的突变。回避这些问题只会适得其反，因为他们渴望了解、掌握性知识，如果不能通过正规渠道了解，他们就会想方设法通过一切非正规渠道获取，所以必须重视性科学知识的普及。

2. 加强大学生集体活动

男女生共同的集体活动，能满足大学生心理上与异性交往的需求。在男女生共同的活动中，他们相互交往，学对方之长、补己之短，达到个性互补。此外，相互吸引的心理，使大学生均有在异性面前呈现一个“完美”形象的愿望。因此，男女生在一起学习、活动，一方面都会尽自己所能干好每一件事情，充分发挥自己的聪明才智和潜在能力；另一方面还可形成一种无形的内在约束力，尽量约束、控制自己不恰当、不文明的言行。

3. 培养选择信息的能力，抵御不良性刺激

随着大众传播媒介的发展，大学生不仅能从课堂上获得信息，而且能从电视、广播、报纸、杂志、图书、网络等传播渠道接受大量的信息，尤其是智能手机的普及，导致了信息过剩现象。大学生应选择内容充实、格调高雅，能催人奋进的影视、文艺作品，自觉抵制不健康的媒介的消极影响。

4. 谨慎对待婚前性行为，学会自我保护

慎重对待婚前性行为，需要把握好性与爱的界限。性是爱的一种表达形式。有“性”不等于有爱，爱也不一定要用“性”来表达和证明，更不能用“性”来获得。婚前性行为好似伊甸园中的那枚禁果，无知而冒失地偷吃会给男女双方，尤其是女大学生的心理和身体健康造成严重的影响，甚至会影响未来的家庭生活。性爱是成熟爱情的结晶，在成熟爱情到来之前，男女双方，尤其是女性要慎重对待婚前性行为。

5. 预防性病与艾滋病

性病与艾滋病都是属于世界范围的性传播疾病，对人类健康构成了巨大的威胁。性病是通过性行为接触而发生的性传播疾病，易感人群是20～24岁的青年。

艾滋病主要传播途径有三种，即性传播、血液传播和母婴传播。其中，性交是艾滋病传播的最主要途径。从思想上杜绝乱性，严肃对待性行为是防止艾滋病病毒感染的最有力的武器。

6. 充实精神生活，转移兴奋点

开展多种多样的社团活动，丰富大学生的精神世界。学校可以成立科技、文艺、写作、电脑等兴趣活动小组，举办摄影、书画展览，定期举办演讲比赛等。通过活动使大学生扩大视野、陶冶情操，充实大学生的精神生活，使他们的“兴奋点”能得以转移。

7. 增强自制力，用意志控制性冲动

增强大学生的自制力，可以使他们理智地驾驭自己的情感，抑制性冲动。自制力的培养同纪律教育密切相关，因此严格要求大学生遵守纪律，遵守学校的规章制度和学生行为规范，对培养大学生的自制力至关重要。树立崇高的人生目标，可增强大学生的自制力，一个具有远大理想和奋斗目标的人，当遇到外界诱惑时，能不为所动，而潜心学习、工作；当身处逆境时，能冷静对待，依然奋力拼搏、执着追求，表现出极强的自制力。

8. 增加体育锻炼，合理疏泄

睡前进行适当的体育锻炼，有利于尽快入睡。体育锻炼是一种情绪转移的方法，身体活动可以改变情绪活动。引导大学生建立合理的生活习惯，追求高层次的心理需要。

疏泄是疏导、宣泄之意，是使大学生保持良好的心境的重要方法。遇到性迷惑、性困扰等问题，适当的疏导，可以削减郁闷、焦躁。对于性挫折，适度的宣泄比强制压抑好得多。

总之，运动和疏泄都可以培养平衡而适宜的心态。

第三节 大学生恋爱问题调适

当前，恋爱已经成为大学生活里的普遍现象。在校大学生的年龄平均在20岁左右，已经是合法的公民，受到法律的保护和约束，在心理和生理上都趋于成熟，渴望爱情。他们虽然感情丰富，但心理发展尚未达到完全成熟的程度，自控力尚弱，容易出现情感上的问题。如何正确对待这个问题，是摆在大学生面前的重要课题。

一、大学生恋爱的意义

（一）积极意义

大学生因其心理发展阶段的特点，最容易感到孤独。孤独感是个体无法与他人建立实质联系的状态。有些大学生看到别人出双入对，感到孤独难耐，便也想通过恋爱来消除孤独感。从个体发展的角度来看，恋爱对大学生心理的成熟健全有很大的促进作用。正如有些心理学家所说，“恋爱是青春晚期和成年早期最重要的事件，只有经过了恋爱，人才会真正成熟起来”。

恋爱对于大学生的积极意义表现在以下几个方面。第一，恋爱可以更好地认识自己。恋爱是两个人人格的深层接触，特别是恋人对自己的看法是了解自我的重要途径。第二，恋爱是大学生释放日益强烈的性冲动的重要途径。通过恋爱接触异性，大学生便不再感觉到性的压抑紧张。第三，恋爱能促进大学生个性的完善和社会情感的发展。恋爱为大学生走入社会提供了一个缓冲环境。有了这个缓冲，大学生能更从容地完成社会化，更好地发展自我、升华个性、开发潜能，并更乐于承担责任。

（二）消极意义

大学生的恋爱也有消极性，如果处理不当也会危害大学生的身心健康。首先，恋爱影响大学生的心理平衡。热恋与失恋是恋爱过程中可能会遇到的两件重要事情，在恋爱的过程中，一些大学生过度的兴奋或悲痛都会加剧他们的心理紧张。同时，遭受恋爱挫折的大学生所承受的心理打击更大，往往会使一些大学生失魂落魄，甚至走向绝路。其次，大学生男女之间相互恋爱可能导致学习时注意力不集中，分析能力受到抑制，行为习惯受到破坏，自我约束的力量减弱等。最后，恋爱之中的大学生由于相对追求亲密，导致交往范围逐渐缩小，影响与其他人交往的质量。

二、大学生恋爱的影响因素

（一）生理满足的需要

满足性冲动的生理因素是促使大学生投入恋爱活动的重要诱因。性意识的发展有一个萌生、疏远异性、向往异性到恋爱的过程。随着性意识的发展，性需求会日益强烈，性意识发展过程中弥散化的性冲动会逐渐投射到选定的特定对象上。在性冲动的驱使下，大学生开始脱离群体化的两性活动而单独约会，这就是恋爱发生的基础。

（二）亲密关系的需要

处于青年前期的大学生不再像儿童时那样满足于血缘带来的亲近，他们有着强烈的爱和归属的需要，他们需要一个可相互吐露心声的亲密知己。因此，对亲密关系的追求把大学生引向恋爱是极其自然的事。正如心理学家沙利文所指，亲密关系和性冲动最终结合成人类的情爱。

（三）精神追求的需要

有些大学生投入恋爱的目的是为尝试一下早已向往的被诗歌小说吟诵的甜蜜爱情，或者是体验影视剧中展现的爱情。由此可见，有些文学作品和影视作品对当代大学生的恋爱价值观念产生了极大的影响，使他们原来的价值体系发生了微妙的变化，表现在对待恋爱的态度、选择与判断、满意程度的变化及过程和结果的追求等。

三、大学生恋爱的特点

大学生渴求知识、追求理想，对个人和社会都有比其他人更高的要求。大学生的这一特点及校园环境的特殊性决定了他们的恋爱有以下特点。

（一）恋爱普遍化

当代大学生的恋爱人数呈明显上升趋势。据相关资料统计，20 世纪 90 年代以前，大学生谈恋爱的人数不足在校学生的 1%，现在绝大多数的大学生已经初尝爱情滋味；恋爱行为也日益公开化。目前大学生谈恋爱，一改传统的以含蓄、朦胧、深沉为美的形式，喜欢透明化、公开化，他们常出双入对、形影不离。爱情已经走进不少大学生的情感生活中，成为校园生活的一大内容。

（二）恋爱低龄化

大学生谈恋爱呈现出低龄化的趋势。一方面由于大学生学业压力较小，又是身处新的学习环境；另一方面受高年级同学的影响，一些刚进入大学校门的大学生很快就进入恋爱阶段，大学生恋爱已成为高校“一道独特的风景线”。

（三）恋爱媒介、途径多元化

网络社会的存在，为大学生提供了另外一个与现实环境不同的情感空间。他们可以在虚拟社会中大胆表达自己的情感需求，但也给大学生活带来许多不可预见的不良影响。

（四）恋爱色彩浪漫化

大学生生活在校园，正值花样年华，青春萌动，情感洋溢。他们很少会考虑爱情之果——婚姻家庭，对承担实际生活困难的能力、责任等条件重视不足；再加上他们易受文艺作品中理想爱情的影响，去想象自己的理想伴侣，强调对方的理想、志趣、品质、性格等精神层面和气质、容貌等外在条件，因此大学生谈恋爱富有浓厚的浪漫色彩。

（五）感情发展高速化

一些大学生恋爱，由于以前未曾品尝过爱情的滋味，不知爱情为何物，对异性充满了好奇之心，因此一开始就表现出快速发展的趋势。一进入恋爱状态，爱情就像撞击心岸的海涛，一浪高过一浪，从初识、相恋到热恋，时间很短。另外，还表现出情感表达的热烈度大，具有易冲动的特点。特别是有些大学生为了恋爱而恋爱，只追求恋爱过程，不注重恋爱结果，缺乏长远打算，“不求天长地久，只求曾经拥有”，由此导致大学生恋爱的成功率不是很高。

四、大学生恋爱误区

（一）恋爱动机不纯

恋爱动机不纯主要表现为所谓的游戏式恋爱，即视爱情如游戏，只求个人需要的满足，对其所爱者不负责任。大学生的恋爱动机多种多样，有的是为了弥补内心的空虚、孤独，有的是出于好奇心理，有的是赶潮流，有的是为了某种物质利益，还有的是为了显示所谓的个人魅力等。这些恋爱动机表现在恋爱行为中，往往是对爱情的不负责任。他们考虑更多的是本人的内心情感的需要，而很少把真心奉献给对方。这样的恋爱是不稳定的，最终只会引起冲突和不幸。

（二）交往对象多元

交往对象多元是指男女双方在恋爱过程中，双方或一方同时与恋爱以外的异性进行交往，并且对这些异性都具有超越一般友谊的心理倾向性，即潜在地把他们作为自己的恋爱对象，只是暂时未公开化。这种恋爱多元特征在大学生中存在广泛性和长期性。交往对象多元，虽然从短时间看，不会造成严重后果，但从长远来看，存在相当大的隐患，而这恰恰反映了当代大学生的恋爱心理不成熟和恋爱目的不明确的状况。

（三）恋爱认识过于浪漫

恋爱是美好的，追求浪漫是大学生恋爱的最大特征，大学生多以艺术作品中的爱情作为模式，努力寻找理想中的浪漫之爱。有些大学生认为恋爱就是花前月下、游山玩水，认为恋爱的时候除了两个人之外，其他人都不存在，对未来的现实生活的权利和义务想得很少或根本不想。

五、大学生常见的恋爱心理问题

爱情不是人生的目标，而是人在社会生活中产生的一种体验。每个人扮演的角色不同，与异性的相互关系不同，各自的体验也不相同。如有的人会体会到单相思的难过；有的人会体验到恋爱的甜蜜；也有的人会品尝到失恋的苦涩。

（一）单相思

单相思是指异性关系中的一方倾心于另一方，却得不到对方回应的单方面的情感。单相思的特点是爱慕情感的单向投注性。陷入单相思会给人带来痛苦和自卑，甚至会使人完全丧失自信。单相思的原因很多，如门不当、户不对，年龄、相貌相差悬殊，道德文化修养、个性特点不符等。大学生涉世未深、理性判断力不强，所以容易产生单相思。

大学生的单相思有两种情况：一是明知对方不喜欢自己，仍然一味追求；二是误解了对方言行的含义，错把友谊当成了爱情。陷入单相思的人总是自觉或不自觉地揣测对方的言语、表情、眼神，幻想与喜爱的人在一起的种种场景。一旦从自己营造的“空中楼阁”中清醒过来，幻想被无情的现实击碎，情感得不到满足，便会陷入极度的烦恼和空虚之中。伴随着不良情绪，身体机能状态也受到影响，甚至导致疾病。受单相思困扰的人总是力图摆脱这一怪圈，但又总感到力不从心。

单相思严格说来不算是爱情挫折，不过单相思给大学生带来的心理危害与失恋同样大。持续陷在单相思状态，对本人的自尊心理、自我概念和性意识的发展都会产生消极的影响。

（二）失恋

有恋爱就可能有失恋。失恋是指恋爱中的一方失去另一方的爱情，它是一种痛苦的情感，容易使人处于强烈的自卑、忧郁、焦虑、悲愤甚至绝望的消极情绪状态之中，甚至失去生活的信心或勇气。恋爱双方都希望爱情最终走向成功，然而，大多数时期事情的发展都是不以人的意志为转移的。两个人从相识、相恋、相爱到缔结良缘，要经历曲折坎坷的过程和一段时间的考验。当恋人因为社会现实、他人干预、情意不和等因素而导致感情破裂时，失恋的挫折就会严重影响大学生的心理、生活和正常的学习活动。

如何结束一段不合适的恋情，是需要认真对待的问题。一般来讲双方一致同意分手，处理起来容易些。但就其本质来说，仍然是一次失恋。如果只是一方决定分手，另一方苦苦追求，就会给失恋方以很大的打击，在恋爱过程中深深体会到欲爱不能、欲罢不忍的强烈的内心矛盾与感情冲突。其实，一段恋情时刻处于变化之中，每一位恋爱者都应做好应付失恋的思想准备。

失恋会给当事人带来极大的精神痛苦，尤其是接受分手的一方，从热恋关系中断裂出来，一下子失去了与自己最亲密的人，对大多数人来说是痛苦的。失恋者经常表现为逃避现实，缩小人际交往圈，在精神生活上既折磨自己又影响旁人的情绪，有人甚至向恋人进行行为或心理上的报复。失恋的创伤有时还会带来严重的后果，如自杀、心理变态等。

六、大学生恋爱问题调适

在青春时期，能使一个大学生在人格、生活态度和人生观上发生变化的原因有很多，然而最大的因素莫过于爱情，它既可以使大学生变得坚强且成熟，也可以使大学生心灵发生扭曲。大学生情感世界里有如此之多的心理问题，那么大学生应如何面对并解决这些问题，从而保持心理健康呢？具体地说，可以从以下几个方面入手进行心理调适。

（一）划清友情和爱情界限

人的交往常常由相识开始，相互产生好感、进行较密切的交往，之后根据交往的情况决定是否确定为爱情关系。但在产生好感后、密切交往前，常弄不清楚相互之间是爱还是喜欢，有可能因为将友谊视为爱情而产生误会。因此，划清友情和爱情的界限，找到他们的不同很有必要。下面是一位日本心理学者提出的关于区别友情与爱情的五个指标，供大家参考。

第一，支柱不同。友情的支柱是“理解”，爱情则是“感情”。友情最重要的支柱是彼此的相互了解，不仅是对方的长处和优点，就是短处和缺点也要充分认清。只有这样，才能产生友情。爱情则不然，它是对对方的美化，视作理想后产生了恋爱，贯穿其间的是感情。

第二，地位不同。友情的地位“平等”，爱情却要“一体化”。朋友之间立场相同，地位平等，彼此之间无须多余的客气，也没有烦恼的担忧。如果对朋友不满时，可以直率地提出忠告，甚至动怒，义正词严地劝导。朋友之间，就是这样，有人格的共鸣，亦有剧烈的冲突。爱情则不然，它具有一体感，身体虽二，心却为一，两者不是互相碰击，而是互相融合。

第三，体系不同。友情是“开放的”，爱情则是“关闭的”。两个人有坚固的友情，若当人生观与志趣相同的第三者、第四者想加入，大家都会欢迎。爱情则不然，两人在恋爱，如果第三者中途加入，便会产生嫉妒心理，做出排除异己的行为。

第四，基础不同。友情的基础是“信赖”，爱情则是纠缠着“不安”。一份真诚的友情，具有绝对的信赖感，犹如不会动摇的磐石。相反，一对相爱的男女，虽不是不信赖对方，但老是被种种不安所包围，比如“我深深地爱着她，她是否也深深地爱着我？”“他的态度稍微变了，是不是还和以前一样地爱着我？”

第五，心境不同。友情充满“满足感”，爱情则充满“欠缺感”。当两个人是亲密好友时，彼此都有满足的心境；但两个人一旦成为恋人，虽然初期会有一时的满足感，可不久之后，就产生欠缺感，总希望有更强烈的爱情保证，经常有一种“莫名的欠缺”感尾随着，有某种着急的感觉。

一般来说，大学生在交往中，只要不欺骗自己，不是在演戏，能好好地反省自己内心的情感动向，依据上述五个指标，仔细地观察、反省，并进行综合分析，对友情与爱情是可以正确地辨别的。

拓展阅读

爱情与友情

爱情说：你是属于我一个人的。

友情却说：除了我，你还可以有她和他。

友谊来了，你会说，请坐请坐。

爱情来了，你会拥抱着他，什么都不说。

爱情的利刃伤了你时，你的心一边流血，你的眼神却渴望着他。

友谊的尖刺伤你的时候，你会转身而去，拔出刺不再理会。

友谊远行时，你会笑着说：祝你一路平安。

爱情远行时，你会哭着说：请不要忘了我。

爱情对你说：我有时是奔涌的波涛，有时是一江春水，有时又像凝结的冰。

友谊对你说：我永远是艳阳照耀下的一江春水。

当你与爱情被追杀至绝路时，你会说：让我们一起拥抱死亡吧。

当你与友谊被逼得走投无路时，你会说：让我们各自找寻自己的生路吧。

当爱情遗弃了你时，你可以大醉三天，大哭三天，又大笑三天。

当友谊离你而去时，你可能叹一天气，喝一天茶，又花一天时间去寻找新的友谊。

当爱情死亡时，你会跪在她的遗体边说：我其实已经同你一起死了。

当友谊死亡时，你会默默地为她献上一个花圈，把她的名字刻在你的心碑上，悄然离去……

趣味测试

爱情还是友谊

下面的测试可以了解自己与对方之间是友谊还是爱情。每个测试包含 13 个项目，在符合你的项目前打“√”。

测试 1：

（1）当我和他在一起时，我发觉好像两人都有相同的心情。（　　）

（2）我认为他非常好。（　　）

（3）我愿意推荐他去做为人尊敬的事。（　　）

（4）以我看来，他特别成熟。（　　）

（5）我对他有高度的信心。（　　）

（6）我觉得什么人和他相处，大部分都会有很好的印象。（　　）

（7）我觉得和他很相似。（　　）

（8）我愿意在班上或团体，做什么事都投他一票。（　　）

（9）我觉得他是许多人中，容易让别人尊敬的一个。（　　）

（10）我认为他是十二万分聪明的。（ ）

（11）我觉得他是我所有认识的人中最讨人喜欢的。（ ）

（12）他是我很想学的那种人。（ ）

（13）我觉得他非常容易赢得别人的好感。（ ）

测试 2：

（1）他情绪很低落的时候，我觉得很重要的职责就是使他快乐起来。（ ）

（2）在所有的事件上，我都可以信赖他。（ ）

（3）我觉得要忽略他的过失是一件容易的事情。（ ）

（4）我愿意为他做所有的事。（ ）

（5）对他我有一种想占为己有的想法。（ ）

（6）若我不能和他在一起，我会觉得非常不幸。（ ）

（7）假使我孤寂，首先想到的就是要去找他。（ ）

（8）在世界上也许我关心很多事，但最重要的事就是他幸福不幸福。（ ）

（9）不管他做什么，我都愿意宽恕他。（ ）

（10）我觉得他的幸福是我的责任。（ ）

（11）当我和他在一起时，我发现自己什么事都不想做，只是用眼睛看着他。（ ）

（12）若我也能让他百分之百的信赖，我觉得十分快乐。（ ）

（13）没有他，我觉得难以生活下去。（ ）

测试 1 和测试 2 中符合你自身情况的项目分别有多少？如果测试 1 中符合你的项目多于测试 2，那么你对对方喜欢的成分多于爱，你们之间是友谊而非爱情；反之则是爱情而非友谊。

（二）培养爱的能力

爱是美丽的，它近似于火焰的美、浪涛的美；近似于鸟语花香、风和日丽的美。但是这种美却需要理性来调理，失去理性的调控，这种美将失去它的光辉。因此，爱需要能力，大学生应培养爱的能力，让爱散发出它应有的光辉。爱的能力包括表达爱的能力、接受爱的能力、拒绝爱的能力、建立亲密关系的能力和承受失恋痛苦的能力等。

1. 表达爱的能力

表达爱需要勇气，需要信心。一个人心中有了爱，理智分析后敢于、善于向被爱的人表白，这是施爱的能力。没有勇气表达爱，会陷入深深的烦恼中；虽表达了爱，却不恰当，仍会遭受挫折。表达爱需要能力。

（1）表达的途径。

1）谈心。谈心是最直接的表达爱的方式。

2）书信/网络。这种方式可以斟酌字句，考虑周到，避免面谈时难以启齿，或是被拒绝而感到难堪。

3）他人转达。如果感到把握不那么大，可以通过他人转达意思，或进行试探。

（2）表达的形式。

1）直抒爱意。一般来说，追求外向型的对象，宜采用直爽的方式直抒胸臆。

2）体贴关怀。对内向的人示以关怀温暖，在其心情不佳时耐心倾听，使其内心平衡与协调。

3）满足自尊。对自尊心强的人，给以自尊心上的满足，抓住时机婉转表达心意。

（3）表达的技巧。

1）含而不露。可借用一首诗、照片、书、礼卡、信、亲手做的礼物，温柔的表达来传递爱的信息；也可用表达感受的方式暗示对方，如“和你在一起，感觉时间过得特别快”。

2）含中有露。如买两张电影票邀请他（她）一同观看；邀请他（她）一起散步、游公园；赠给对方一张自己的照片，背后题上表露爱情的诗词；赠送一束鲜花、几颗相思豆等。

3）巧用赞美。如“你穿衣服很有眼光，很有品位”“你对问题的看法很有见地”。

4）两性差异。一般来说男性表达爱要勇敢说出口，越挫越勇；女性表达爱要“润物细无声”。

（4）勇敢接受表达后果。爱表达之后可能有三种结果：一是对方欣然同意；二是说要考虑考虑；三是拒绝。在第二、第三种情况下，不能急躁，更不能对对方进行逼迫和威胁。爱情不可强求，果子未熟，摘下来也是酸的。要一如既往地交流，以诚相待，培养感情，增加了解。

2. 接受爱的能力

当期望的爱来到身边时能够勇敢地接受，这是爱的能力的表现。但是在确定这个对象是否接受之前，有一点需要考虑清楚，即了解自己，想想自己应该寻找什么样的人。因为家庭有三大责任，孝敬父母、养育子女、夫妻互助，所以在选择爱人的时候，也是为父母选一个好媳妇或好女婿，为未来孩子选一个好母亲或好父亲，为自己选一个好妻子或好丈夫。

3. 拒绝爱的能力

当被别人所爱时，对爱做出判断，接受或是谢绝，这也是一种爱的能力。爱情来不得半点勉强和将就，对不希望来到的爱情，要运用一种充满关切、尊重和机智的方式来谢绝，这既是对他人的尊重，也是对自己的负责。首先，如果你认为对方的爱不值得或不愿意接受时，要果断、勇敢地说“不”。其次，要掌握恰当的拒绝方式，切忌恶语相加。因为珍重每一份真挚的感情是对他人的尊重，也是一种自珍，同时是对一个人道德情操的检验。

4. 建立亲密关系的能力

爱的能力首先看内心储存了多少爱可以给予，如果一个人内心是干枯的，没有爱可以付出，也就缺乏与他人建立亲密关系的基础。因此要与他人建立亲密关系，应着重做好以下几点。

第一，要学会爱自己——自爱。正如艾克哈特所说：“如果你爱自己，你就会像爱自己那样爱其他的每个人。只要你对其他人的爱不及对自己的爱，你就不会真正地爱你自己，但是如果你同样地爱所有的人，包括爱你自己，你就会爱他们像爱一个人，这个人既是上帝又是人类，这样的人就是一个爱自己，同样也爱其他所有人的伟大而正义的人。”

第二，要学会包容、理解和体谅，更需要“读懂”彼此。读懂有时是一种感悟、一种兼容，当读懂融入了爱的成分，那便升华至一种全身心的容纳与交合，是一个无言而深沉、幸福并快乐的过程。读懂有两种境况，初见的读懂，既是一见钟情，一种天缘撮合的多少年朝思暮想幻影的现身，凡未经历过的人是绝难相信的，但又是客观存在的。还有一种是由初见的倾慕到渐入佳境的读懂。时光的流逝，不仅没有磨灭初识时的热情，却反而随着相互的阅读，完成了从喜欢到读懂到爱慕到激情的质的跃进。另外，在男女两性交往中，要注意既保持自己的独特性，又尊重对方的独特性，不以爱的名义实施非爱的行为。

第三，要了解两性差异，“男人来自金星，女人来自水星”，男女两性要提高沟通质量，需要注意男女两性不同的情绪需求。男性情绪的三大需要是能力被肯定、才华被欣赏、努力被感激；女性情绪的三大需要是时常被关怀、需要被肯定、想法被尊重。

5. *承受失恋痛苦的能力*

大学生要认识到，失恋只是爱情的离去，并不是全部生活的消失，更不是生命的终结。摆脱失恋的痛苦，更重要的是提高自己的心理承受力，增强心理适应性，学会自我心理调节，从而达到新的心理平衡。大学生可采用以下几种方式调适心理状态。

（1）合理宣泄。失恋者遭受打击，被各种不良情绪困扰，应找教师、父母或好友一吐为快，听取他们的意见或建议，以缓解心理负担；也可用书面文字，把自己的苦闷心情记录下来，自己看或给他人看，合理宣泄内心的痛苦和郁结。

（2）注意转移。失恋者可及时、适当地把情感转移到其他人、事或物上，如与同性朋友发展更密切的关系，求得开导和缓解；积极参加各种文体活动，舒展身心、陶冶性情；加强对学习或兴趣爱好的投入，每天尝试一些新的东西。

（3）冷静思考。失恋者要冷静思考和理智分析失恋的原因，以客观的态度看待双方的差距，以平和的心态接受恋爱终止的现实；坚决抑制和纠正消极心态和极端心理，做到“既不伤害他人，也不伤害自己”。

（4）树立目标。失恋者还可用理智的“我”来提醒、暗示和战胜情绪的“我”。爱情是以互爱为前提的，不可因一厢情愿而强求，应尊重对方选择的权利；失恋可能会失去一些生活的目标，但却能让你进入另一个充满机会的世界；学会分析自己的优势，鼓足勇气迎接新的生活，全身心投入到学习中去。

扩展阅读

斯滕伯格的爱情三角理论

斯滕伯格的爱情三角理论认为爱情包括亲密、激情、承诺三种成分。亲密是指与伴侣间心灵相近、互相契合、互相归属的感觉，属于爱情的情感成分；激情是强烈地渴望与伴侣结合，促使关系产生浪漫和外在吸引力的动机，也就是与性相关的动机驱动力，属于爱情的动机成分；而承诺则包括短期和长期两个部分，短期的部分是指个体决定去爱一个人，长期的部分是指对两人之间亲密关系所做的持久性承诺，属于爱情的认知成分。

爱情中的认知作用对情绪与动机两种成分而言是一种控制因素。如果将动机与情绪分别视为电流与火花，认知就是开关或调节器，它可以控制爱情之火的热度并予以适度调节。斯滕伯格进一步将动机、情绪和认知各自在两性间发生的爱情关系称为热情、亲密与承诺，即以动机为主的两性关系是热情的，以情绪为主的两性关系是亲密的，以认知为主的两性关系是承诺的、守约的。而完美的爱情应该是三者俱备，且合而为一。

随着时间增加及相处方式的改变，上述的三种成分将有所改变，爱情的三角形的形状和大小会因其中所组成元素的增减而改变。三角形的面积代表爱情的质与量；面积越大，爱情就越丰富。

斯滕伯格进一步提出，在亲密、激情、承诺三种成分下有如下八种不同的爱情关系组合。

（1）无爱：三种成分俱无。

（2）喜欢：只包括亲密部分。

（3）迷恋：只存在激情成分。

（4）空爱：只有承诺的成分。

（5）浪漫之爱：结合了亲密与激情。

（6）友伴之爱：包括亲密和承诺。

（7）愚蠢之爱：激情加上承诺。

（8）完美之爱：三种成分同时包含在关系当中。

两性间的爱情形式因人而异，很可能所有情侣间的亲密关系和热烈程度各不相同，但是基本上都是这三个元素不等量的配合而演化出来的。

课堂讨论

（1）进入大学后，大学生的生理和心理会发生一系列的变化。请写出你有哪些生理和心理变化。

（2）你如何看待大学生婚前性行为这一现象？

心理训练

心理训练一：爱情心理测试

同学们，你对爱情是什么样的态度，你能驾驭自己的爱情吗，你的潜意识里需要一场什么样的爱情？以下爱情心理测试题或许能解答你的疑惑。

（1）假如世界末日来临，你只能救一种动物，你会选择救（　　）。

A. 兔　　B. 羊　　C. 鹿　　D. 马

（2）在旅行途中，你造访了一个非洲部落，部落首领坚持让你选一种动物带回去当纪念品，你会选择（　　）。

A. 猴　　B. 狮　　C. 蛇　　D. 长颈鹿

（3）你做错事了，上天惩罚你变成人以外的动物，你想变成（ ）。

A. 狗 B. 猫 C. 马 D. 蛇

（4）假如你有能力使某种动物消失，你会选择（ ）。

A. 狮 B. 蛇 C. 鳄鱼 D. 鲨鱼

（5）有一天，你碰上了一种会说人话的动物，你希望是（ ）。

A. 羊 B. 马 C. 兔 D. 鸟

（6）在一个孤岛上你只能选一种动物来陪你，你会选择（ ）。

A. 狗 B. 猫 C. 母牛 D. 鸟

（7）假如你有能力驯服所有的动物，你会选择（ ）来当宠物？

A. 恐龙 B. 白老虎 C. 北极熊 D. 豹

（8）假如你有 5 分钟的时间可以当一种动物，你会选择（ ）。

A. 狮 B. 猫 C. 马 D. 鸽子

结果分析：

（1）在现实生活中，你会被哪一类人吸引：

A. 兔——双重人格，外表像冰而内心炽热的人

B. 羊——顺从而温暖的人

C. 鹿——优雅、有礼貌的人

D. 马——不受约束、向往自由的人

（2）哪种求爱手段最容易让你情不自禁：

A. 猴——有创造性的，从不让你感到无趣

B. 狮——直来直往，直接向你表白

C. 蛇——摇摆不定，对你忽冷忽热

D. 长颈鹿——坚定不移，对你永远不放弃

（3）你想给恋人留下什么样的印象：

A. 狗——忠诚，永不改变

B. 猫——有个性的

C. 马——乐观的

D. 蛇——可通融的

（4）恋人的哪种性格会让你难以忍受，并与之分手：

A. 狮——傲慢自大，表现得像一个独裁者

B. 蛇——喜怒无常，过于情绪化

C. 鳄鱼——无情、冷血，又爱讽刺人

D. 鲨鱼——有危险性，不可靠

（5）你想与恋人建立一种怎样的恋爱关系：

A. 羊——不用多说话，对方就知道你要什么，很默契

B. 马——你俩能谈论任何事情，相互间没有秘密

C. 兔——相互依恋，双方都能一直感受到恋爱的温暖与美好

D. 鸟——一起成长，对于两个人的将来有明确的计划和目标

（6）你婚后可能会有外遇吗：

A. 狗——你重视道德规范，婚后不会有外遇

B. 猫——你无法抗拒欲望，很可能会出轨

C. 母牛——你不主动，也不拒绝，但你有一定的自制力

D. 鸟——你从来就不够坚定，也不想做出承诺。事实上，你不适合婚姻

（7）你对婚姻的看法：

A. 恐龙——非常消极，你不相信快乐婚姻的存在

B. 白老虎——你认为婚姻很珍贵，一旦结婚，你会很珍惜

C. 北极熊——你害怕婚姻，认为婚姻会夺走你的自由

D. 豹——你一直想要结婚，但事实上，你不知道婚姻是什么

（8）此刻你对爱情的看法：

A. 狮——你渴望爱情，愿意为爱情付出，但你不会轻易坠入情网

B. 猫——你以自我为中心，认为爱情是可以轻易得到和放弃的东西

C. 马——你不想被固定的关系绑住，只想处处调情

D. 鸽子——你认为爱情是彼此之间的承诺

心理训练二：选择恋人的标准

无论是你已经拥有了爱情，还是即将去拥抱爱情，都需要对自己所选择的恋人有一个清醒的认识。在下面横线上，请你用形容词，词组或句子的形式写出自己选择恋人的标准。

（1）______________________________

（2）______________________________

（3）______________________________

（4）______________________________

（5）______________________________

（6）______________________________

心理训练三：恋爱守则

如果你已经有了恋人，请试试下列做法，也许能使你们的爱情和学业双双获得丰收。

（1）一起制订日常的日程表，包括双方的课程表、必须参加的各种活动，留出共同学习和谈恋爱的时间。当彼此之间相互了解了对方的日常活动时，就能安心做自己的事情，不至于互相猜忌。

（2）互相监督，可以将学习当作双方共同经营的事业，制订长期和短期目标，在学习中互相监督、互相勉励。

第八章　学会学习，激发潜能
——大学生学习心理

心语心愿

人不光是靠他生来就拥有的一切，而是靠他从学习中所得到的一切来造就自己。

——［德］歌德

案例导入

如何学会学习

案例一

小李毕业于某大学机电专业，现在是一家电机厂的高级管理人员。刚进入大学时，他就给自己定下了两个目标：第一，在校努力学习，争取成为各方面都优秀的学生；第二，以优异的成绩毕业，找一份好工作。在校期间，他严格按照设定的目标要求自己，毕业后顺利地进入了一家电机厂。他十分珍惜得到的工作机会，每天起早贪黑、勤勤恳恳，充分利用所学的知识开展工作。在工作中，他常常感到自己的知识和技能有限，他意识到要做自己明天的主人，必须努力学习，不断提高自身的能力。因此，他每天见缝插针地安排学习时间，常常学习到深夜。天道酬勤，由于努力学习、善于学习，小李的知识积累越来越多，技能水平也提升很快，加之其工作表现出色，他受到了领导的重用和提拔。

案例二

小张是大学一年级学生，自上大学后，他一直很努力，除了吃饭、睡觉外，其余时间几乎都在学习。最近他感觉异常疲劳、食欲变差、精神萎靡，学习时注意力难以集中，记忆力也开始下降。为此，他越来越烦躁。

第一节　大学生为何而学

一、学习的概念

在现代，学习的含义是指在各类学校环境中，在教师的指导下，有目的、有计划、有组织地进行的，在较短的时间内系统地接受前人积累的文化经验，以发展个人的知识技能，形成符合社会期望的道德品质的过程。

二、学习动机

动机是推动人从事某种事情的念头或愿望，是直接推动一个人进行活动的内在动力。

学习动机就是激发个体进行学习活动，维持已引起的学习活动，并使行为朝向一定学习目标的一种内在的心理过程或心理状态。

每个人学习行为的产生都受各种各样动机的驱使，学习动机是推动个体学习的动因。学习动机就是个体学习观的具体表现，每个个体的表现都不尽相同，也许是为了满足好奇心或兴趣而学习，也许是为了满足求知欲而学习，也许是为了将来的职业和生活而学习，当然也有可能是为了当下取得好成绩、评优秀、得荣誉而学习，还有些是为了获得父母的称赞、老师的表扬而学习。

学习动机对学习的影响主要表现在以下三个方面：

（1）学习动机决定着学习方向，学习动机是以学习目标为出发点的，它是推动学生为达到一定的学习目标而努力学习的动力。没有明确的学习目标的学生自然不会产生动机力量，因此，学生动机首先要求学生懂得为什么学，朝着什么方向努力。

（2）学习动机决定着学习过程，学生是否能持之以恒，差异在学习动机。美国心理学家阿特金森于1980年进行了有关动机的研究，得出了“完成某项学习任务所需要的时间与对这项任务的动机水平为正相关”的结论。

（3）学习动机影响着学习效果。沃尔伯特研究了动机水平与学习成就的关系后，得出了“学习动机越强烈的被试，其学习成绩越好，其正相关达98%”的结论。

（一）学习动机的分类

根据行为动力的来源，个体的学习动机可以分为内部动机和外部动机。内部动机也称为内在驱动力，是指主要由内部心理需要转化而来的动机，如信仰、好奇心、求知欲、兴趣、自尊心、好胜心、责任感等；外部动机也称为外在诱因，主要是指由外部条件激发而来的动机，如学习竞赛、老师的表扬、父母的奖罚等。

1. 内部动机

内部动机是指个体在自身主体意识的支配下，为获取知识、增长才能而进行学习活动的能动力量。它主要包括求知欲、焦虑、自我效能感等。求知欲是个体追求知识的需要，是学习动机的基础。

求知欲来源于对知识的好奇心，来源于个体在认知过程中发生的认知冲突，也来源于在学习过程中感受到的知识魅力和愉快的情绪体验。当然，教师高水平的教学，以及学生独立钻研精神的培养，也是发展求知欲的必要条件。

焦虑主要通过对刺激的情绪反应而对学习起强化或弱化的作用。当某一刺激对自尊产生威胁，而个体自感没能力应付时，焦虑就产生了。焦虑水平高的人与焦虑水平低的人相比，前者具有更高的内驱力水平。

自我效能感是个体对自己的学习能力和学习行为影响学业成绩所持有的有效或无效的主观体验，它由个人能力效能感和学习行为效能感组成。个体或自信有足够能力完成学习任务，或常常怀疑自己是否具有达到一定学习目标的能力，这就是个人能力效能感的体现。另外，个体采取的学习行为，有的可能有效地促成学习目标的完成，有的可能无助于学习目标的实现，所以你会在学习成败结果尚未出现之前，对相关行为因素对学习成绩的影响产生期待。例如，自己的努力与学业成绩有多大的关系、教师对自己的学习成绩起什么作用、家庭对自己的学业成绩有什么影响等，都是学习行为效能感的体现。

2. 外部动机

外部动机是指来源于你的外部，对你的学习起刺激、强化作用的因素，包括奖惩、竞争、期望等。

奖惩包括奖励和惩罚。前者是指用愉快的事件（或刺激）鼓励和激发个体正当行为的发生；后者是与前者相对的概念，是指用不愉快的事件和刺激抑制或消除个体不恰当行为的发生。行为主义心理学家斯金纳就主张通过奖惩对学生行为进行强化。但在实际操作过程中，奖惩制度也要运用得当，否则会削弱学生的学习动机。

竞争是指个体（或群体）为了自己的正当利益、需求和需要，同他人（或其他群体）争胜的行为特征和心理倾向。竞争包括同伴之间的竞争，以及同龄人、社会竞争。同伴之间的竞争给学生带来了心理压力，对学生的自尊、荣誉构成威胁，因此是强化学习动机的一种有效手段，但也不能滥用。同龄人、社会竞争主要是指社会因素（如升学、就业、知识人才的待遇等）对学生学习动机带来的影响。

期望是教师和家长对学生取得好成绩的一种预期的希望。心理学和教育学都非常重视期望对学生学习产生的影响，教师和家长若能恰如其分地表达自己对学生或孩子的期望，就有可能给他们带来学习动力，对学生的学习起到推动和促进作用。但期望值不能太高或太低，心理学家认为，恰当的期望值应与学生的抱负水平相当。

（二）影响学习动机的因素

个体的学习动机受多方面因素影响，主要有外部因素和内部因素。

1. 外部因素

影响个体的学习动机的外部因素主要有社会因素、家庭因素和学校因素。

（1）社会因素。社会因素对大学生学习动机的影响具有两重性。积极的方面，就是新技术革命对未来人才的挑战，以及市场经济、毕业生就业制度改革对个人素质的挑战。因此这就要求大学生要抛弃“60 分万岁”的观念，在注重学习基础知识、扩大知识面的同时，还要努力通过各种方式培养和锻炼各种能力，以适应未来社会对人才素质的要求。消极的方面，如利己主义、拜金主义可能使大学生在价值取向上感到失落和彷徨，导致其荒废学业，随波逐流。

（2）家庭因素。家庭因素对学习动机的影响也有正负大小之分。据调查，有的家长对孩子期望值较高，为子女的成长费尽心血，使不少学生觉得不努力学习就对不起养育自己的父母；但学生如果只把学习动力局限于报答父母的养育之恩或光宗耀祖上，那么这种动力是很有限的。有的家庭经济条件比较好，对子女的物质需求百依百顺，使一些学生心安理得地接受父母所提供的条件，不思进取，胸无大志。还有的父母手中握有一定的权力，但在生活中若不能以正确的言行感染或教育子女，就很有可能对子女产生不良影响。比如“学好数理化，不如有个好爸爸”，使得学生玩世不恭、碌碌无为。因此，当代大学生一定要以正确的态度对待家庭的影响，从中汲取有利于自己的积极因素，努力排除消极因素，保持旺盛的学习动力。

（3）学校因素。随着高等教育体制改革的深入，上学交费制度全面实施以后，有些大学生对为什么上大学认识不清。实施交费制度前，大学生对“上大学是国家和人民对自己的培养”有比较深刻的感受，因此比较容易激发社会责任感。如今，上学交费则使学生看重个人利益，认为学习好坏是个人的事情，对社会的需求则考虑得较少。

另外，学校教学也是影响学生学习动机的一个非常重要的因素，不少学生在分析自己学习动力不足的原因时，认为教学内容陈旧、教学水平不高、教学方式呆板，影响了自己学习的积极性。对此，一方面，学校应加快教学改革的步伐，努力提高教学水平和教学质量；另一方面，大学生应积极参与教学改革，变被动学习为主动学习，实现由依赖老师向自主学习转变。

影响学生学习动机的因素还有教师的素质。如果一个学校教师思想进步、品德高尚、学识渊博，就会对学生的学习产生潜移默化的影响；反之，如果教师教风不正、治学不严、学识浅薄，缺乏敬业精神，就会对学生的学习产生不可低估的负面影响。除了上述因素之外，学校管理方式、人际关系的和谐与否等，也是影响学生学习动机的外在因素。

2. 内部因素

学生是学习活动的主体，因此影响学生学习动机的主要还是其自身，尤其是学生需要及其层次。

需要是人的一种缺失状态，如果主体产生缺失，必然会产生获得某种客体的冲动，从而使这种缺失获得满足。在一种需要满足之后，主体可能会产生更高层次的需要，因此，由需要引发的动机也就有了不同的层次，越是与主体当前的缺失程度相适应的需要，所引起的动机越是强烈。

需要激发动机，动机导向目标，引发行为，从而实现目标。而人的需要是多层次的，有高层次的需要也有低层次的需要，其中，对当前行为具有更大支配力量的是优势需要。如果一个学生渴望成才，愿意为社会贡献力量，必然会产生高尚的学习动机；反之，如果一个学生把个人的生活和物质条件看得很重，强调个人利益而忽视社会需要，则只会产生狭隘的学习动机。

三、大学生学习的特点

（一）专业性和职业倾向性

大学教育更多的是专业教育，其教学计划是针对专业培养目标制订的，学习内容更强调精深和广博，在广博的基础上求专长；在专业学习的基础上求拓展和创新。大学生在校学习的往往是某一门专业的学科知识，同时兼顾其他内容的知识。围绕某一门专业学习，可以有多种参考书，可以有多个不同的观点，其职业倾向性比较明确，这种职业倾向性决定着大学教学过程要为专业培养方向服务。因此，对专业是否有兴趣会直接影响大学生的学习动力、学习完成情况，乃至一生事业的成功。

（二）独立自主性

大学生的学习方式以自学为主，往往是教师领进门，给予启发性的指导和答疑解惑之后，大量的时间要靠大学生自己去支配和决策——什么时间应该学习什么，应该花费多少时间学习课堂知识，又应该用多长时间自己查阅资料、补充笔记和课余思考。由于教学内容大幅度增加和培养学生能力的需要，学生对教师的依赖程度已大大减弱。因此，学生需逐步增强学习的独立性。一般而言，大学四年学习 30 多门课程，大学生还可以根据自己的学习能力和时间安排，确定学习的内容和课程。同时，大学生自己掌握的学习时间较多，在学习时间的支配、学习计划的安排、学习潜力的发挥上，具有较强的自主性。因此，要求大学生要有较强的自学能力和自制能力。

（三）探索性

由于大学生的学习不是简单的知识积累，因而大学生的学习必然具有一定的探索成分，特别是高年级的大学生，不能只满足于接受书本的现成结论，要向结论的来由、发展去探索。尤其是毕业设计或毕业论文阶段，这种探索性表现得更为突出。在高等学校，除了课堂学习之外，有很大空间属于大学生自己，这就为开展和从事社会实践活动提供了时间和客观保障。

（四）多元性

大学需要大学生高度的自觉性和计划性，按照培养目标，根据自己的爱好，发挥自己的创造性。大学的教学管理是围绕质量来安排的，是一种质量管理而非一种强调整齐划一的刻板管理。强调大学生学习自主，并不是许可大学生的“为所欲为”，不受纪律约束。

进入大学后，大学生要注意利用图书馆、实验室以及开展实际调查等多种渠道收集本学科的各种信息，在信息交流中辨别与确定方向。因此，大学生必须处理好课本知识与课外知识的关系，课内活动与课外活动的关系以及专业学习与能力培养的关系等。

以上特点决定了大学生的学习活动是复杂、紧张的。学习是一种艰苦的脑力劳动，需要花费很多的心智能量，需要良好的心理素质及健康的身体素质。

四、大学生学习的作用

（一）个体生存的必要手段

学习是动物和人类维持生存发展所必需的条件，也是适应环境的手段。学习对大学生今后的生活具有重要作用。生活的方式越复杂，本能行为的作用也越小，学习的重要性就越大。大学生只有通过学习掌握了生存的本领，才能从事更复杂的工作。

（二）能保持大脑的活跃

大学生虽然年轻，但是在学习上投入度的不同，大脑的活跃性也会有差异。通过营造一个让大脑细胞复杂互动的环境，即适当地拓展学习的宽度，学习内容多种多样，频繁而有趣，可以帮助大学生保持大脑的活跃。大学学习虽然分专业，但是，科学发展到今天，很多学科需要交叉才能解决新问题，大学生通过学习各种知识可以互补，使大脑里的信息能够融合使用，大脑就会更加充满活力。

（三）促进大学生生理和心理的成熟

学习对生理和心理成熟有影响作用。印度狼孩卡马拉回到人类社会时虽然已七八岁了，但智力水平仅相当于6个月的婴儿，她过世时大约16岁，可能只相当于三四岁幼儿的智力水平。这说明失去了学习环境，人在生理和心理上的成长将非常缓慢。大学生的生理和心理成熟并不是完全脱离环境和学习影响的纯自然过程，在知识的海洋中，因为有各种活动及训练，可促进大学生的生理和心理成熟。

（四）能提高大学生的综合素质

学习可以提高大学生的文化修养，如文学、艺术、教育、科学等方面的成果尤其需要通过学习去获得。缺乏文化素养的大学生在社会上不受欢迎，现代社会需要的是高文化修养的人才，学习可以优化大学生的心理素质。一个现代社会的新型人才，应该具备多方面的良好心理素质，如高尚的品德、超凡的气质、敬业的精神、目标专一的性格以及坚韧不拔的意志等，这些都可以通过学习来获得。

五、大学生学习成才的途径

（一）树立现代学习观

现代学习观念要求在校大学生必须学会学习，这就对当代大学生提出了更高的要求。

1. 浓厚的学习兴趣

学习兴趣是一个人力求探究事物并带有强烈情绪色彩的认识倾向，是推动大学生学习的一种最实际、最活跃的内部动力。如果缺乏这种源自内心的原动力，就很难在学习上取得很大成功和突破。而大学生有了持久的学习兴趣，就不会感觉学习是一种沉重的负担，从而能以愉快轻松的心情面对学习；大学生在校期间无论在主观上还是在客观上都希望掌握更多的知识和技能，而保持对学习对象的浓厚兴趣，无疑会调动大学生内在潜力，从而在根本上为大学生的学习提高效率，节约时间。

2. 正确的学习态度

学习态度是指学习者对待学习比较稳定的具有选择性的反应倾向，是在学习活动中习得养成的一种内部状态。目前，有不少大学生学习缺乏热情或者热情变幻不定，他们有的视学习为苦差事，以致厌倦、应付学习；有的不去克服学习中的各种困难，不能做到持之以恒，中途放弃。这些不健康的学习态度，从个人来说，是在毁坏自己的前途，对社会而言则意味着高等教育的失败。当代大学生要想在学业上取得成就，并能在未来的社会竞争中立于不败之地，就必须树立孜孜以求、勤奋刻苦、锲而不舍、坚韧不拔的积极认真的学习态度。

3. 明确的学习目标

随着社会的发展、经济全球化的到来，整个社会系统对人才的要求也将千差万别、丰富多样，这就要求当代大学生从进入大学校园的第一天起，就树立起明确的学习目标，有意识地培养形成自己的某些素质，如社会责任感、事业心等，以便在大学毕业后能很快地投入工作，早日实现自己的目标。目前，各种考证在大学校园里悄然盛行，这是大学生明确学习目标的一种表现，也是大学生在日益加剧的就业压力下为提高自己在未来就业市场上竞争力而迈出的坚实步伐。

4. 多样的学习方式

在传统的教学方式中，学生学习的主要方式是听取教师的讲解并围绕课本自学，学习内容主要来源于课本中的文字与图像。而随着科学技术的不断发展，越来越多的大学生通过网络进行全方位的、互动式的、更加自主的学习。这意味着每名大学生都有了更多的、高质量的学习机会，学习选择的自由度也加大了，大学生甚至可以通过网络向世界上高水平的教授请教，聆听他们所讲的课程。

5. 科学的学习方法

对于大学生而言，由于学习目标的层次丰富，需要涉猎的专业和非专业知识日趋广博，那么选择科学的学习方法进行学习就显得尤为重要。现在，有不少大学生对专业课的学习流于形式、停在浅层，上课时记笔记，下课后抄笔记，考试前背笔记，考试后扔笔记，这样的学习方法自然无法取得良好的效果。

（二）注重学习能力的培养

大学生学习能力的培养，主要是智能潜力的开发。

1. 维护心理健康，坚信自我，是开发智能潜力的基本条件

大学生一切智能活动的有效进行，都必须在心理健康的条件下。开发潜能要正确地认识自我、坚信自我，要意识到自己有巨大的潜能待开发。首先，要进行深刻的自我考察与分析，改变自我意象。自我意象指的是一个人设想自己是怎样一个人的自我观念，它是建立在对自己的认知和评价的基础上的。

2. 在学习中注重探索创新

不同的学习方法，对智能开发和心理影响的作用是不同的。实践证明，那种全靠老师灌输，死记硬背的被动学习对智力的开发没有多大价值，有时还会损害大脑的活动机能，抑制创造力，引起思维的惰性和对学习的厌倦感。

大学生如果进行探索性学习，积极发展自己的创造性思维能力，经常运用概念、规律对问题从一般到个别或从个别到一般地进行推理，有利于自己的智能潜力的开发。敢于提出新问题、发表新见解，提出新的设想和创造等，就能够使自己的智能潜力具有变通性和独创性的特点。

3. 科学使用和合理开发大脑

美国加州大学的爱迪博士及其同事们发现，大脑的功能非常微妙、复杂，几乎无所不能。大脑皮层的兴奋点与思考问题的多少有关。思考问题越多，其兴奋点也就越多，并且能够形成各点相关的兴奋网。以后遇到新问题，只要思考中触动“兴奋网”上的一个点，就会牵动整个网，从而动用各种知识去解决问题。由此说明，人脑用得越多越聪明，懒于思考的人就愚笨。

对大脑最佳的信息刺激，就是勤学习、多学习。越来越多的科学家认为，人只发挥了其脑力的10%，甚至更少！那90%的脑力就像未被开垦的荒地一般，需要人们更多地开发。

4. 注重自励、反思，不断唤醒自我实现与自我超越

自励和反思，有时也具有唤醒个体心灵底层潜在能量的巨大作用，不仅能使人感受到自身的价值和优势，而且还能使人迅速解除心灵的压力和现实的烦恼，使人迅速进入自信、开拓、奋飞和进取的心理状态。古往今来，人们在现实生活中，积累了许多确有实效的自励、反思方式，如运用格言、警句等进行自我激励、自我唤醒；经常将自我现状与久经磨砺而最终获得成功的伟人、名人及卓越成就者曾有的困境遭遇相比较，从中获得鞭策与激励；采用写日记等方式剖析优势与弱点，分析发展前景与奋进方向，提出自我发展、自我攻克、自我完善的策略和措施等。

5. 善用音、美活动，开发创新潜能

现代心理学的有关研究表明，音乐特有的旋律与节奏，能透过其物理作用，直接对体内器官产生共振效果，使右脑甚至全脑灵活起来。音乐都有一个共同的特点，即音乐节拍约等于人类心跳的速率时，可以降低焦虑，帮助提高注意力。节奏太快或太慢的音乐都不

适于引发创意、唤醒潜能，节奏太快会让人紧张，太慢则会令人产生疑惑。因此，大学生应学会选择听一些高雅、优美和舒适的音乐。欣赏音乐不仅有利于自己的身心健康，还能激发创新的欲望与热情，促进潜能开发。

总之，潜能是人类实实在在存在的亟待开发的内部能量与资源。潜能开发是人生演化金字塔的重要阶梯，是一个人造就辉煌业绩、实现神圣人生的有效手段，是提升人全面充分发展的必由之路。

第二节 大学生学习心理调适

一、大学生学习动机不当与调适

（一）学习动机不当的现象

1. 学习动机缺乏

（1）无明确的学习目标。这类学生属于“60分万岁”的一类，在学习上既无长期目标，也无近期目标，没有前进的动力。据一项调查显示，当问及“你读书的动力是什么”时，有超过50%的同学选择了“没想过，也没有任何理由，只是看大家都这样，所以也跟着学”“迫于文凭的压力、父母的期望”。这类学生表现在平时不愿意看书，并常为自己学习上的懒惰行为找借口。

（2）无成就感。这类学生在学习上缺乏自尊和自信，没有求知的需要和激情，总认为自己就是学不好，自己天生就不行，对学习提不起兴趣，因而学习成绩不好也不觉得丢面子，成绩不及格也不在乎。在学习上不求进取，没有远大抱负和期望。

（3）缺乏适宜的学习方法。这类学生由于学习方法不当，学习上一直处于被动、消极的状态。他们常把学习看成是奉命的、被迫的苦差事，不愿积极寻求适合自己的学习方法，只满足于死记硬背、应付考试。由于缺乏正确而灵活的学习方法，因而往往不能适应紧张、繁忙的学习生活。

（4）有厌学情绪。这类学生的学习态度不端正，对学习生活感到无聊，在学习中无精打采，很少能享受到学习成功带来的快乐。其表现在平时不愿看书，不愿意上课，上课时也提不起精神，不愿意动脑筋，课后不做作业、不复习，对学习敷衍了事。

2. 学习动机过强

（1）自我期望值过高。这类学生由于缺乏对自身各方面素质的全面认识和对外界客观条件的正确分析，为自己所确立的抱负与期望远远超过了自己的实际水平。目标过高，成就欲望过于强烈，形成了只能胜利、不能失败的单向定势心理。然而自己的水平和能力又达不到目标的要求，造成失败的体验又挫伤了自尊心、自信心，严重的会使人产生自卑、压抑等心理问题，形成恶性循环。

（2）学习过于勤奋。学习动机过强的学生往往把学习看成是至高无上的，把时间全部用在学习上，从不或很少将时间花在娱乐或文体活动中，认为时间不用在学习上就是一种浪费。他们在学习上不怕苦、不怕累，对待学习到了废寝忘食的地步。如此长久下去，将会影响一个人正常人格的发展，影响身心健康，不利于个人的可持续发展。

（3）有强烈的争强好胜心理。学习动机过强的学生常把分数和名次放在很重要的位置上，他们争强好胜，在每次考试或竞赛中总想取得第一名。他们很想得到老师、长辈或亲朋好友的肯定与表扬，唯恐失败而被人看不起。看到别人超过自己就不高兴，嫉妒心强。

（4）精神紧张。学习动机过强的学生由于长时间超负荷学习、压力巨大而导致心理脆弱，精神上难以松弛，常伴随着学习焦虑和考试焦虑现象。精神紧张易引起学习过程中注意力不能集中、记忆力下降、思维迟钝等问题，从而造成学习效率低下，久而久之还容易产生头痛、头昏、耳鸣、心悸、胃肠不好、失眠多梦等许多身心疾病。由此可见，对于学习动机过强的学生来说，学习同样是一件苦差事，而不是一种乐趣。

（5）容易自责。学习动机过强的学生追求的是学习上的高目标，往往容不下自己的失败与挫折，一旦没有达到自己设置的目标，就责备自己，并给自己施加更大的压力，期望下次获得成功。他们通常不满意自己的现状，总觉得自己应该做得更好，即使成功也并不能给他们带来多少喜悦。

案例

小丰，20岁，大学二年级学生。他是家里的独生子，大学之前生活在家庭的关爱之中。考上大学之后，他很不习惯集体生活，经常思念家人，睡觉不安稳，上课打瞌睡，干事没精神。由于所学专业并非自己高考所报专业，所以对其不感兴趣，第一学期期末考试专业基础成绩就不及格。小丰觉得无脸见人，并感到担心与害怕。第二学期上课时他就以身体不好为由躲在宿舍。后来发现，即使不上课，老师也不会找他“麻烦”，于是胆子越来越大，经常不去上课，一个人在宿舍里玩游戏、看电影，学习成绩越来越差，已经有多门功课不及格，再有一门功课不及格就要被劝告退学了。

课堂讨论

你认为案例中的大学生应该如何摆脱目前这种状态？

（二）学习动机不当的调适

1. 学习动机缺乏的调适

（1）明确学习的目的和意义，确立合适的学习目标。很多情况下，大学生缺乏学习的积极性和主动性，是因为他们不知道学什么、为什么学和怎样学。当大学生明确了学习的具体目的和意义之后，就会产生一种强烈的学习愿望，积极主动地进行学习。对于没有明确学习目的和意义、没有学习目标的大学生，可考虑先确立一个切实可行的近期学习目标，目标不应过高也不宜过低，以经过适当努力即可达到为宜，以后再逐步提高。

（2）激发求知欲。孔子早在两千多年前就说过：“知之者不如好之者。”如果大学生喜欢自己的专业，就会产生一种内在的学习驱动力，因此培养学习兴趣，对学习动机的激发十分有利。

(3) 进行正确的归因。有相当一部分学习动机缺乏的大学生是由于学习上遭到失败和挫折后，进行了不正确的归因造成的。大学生归因训练模式常采用如下两种方法：一是团体发展法。组织3~5人一起分析讨论学习成败的原因，可相互指出评定中存在的归因误差，并且相互鼓励比较符合实际的积极归因；二是观察学习法。教师可适时引导大学生把成功和失败的原因归之于自身努力的大小，使之树立“只有努力才有可能成功，不努力注定要失败”的信念。

(4) 体验学习的成就感。在大学生学习动机的形成过程中，重要的是要对自己的学习能力有信心。因此，体验学习的成功感对于学习动机的激发有重要的意义。从学生自身来说，可以在学习过程中创造成功的机会，在自身的进步中体验成功的喜悦，并从自身的变化中认识自己的能力。另外，还可以通过观察与自己能力相近者获得成功的行为来激发自信心，增强成就感。

(5) 掌握良好的学习方法。学习方法不当会使学习事倍功半，长期学习效果不佳，会使学习动机减弱以致动机消退。要始终维持良好的学习动机水平，就必须掌握一套良好的、适合自己的学习方法。

(6) 积极创设有利于学习的氛围。良好的学习氛围和学习环境是激发学习动机、促进学习的外部条件。一个尊重知识、尊重人才的社会，一个具有良好校风的学校环境和一个好学上进、温暖融洽的班集体，都会对发展学生的学习动机起直接或间接的促进作用。

2. 学习动机过强的调适

(1) 加强自我认识。学习动机过强，往往来自对自己的过高估计及对前景的完美设计，并由此造成在学习行动中对自己过分苛求，带来身心的伤害。因此，要解决动机过强的问题，必须对自己的能力和水平要有一个客观的评价，正确认识自我，确定理想、抱负时必须兼顾自己的能力，既不要好高骛远，也不要盲目攀比。

(2) 科学地制订学习目标。制订学习目标时要与自己所具备的条件及实际环境结合起来，目标要分阶段、分步骤，循序渐进，不能只有远景的大目标，而没有中近期的阶段目标。学习目标应是经由自己努力能够达到的，要清晰、具体并具有可操作性。切勿把目标定得过高，过于模糊，难以操作。

(3) 将关注点聚焦在学习活动本身。学习动机过强的学生往往过分注重长辈、老师及周围的同学对自己的看法，使得学习中压力过大，患得患失。要把关注点聚焦在如何学会学习、学会了多少知识上，淡化唯成绩论，增强抗挫折能力。

(4) 营造一个宽松的学习氛围。在学习过程中，环境的影响起着很大的作用。因此，父母、教师、社会应尽量为学生营造一个宽松的学习氛围，细心观察学生的言行，充分了解学生的心理，及时依据各人的不同情况给予正确的引导，让他们以正确的态度对待学习，对待学习评价。

二、大学生学习效能感不强与调适

(一) 学习效能感概念及影响

1. 学习效能感概念

学习效能感又称学习自我效能感，是指大学生对自己学习能力的信念，即对自己能否组织和控制学习行为，以实现特定学业成就的能力的一种主观评估。自我效能感是大学生对自己能否实施某种成就行为的能力判断，它意味着大学生是否确信自己能够成功地进行带来某一结果的行为。当确信自己有能力进行某一活动并能做好时，他就会产生高度的自我效能感，并会去实施该活动。

2. 学习效能感的影响

学习效能感和学生的各种学习活动密切相关，它是影响学生学习的重要变量。学习效能感不强，对学生会有以下影响。

（1）影响学习动机。自我效能感低的大学生会学习动机不强，对自己学习的能力信心不足，每当在学习中遇到困难时就认为自己能力不够，于是不加尝试便放弃，更不愿付出更多的努力和采取相应的策略去应对学习中出现的困难。

（2）影响大学生正确归因。自我效能感高的大学生将学习的成功归因于自己的能力，而把学习的失败归因于努力不足。这种积极的归因方式反过来又会促使学生提高动机水平，从而提高学业成绩。自我效能感低的大学生则把学习的成功归因于运气、他人的帮助等外界因素，而把失败归因于能力不足。这种消极的归因方式显然会影响学生的动机水平，从而影响学业成绩。

（3）影响学习目标的确定。自我效能感高的学生选择适合自己的、具有挑战性的学习目标，为自己制订成功的学习计划，有实现目标的坚定信心。而自我效能感低的学生则恰恰相反，他们的学习目标不切实际，要么过高要么过低。过低的目标容易成功，起不到促进学习能力提高的作用；而过高的目标又恰好给其找到了失败的借口，认为由于任务太难，不能成功理所当然。

（4）影响大学生的身心健康。坚信自我学习效能的学生倾向于信心十足、心情愉快地从事学习及其他活动，而学习效能低的大学生，往往夸大任务的艰巨性，把注意力集中于自身的不足，担心失败的结果，更多地强调自己的无能为力和学习中的困难，因而产生焦虑、抑郁等心理问题，从而影响其学习效能和心理健康。

（二）大学生学习效能感不强的调适

1. 利用集体效能感的促进作用

集体效能感对个体的学习效能感的发展非常重要，良好的集体效能感有利于为学生创造一个有效的学习环境。因此，教师要对学生的学业充满信心，促进班级形成良好的集体效能感，可以通过诸如开主题班会等活动积极营造集体效能感，提升大学生的学习效能感水平。

2. 在实践活动中让学生体验成功

大学生的学习虽然是一种自主性学习，教师在教学中的主导作用以及对大学生学习的指导和建议仍然十分重要。首先，构建新型的研究性学习的教学体系能够充分发挥他们独立思考能力强、求知欲望高、敢于创新的相对优势，从而为学生获得成功体验，为提高其学习效能感创造了良好的环境和实现途径。其次，通过设置合适的学习目标，有利于学生更多地获得成功体验，提升学习自我效能感。最后，利用各种资源开展大量与学业相关的针对性的社会实践活动，可使大学生在实践过程中以解决实际问题为中心，学以致用。

3. 学习策略和心理效能训练

研究表明，低学习效能感的学生不愿尝试运用新的策略或技巧，即使这种策略极其有效，并且这样的学生对已掌握的策略和技巧的应用缺乏信心，难以根据实际情况自主选择有效策略并付诸实施。在大学资源与条件允许的情况下，运用团体心理辅导可以有效地对大学生进行学习策略的辅导，以提高学习效率，增强学习效能感。

通过心理训练，如自我暗示一类的方法大学生可调适自我学习效能感。当一个人接受一项新的任务时，帮助其使用积极自我暗示的方法，可使其树立自信，从而提高学习效能感。积极自我暗示训练方法是：首先进行心理和身体的放松，使之处于轻松愉快和舒适状态；然后明确目标，编写自我对话，在训练时可根据自己的情况，对对话不断加以修改；接着实现目标形象，体验成功的愉悦。这样长期坚持下去，就会有大的收获。

总之，大学生学习效能感影响其学习的成就水平，它的培养和提高不仅有利于大学生形成良好的学习自信心，发挥自身学习的主动性、积极性、创造性，更好地运用学习策略进行自我调控学习，而且有利于大学生心理的健康成长。

三、大学生注意力不集中与调适

注意力是通过视觉、听觉、触觉、嗅觉和味觉五大信息通道对客观事物的集中关注能力。大学生的学习活动离不开注意力，注意力差的学生易出现学习效率低下、学习成绩不良等现象。

（一）注意力不集中的表现及原因

（1）容易走神。注意力不集中的学生，在学习时常不能有效控制自己的心理活动，思维远离当前的学习活动，且不易收回。

（2）易受干扰。注意力不集中的学生，在学习时很容易被外界无关刺激所吸引，有时甚至是很微弱的刺激也能引起他们注意力的分散，偏离当前的学习活动。

（3）无关动作增多。注意力不集中的学生，在学习时往往伴随着一些与学习无关的动作，如说话、东张西望、玩弄手指、摆弄笔杆、摸东翻西等，始终不能把注意力维持在学习上。

（4）效率低下。注意力不集中的学生学习效率是很低的，通常他们给人的印象是花在学习上的时间很多，却见不到成效。如有的同学一个晚上都在看书，可是可能一页书都没有看完。

（二）注意力不集中的调适

（1）明确学习目标，规定任务。大学生在学习前应根据自己的情况，为自己确立一个适当的目标，并依据目标制订详细的学习计划。每次学习时都应有具体的学习任务，要带着任务和问题进行学习。这样学习才有动力，才不易分心。

（2）激发学习兴趣。大学生入学后，就应开始对所学专业的前景、发展方向做一些了解，增强对本专业的兴趣，在兴趣向志趣进而向乐趣的转换中不断将注意力集中在学习上。

（3）掌握科学的学习方法。新生在入学之初，可能会对大学的教育教学方法不适应。大学生要主动、积极地适应大学教学与中学教学的差别，尽快摸索总结出一套适应大学教育教学并与个人自身条件相适应的科学的学习方法，把课后的时间充分利用起来。

（4）选择环境，排除干扰。由于每个人的心理特征不同，个人所喜好的学习环境也不同。如有的人必须在绝对安静的环境下才能集中注意力，而有的人在轻柔的乐曲声中更能集中注意力。因此，大学生可以根据个人的不同情况，选择适合自己的学习环境。大学生大多过着集体生活，有时在无法选择环境、干扰无法排除时，就需要有与干扰做斗争的自制力。

（5）劳逸结合，张弛有度。要科学地安排作息时间，适当地休息或进行体育活动，防止过度疲劳。同时，要消除焦虑、紧张情绪，保持平和愉快的心境。

（6）学会运用思维阻断法。注意力不集中的学生在学习时常会胡思乱想，及时阻止这种纷乱的思绪对于提高学习效率大有益处。当纷乱思想出现时，可采用一些方法阻断注意力的分散，如听一些柔和的音乐，使大脑放松下来；也可把眼睛闭上，反复握拳、松开，使肌肉收缩，同时对自己说“停”，如此反复数次，有助于集中注意力。

四、学习疲劳及调适

学习疲劳包括生理疲劳和心理疲劳。学习疲劳是一种保护性抑制，一般来说，经过适当的休息即可得到恢复，对大学生的身心发展不会造成什么影响。但如果长期处于疲劳状态，勉强让大脑的有关部位保持兴奋，就会导致大脑兴奋和抑制过程的失调，严重的还会引起神经衰弱等疾病，并可能引发身体器官的病变，严重影响大学生的身心健康。

（一）大学生学习疲劳的表现

1. 学习疲劳的表现

（1）生理表现。大学生在学习时间、强度等方面的过度造成的生理疲劳，主要表现为肌肉痉挛、麻木，眼球发酸，头脑发胀，腰酸背疼，动作不准确、僵硬，打瞌睡等肌体反应。

（2）心理表现。大学生学习用脑过度，造成学习疲劳的心理表现主要为注意力分散，思维迟钝，情绪易躁动、忧郁、愤怒，学习效率下降，学习错误增多，产生学习厌烦情绪。

2. 学习疲劳的原因

（1）生理疲劳。在学习活动中，很多学生学习压力大、学习时间长，不注意劳逸结合，睡眠时间不足，不注意用脑卫生和用眼卫生，导致生理疲劳。长时间的生理疲劳对大学生的学习易造成不良影响，最终有可能出现学习上的心理疲劳，影响其身心健康。

（2）心理疲劳。除了因长期学习的生理疲劳而引起的心理疲劳外，学习内容单调、难度过大、学习过于紧张等也易引起心理疲劳，使大学生对学习缺乏兴趣；或是受到其他因素的干扰，如家庭经济问题、思想问题等，造成心理疲劳。

（二）大学生学习疲劳的调适

1. 科学用脑

学习活动持续时间过长，就会影响大脑活动的正常运转，引起疲劳。因此，科学用脑，保证大脑的清醒状态，是缓解学习疲劳的有效方法之一。科学用脑，首先从生理上要做到饮食合理，给大脑以充分的营养，保证其功能的正常发挥。其次，在学习时要根据不同的学习内容，合理安排用脑时间。最后，要注意不能用脑过度，不要等到“脑袋麻木”了才停止学习和工作，否则极易引起大脑损伤，进而诱发各种身心疾病。

2. 劳逸结合

不会休息的人就不会工作，同样，休息好是为了更好地学习。因此，大学生要学会劳逸结合，才能更有效地预防学习疲劳的发生。要养成良好的生活习惯，安排好学习和休息的时间，晚上按时睡觉，保证睡眠的充足，做到学习时专心致志，提高效率；休息时大脑放松，安心休养。在平时要注意加强体育锻炼，使脑力劳动和体力劳动交替进行，以改善血液循环，消除大脑和肌体的疲劳。

3. 创设良好的学习情境

学习情境对人的心境有很大的影响。有研究表明，良好的学习环境可使大学生在学习活动中身心舒畅，提高学习效率；而在嘈杂、脏乱的学习环境中，可能引起心烦意乱，焦躁不安。因此，大学生在学习时应尽可能地为自己创设一个良好的学习情境，避免身心疲劳的发生。

4. 培养学习兴趣

对学习感兴趣，可以使大学生在学习时心情愉快，长时间学习而不知疲倦；反之，对学习不感兴趣，就会感到学习的内容枯燥、学不进去，很快就会进入疲劳状态。由此可见，大学生有意识地培养自己学习的兴趣，有利于避免学习疲劳的产生。

课堂讨论

在你的学习中，存在哪些问题，应如何调适？

心理训练

心理训练一：学习调试站

一、考试焦虑症的调适

考试是学习过程的组成部分，它既是对学习效果的一种检验，也是对学生心理能力的一种考验。有些同学一想到考试往往出现心跳加速、呼吸急促、出虚汗、坐立不安等现象，又因为焦虑过度而不能充分发挥水平，造成屡试屡败，对考试失去信心。

究其焦虑的原因：一是心理负担过重，由于学习动机过强，总期望自己处于领先的地位，害怕失败和落后，结果造成焦虑；另一种是考试准备不足，平时不认真学习，考试靠突击，没有真正掌握知识，遇到问题就易产生焦虑。

那么，如何克服焦虑症状呢？

（1）学会放松。具体方法是树立要求放松的意愿，选择一个安静的场所，使自己感觉舒适，想象一些轻松愉快的情景，缓慢体会松弛感，每日坚持，就会掌握放松的技巧。

（2）运用系统脱敏方法克服考试前的心理紧张。系统脱敏的方法是由交互抑制发展而来的一种行为疗法，特别适合用于解除由于害怕某种客体式情境所产生的恐怖和焦虑。它能使人以轻松愉快的情绪想象自己接近或逐步接近引起焦虑的情境，直到真正面临此情境以后不再害怕。其操作步骤为：首先，设计一套考试焦虑程度想象情境的分级序列卡片，回想一下过去经历考试的情境，开始感到紧张是什么时候，地点在哪里，按照不同时间、地点、触发考试焦虑情绪的不同程度，分别用小卡片把当时的情境描述记录下来，每张卡片上记录一种情境，并按紧张程度的高低，依次排列序号，放在手边，然后，使自己进入放松状态，当全身处于舒服的松弛状态时，就开始读第一张卡片（紧张程度最低的情境描述）。当已身临其境地进入了卡片所描述的情境之中，而又能达到完全放松状态时，就往下读第二张卡片，依次进行，直到读到那种使人产生最高紧张程度的情境时，仍能保持完全的松弛状态为止。

脱敏法能有效减轻对考试的紧张反应，当然这是建立在充分复习准备的基础之上的。

（3）消除考试中的紧张焦虑情绪。考场中的焦虑常使学生发挥失常，因此必须在考场中学会快速放松，在答卷过程中，做几次短暂的休息，闭上眼睛，放松身体和思想，伸展四肢，并变换身体的位置，做几次缓慢的深呼吸并在呼气时给自己“放松”的心理暗示。

二、在自励中成长

以下是一些用于自我激励的话，大家可以经常翻看，激励自己学习的斗志。

（1）永远瞄准目标：我要成为某专业领域的世界级精英，成为一个具有最积极的心态、最正确的思维、最良好的习惯、最健康快乐的人。

（2）我是我自己的对手。战胜了自己的缺点，就战胜了强大的敌人。

（3）我就是最大的奇迹。世界上只有一个我，我能成为一座高山，绝不做一颗沙砾。

（4）学会控制情绪。控制情绪，就能掌握自己的命运。允许情绪控制行动的人是弱者；能让行动控制情绪的人是强者。

（5）克服烦恼。我要快乐，我要成功，我没有时间和精力去烦恼，如果有了烦恼，我要做的是用心思考，找到办法解决它。

（6）把每天当作最后一天。今天是我最后的机会，我必须珍惜今天的每一分钟，不为昨天的失败、不幸而悲伤。今天的太阳刚刚升起，计划好一天的行程，并努力坚持，直到成功。

（7）毅力是成功的保证。坚韧不拔是我意志的体现，我不为失败而来，我要为成功而去，当别人停止奋斗时，我还在奋斗，我的收获就比别人多。

（8）行动是成功的捷径。如果只有目标、计划而不行动，那么目标和计划就是一张废纸。成功不会等待，稍一停留再回头，就已经来不及了，因此，就在这个时候，就在这个地点，就是我这个人，开始行动吧！

（9）创造性思维是精髓。别人做不到的，我做到了；别人想不到的，我想到了；别人悟不到的，我悟到了。当别人失败时，我就成功了。

（10）专心致志。用心去看，用心去记，任何杂事也阻止不了我前进的步伐。

（11）绝不轻易放弃。放弃，会导致人格的失败，只要有一线希望，我就要奋斗到底。

（12）总结经验教训。聪明的人，既能学习别人成功的经验，又能吸取别人失败的教训。让自己的失败来惩罚自己实为下策。

（13）养成快乐的习惯。我有远大的目标，我有足够的信心，我能脚踏实地，努力拼搏。快乐，已深入我的骨髓中，融化在我的血液里。

心理训练二：学习动机自我测试

这里为大家提供的测验，主要是了解学生在学习动机、学习兴趣、学习目标制订上是否存在行为困扰。该问卷共20个题目，测验时请在与自己情况相符的题后填“Y”，不相符的题后填“N”。

（1）如果别人不督促你，你极少主动地学习。

（2）当你读书时，需要很长的时间才能提起精神。

（3）你一读书就觉得疲劳与厌烦，想要睡觉。

（4）除了老师指定的作业外，你不想再多看书。

（5）如有不懂的问题，你根本不想设法弄懂它。

（6）你常想，自己不用花太多的时间，成绩就也会超过别人。

（7）你迫切希望自己不用花太多的时间，成绩就会超过别人。

（8）你常为短时间内成绩没能提高而烦恼不已。

（9）为了及时完成某项作业，你宁愿废寝忘食、通宵达旦。

（10）为了把功课学好，你放弃了许多你感兴趣的活动，如体育锻炼、看电影与郊游等。

（11）你觉得读书没意思，想去找个工作。

（12）你常认为课本上的基础知识没什么好学的，只有看高深的理论、读大部头作品才带劲。

（13）只在你喜欢的科目上狠下功夫，而对不喜欢的科目放任自流。

（14）你花在课外读物上的时间比在教科书上的时间要多得多。

（15）你把自己的时间平均分配在各科上。

（16）你给自己定下的学习目标，多数因做不到而不得不放弃。

（17）你几乎毫不费力就可以实现你的学习目标。

（18）你总是同时为实现几个学习目标忙得焦头烂额。

（19）为了对付每天的学习任务，已经感到力不从心。

（20）为了实现一个大目标，你不再给自己制订循序渐进的小目标。

上述20个题目可分成4组，它们分别测查学生在学习欲望上4个方面的困扰程度：

（1）~（5）题测查学习动机是不是太弱。

（6）~（10）题测查学习动机是不是太强。

（11）~（15）题测查学习兴趣方面是否存在困扰。

（16）~（20）题测查学习目标方面是否存在困扰。

假如被试者对某组（每组5题）中的大多数题目持认同的态度，则说明他们在相应的学习欲望上存在一些不够正确的认识，或存在一定程度的困扰。

第九章　规划蓝图，扬帆远航
——大学生职业规划与就业

心语心愿

要选择一个适合自己的职业，关键是要战胜自我，调整好自己的心态，对自己的职业能力、个性特点等做出客观的评价。

——［法］巴斯德

案例导入

未雨绸缪做未来主人

小秦是大三的男生，来咨询时他很焦虑，他很急切地问我，应不应该继续进行出国留学的各种准备，在出国和创业之间他应该如何抉择。

听完他的问题，我告诉他，我能理解他迫切希望得到一个明确的答案的心情，但是，这需我们一起了解更多的信息，去探索和发现问题的答案。

随后，小秦告诉我，他家亲戚的孩子有很多都在国外读书。从初中开始，父母就不断在他面前说，谁家的儿子又成功申请出国了。话语里和眼睛里流露出的都是羡慕和期盼，在这样的成长环境中他觉得出国深造是最好的选择。上大学之后，他在英语学习上花费了很多时间，但是，学习英语的枯燥乏味、“海龟”成为“海带”的就业形势以及他希望大学毕业后创业的强烈愿望，都使他一直以来的想法发生动摇。他开始不断怀疑和思考“出国是不是我最好的选择”，这种犹豫严重影响了他的学习效率，让他很焦虑。

听完他的讲述，我发现小秦不像有些大学生，大一时一味放松，大二开始初步考虑“我以后要干什么”的问题，并在思考这个问题和最终做决定之前经历很多的犹豫和摇摆。小秦很早就定下出国留学的目标，进入大学之后也一直在做准备。

小秦是个努力、上进的学生，并且很早就确定了生涯发展的目标。但是，此目标主要是基于父母的期望，在确定这个目标的时候，他对于自己并没有足够的探索和了解，对于留学这个选择本身也没有充分的了解。在某种程度上，他现在的动摇和怀疑是必然的，也是一个让他重新了解自己和外部环境，从而为自己做决定的机会。

在后续几次的咨询中，借由测评量表等工具，小秦开始重新探索和了解自己的兴趣、能力和价值观，并对出国留学的利与弊有了更全面和深入的认识，在此基础上，他尝试了做决定的科学方式。最后，他做出了先出国留学，在留学期间多参加相关实践，为后续创业做各种准备的决定。

第一节 职业生涯规划概述

一、职业生涯的概念与特点

（一）职业生涯的概念

生涯，英语是“career”，“生”，即“活着”，是与一个人的生命相联系；“涯”，则有边际的含义，即指人生经历、生活道路和职业、专业、事业。

美国生涯发展心理学家舒伯（Super）认为：所谓生涯是指个体生活事件的连续发展过程，它整合了人一生中依序发展的各种职业和生活角色，是个人一生中所经历的一系列职业与角色的总称，即个人终身发展的历程。

职业生涯狭义上是一个人一生中所有与工作相联系的行为与活动，也是一个人一生中职业、职位的变迁及工作理想的实现过程。广义上讲，其是一个人从获得职业能力、培养职业兴趣、选择职业和就业，直至最后完全退出职业劳动的完整的职业发展过程。

（二）职业生涯的特点

1. 连续性

连续性也体现为阶段性。职业生涯分为不同阶段，一般以工作年限为主要特征，而且每一个阶段都会表现出不同的特点。各阶段之间并不是并列关系，前一阶段的状态是后一阶段的基础。阶段性一般是递进的，因此职业生涯期间会出现角色变化的现象，无论怎么变化，其职业生涯都不会中断，是具有连续性的全过程。

2. 发展性

职业生涯不可能一步到位，具有拾级而上发展的特点。发展性在职业生涯中的表现是多方面的，都需要逐步积累经验、摸索技巧，持续不断地全面提升自己，通过人生追求的实现来促进个人价值的提升，承担越来越重要的社会角色。

3. 动态性

职业生涯是三个层面立体空间状态，在个人生命过程、个人投入程度、一生扮演角色三维空间状态里，每个人的职业生涯都不会是固定不变的。由于社会环境、工作环境随时在变化，加之个人投入度和角色的变化，导致个人一生的职业生涯也是动态变化的。

4. 普遍性

普遍性意味着可规划性，职业生涯规划中有偶然因素，但偶然中寓意着必然，就是只要是参加工作的任何人，虽然角色不同，但每个人都会有自己的职业生涯，任何角色成功都与成功的职业生涯规划相关。

5. 独特性

由于每个人的真实个性特征不同，机遇不同，每个人的职业生涯过程都会与众不同。由于多年所从事的专业岗位的历练，每个人无论在生理、心理、习惯，还是行为模式上都会打上这个岗位的烙印，从而形成不同的职业生涯状态。随着时间的推移，这种职业生涯的独特性就会越来越大。正是由于这种差异性的存在，每个人的职业生涯设计是个性化的。职业生涯设计越是个性化的，对自己的职业生涯发展越具有切实的指导意义。

6. 创造性

个人在职业生涯中具有创造性的特征。走别人的路能成功，但是，走自己的路一旦成功，会更有价值。很多后来证明的成功，往往在当时被人们认为是不可能的。社会的进步是人类个人智慧主动发挥、不断创新的过程，所以，职业生涯也需要创造性。

7. 不可逆转性

职业生涯发展的不可逆转性是因为人的自然成长和发展过程的不可逆转性，职业生涯发展的不可逆转性提醒人们要充分重视职业生涯发展中的每一步，因为今天每一个选择，都可能影响你的下一步选择。正确认识职业生涯的不可逆转性的目的就是要好好地设计自己的职业生涯，不给自己留下“如果能重来”的遗憾。

二、研究职业生涯的作用

（1）挖掘个人潜能，选择职业发展方向。一份行之有效的职业规划可以帮助大学生个体正确认识自己的个性特点、潜在价值；引导自己的综合优势与劣势进行对比分析；帮助发掘自己的潜能，从而确定自己的职业发展方向和途径。

（2）确定职业目标。职业规划可以帮助大学生确定职业目标及成功的标准，帮助个人在社会发展中与时俱进，从而确定职业角色形象。

（3）提高职业发展成功的机会。职业生涯发展要有计划、有目的，不可盲目地“撞大运”，很多时候大学生的职业生涯受挫就是由于职业生涯规划没有做好。好的计划是成功的开始，“凡事预则立，不预则废”就是这个道理。

（4）有计划提高个人工作技能。现今社会竞争十分激烈，要想在这场激烈的竞争中脱颖而出并立于不败之地，必须设计好自己的职业规划并付诸行动，随着个人工作经验的丰富、知识的扩张，个人的职业技能将不断增强，个人职业竞争力也随之增加。

（5）服务社会。人是社会人，生存发展离不开社会。正常的人需要得到社会的帮助也需要为社会奉献，职业规划可以使个人进入社会环境，能更好地担任特定的社会角色。

三、职业生涯阶段划分和自我规划方法

（一）职业生涯阶段划分

国外把人的职业发展过程分为以下五个阶段。

（1）成长阶段（出生~18岁）。这是一个以幻想、兴趣为中心，辨认周围事物，并逐渐开始意识到自己兴趣所在以及和职业相关的一些最基本的技能。这一阶段分为三期：早期需要家庭、幼儿教师的诱导；中期接受符合个性的正规和课余教育；后期或准备进入高校或从事职业技能学习并等待就业。这个阶段的任务是：发展自我形象和对工作的正确态度，并了解工作的意义。因此，这个阶段也称职业准备阶段。

（2）探索阶段（18~25岁）。这个阶段通过学校生活和社会实践，对自我能力、社会角色、职业进行探索，逐步对自身的兴趣、能力以及对职业的社会价值、就业机会进行考虑，开始进入劳动力市场或开始从事某种职业，也称进入组织（学校）阶段。探索阶段又可以分为尝试期、过渡期和初步试验期三个时期。从对生涯进行讨论、幻想和尝试开始，逐渐地开始进行相关训练，将一般性职业选择变为特定的选择，最后验证自己长期职业发展的可能性。

(3) 确立阶段（25~40岁）。这一阶段是职业生涯最关键和最见成效的阶段。这一阶段根据职业实践，进行自我与职业的统合，对选定的职业进行尝试，变换工作，到职业逐步稳定和职业行为趋于成熟。这个阶段可以分为两个时期：承诺稳定期（25~30岁），个人开始寻找安定的工作，如果工作不满意则力求调整；稳定工作期（31~40岁），个人致力于工作上的稳固，大部分人处于富于创造性的时期，开始职业的最高峰。

(4) 维持阶段（40~55岁）。这一阶段一般不会有大的职业变动，劳动者在工作中已经取得了一定的成绩，幸运者技能出众获得赏识，得到提拔，独当一面或进管理层。不幸运者就容易进入中年危机，或转行或创业，有时处于不甘心又输不起的状态。最后选择维持现状，忍耐坚持。一部分人也会有“事业第二春”，取得新的工作成就，提升自己的社会地位。

(5) 衰退阶段（55岁以后）。也有学者把这一阶段划为65岁以后。个体生理与心理技能的日渐衰退，职业生涯接近尾声或退出工作领域。此阶段的人心态各异，有的做好退休准备或选择退而不休，发挥自己经验丰富的优势，有的逐渐离开工作岗位，开始发展新的角色，证明自己的价值所在。对于工作近四十年的人，一下子改变角色或无事可做，会无所适从。聪明的人会寻求新的生活方式替代满足个人发展的需要。

我国专家也提出与之相似的划分方法，将职业生涯分为萌发期、继承期、创造期、成熟期和老年期。

(二) 职业生涯自我规划方法

这是一种简单易行的方法。它需要大学生自己独立思考，并且回答七个问题。综合七个问题的回答，就可以设计出自己的职业规划，见表9-1。

表9-1 职业自我规划法

项　目	内　容
a. 我是谁	首先考虑自己所扮演的社会角色，如学生、青年人、求职者等。还要凸显出自己的性格特点和能力素质。尽可能多地回答这个问题，并按重要性进行排序
b. 我想做什么	大学生在回答时，需要回忆从儿时到现在每个阶段的理想，依次把它们列出，并查漏补缺，再依照理想实现的程度大小来对这些答案排序
c. 我能做什么	这是对自己能力和潜力的考察。一个人的能力直接决定了他的职业定位，而他的潜力大小则决定了他职业发展空间的大小。应从个人的兴趣、做事的毅力、处理事情的判断力、知识结构的健全程度以及观念的更新来认识。考虑成熟之后，就可以把自己确定的能力和潜在的能力归纳进行排序
d. 环境支持和允许我做什么	主要考察影响大学生职业规划的主客观因素。主观因素包括人际交往、社会关系，客观因素包括宏观环境和工作环境。把一切有利于自己发展的因素调动起来，单列后按重要性排列出来
e. 我的优势	作为大学生的优势是学习过什么，做过什么，最成功的是什么？优势是发展期策划的动力之源
f. 我的弱势	性格的弱点，经验的欠缺。这两方面的正确认知，可以找出偏差以补充，有助于自我提高
g. 我的职业规划是什么	先从上述六个问题的答案中找出内容相同或者相近的，然后把它们连在一起，最后共同点最多的连线就是你以后职业的发展方向，根据发展方向，可以具体制订行动计划。短期目标：1~2年，又分为日目标、周目标、月目标、年目标；中期目标3~5年，长期目标5~10年；然后列出可行方案，全身心投入到行动中

四、职业规划的理念创新

（一）职业规划的营销理念

1. 营销理念

职业生涯的营销理念可以理解为在择业、就业活动过程中，为更好地实现就业目的和推广自己，所依照、采用的谋求、筹划、运作的观点、看法、指导原则。

运用就业营销理念的意义是：首先，就业作为一种利益运作、需求优化的活动，人才市场供求双方都在使用营销规则；其次，目前人才市场就业功利化的表现，不是因为就业营销理念的影响，相反，正是就业营销理念的缺失，如果按照就业营销理念办事，大学生先解决自身的价值提高问题，用人单位主动去学校寻求合作，就会有双方应得的利益所在；最后，提高就业效果，用经济理论解释就业，不是牵强附会。就业提倡的方法是“有效地推销自己”，足可以说明，采取营销理念可以提高就业效果。

2. 职业规划的营销理念运用

职业生涯的营销理念的运用，主要是采取市场定位的方法，即按照用人单位的需求合理定向，按照自身特点选择目标单位，争取发挥自身优势赢得用人单位的青睐。很多大学生择业就业过程中不乏高涨的热情，却常常使用“广种薄收”的方法，忙乎半天不见成效。大学生应采取有计划地寻找就业岗位群，进行有价值的市场调查，总结自己的优缺点，定位在自身价值能得到最佳发挥的单位作为求职目标。

（二）职业规划的交换意识

首先，多数就业接收单位属于商业性组织，应聘者与组织之间就是就业交换关系，是价值的等价交换过程。既然是交换关系，一方不满意这种关系就难以维持。因此，任何一方都要先明确，能给对方提供的利益是否“货真价实”。

其次，要准确认知自我。大学生作为就业主体，不要将就业难完全归罪于客观条件，个人能力的不足决定了用人单位对你的职业角色的确定。

最后，既然遵守交换原则，就应该主动寻找时机和方法使自己经历实践获取经验，养成良好的职业品质，使工作能力出色，就业交换价值提高。

（三）职业生涯设计的TOP原则

1. TOP原则概念

T代表Talent，是指是否具备做好这项工作的能力；O代表Organization（也有人称是Opportunity），是组织或机遇之意，指从事的这项工作是否符合公司的需要，是否能够给企业带来发展机会、增值效应；P代表Passion，是指是否有足够的兴趣和激情投入你所从事的这项工作。

根据国外职业发展专家的观察与分析，要经营好自己的职业，须遵循TOP法则，如果能同时拥有这三方面的条件，就是职场精英，一定能拥有一个前途广阔的职业生涯，成为TOP的人（身居要职的人、最优秀的人、最重要的人）。

2. 职业规划的TOP原则运用

首先，T作为做好某项工作的能力，包含着知识、技能和品质修养三个方面的内容。能力不足，即使就业也会被淘汰。拥有知识并不代表拥有技能，只有通过不断的锻炼、演习和实践，积累相当的经验才能形成技能。品质修养包括人的价值观、工作态度和性格特征，它能帮助那些既有知识，又有技能的人做事做得更好、更快和更有效率。品质修养是隐形能力，是一个人的内功；知识和技能是显性能力，是一个人的外功。

其次，P 作为对某件事物的兴趣、激情，是生活中做任何事都不可或缺的因素。人的心理活动中的情绪、情感对人的行为具有正反激励作用，为自己提供持续追求的动力和遭遇挫折时克服困难的勇气。目前的主要问题不是大学生“无业可就”，往往是不能保证自己会持续地把精力和激情投入到工作中，总是不能取得突破性成果。

最后，大学生与所在的单位环境的融洽程度，是决定个人职业生涯能否有发展的平台。大学生往往出于主观意愿，期望能先保证得到发展空间和个人利益，这就暴露出大学生目前将自己置身于所在组织的对立面思考问题的普遍现象。

第二节　大学生职业规划分析

一、大学生职业生涯规划的概念

职业生涯规划亦称职业生涯设计（简称生涯规划），是指个人通过对自己职业生涯的各种主客观因素进行分析、总结和测定，并结合自己的兴趣、爱好、能力和特点，以确立个人最佳的职业奋斗目标，实现个人与社会的协调发展的过程。其主要内容是为实现个人最佳职业奋斗目标而进行一系列生涯发展系统安排的活动或过程，最高目标是实现自身发展和组织发展相结合。

二、大学生职业规划的流程

（一）自我评估，明确职业生涯方向

自我评估的目的是认识自己、了解自己。因为只有认识了自己，才能对自己的职业做出正确的选择，才能选定适合自己发展的职业生涯路线，才能对自己的职业生涯目标做出最佳抉择。自我评估包括对自己的兴趣、特长、性格、学识、技能、能力、智商、情商、思维方式与方法、价值观以及社会角色等进行深入的认识，了解自己在进行职业选择时，喜欢什么、擅长什么。通过对自己个性的分析和评估，明确自己的职业生涯方向。

（二）职业评估，发掘职业生涯机会

职业评估主要是评估各种环境因素对自己职业生涯发展的影响，每一个人都处在一定的环境之中，环境是个体成长与发展的条件。只有对这些环境因素充分了解，才能做到在复杂的环境中趋利避害，使你的职业生涯规划具有实际意义。职业评估主要包括以下几方面。

（1）组织环境。组织环境即你成长的小环境，主要是指大学阶段的学习环境。你要了解学校给你提供了哪些学习发展的机会和条件，你如何在学校提供的学习环境中完善自己的知识结构，如何获取实践能力等。

（2）政治环境。作为青年大学生，应了解国家的政治环境，关心国家的政策，铭记自己的历史使命，因此，在制订职业生涯规划时要明确大学生的责任与使命，职业目标要与国家的政策导向相符。

（3）社会环境。这里的社会环境包括两个部分：一是你生长的小环境，如家庭环境、社会关系等；二是你生长的大环境，包括区域的环境，乃至国家的社会环境。了解社会环境主要是要了解你成长环境中的社会资源和条件，以便为我所用，促进自己的职业生涯更快更好地发展。

（4）经济环境。一方面，职业目标的制订要与你的职业发展领域相关的经济环境相协调；另一方面，要善于利用和发掘身边的职业资源，促进你的职业生涯的发展。

扩展阅读

了解外部环境的方法和途径

外部环境飞速变化使大学生面临这样的现实：了解外部环境不可能一劳永逸。应对这一现实的有效方式是掌握了解外部环境的方法和途径，不断更新外部环境相关信息。

了解外部环境之前，先要确定有意向的职业选择，确定搜集资料的重点方向。之后，可以用以下几种方法了解外部环境。

（1）通过书籍和媒体获取静态资料。

（2）通过与从业人员访谈获取有代表性个体的独特经验。

（3）通过实习和实地参观得到直观的感受和判断。心理学家约翰·克朗伯兹（Krumboltz）认为，不要“追求梦想”，这意味着等待机会成熟才真正去做，而要“尝试梦想”，在尝试的过程中判断是否适合、是否继续坚持。这要求大学生把握和创造各种机会，进行实地参观、考察和实习，积累有关外部环境的第一手资料，并在实践中锻炼各种专业技能和通用技能。

总之，为了明确“我有什么选择”，建议大学生要做到两点：一是对各种新信息持开放态度，并提高其质量和可信度；二是需要综合运用阅读、倾听、观察、参观、讨论等方式获取全面的信息。这是需要花时间的，因此需要注意以下几点：

（1）请保持耐心；

（2）养成不断从书籍、网络、周围人或者公共汽车上坐在自己旁边的人那里获取外部信息的习惯；

（3）逐渐提高辨别和判断信息的全面性、可靠度的能力，筛选出有用和可信的有关外部环境的信息。

（三）明确职业生涯定位

职业生涯决策的正确与否，直接关系到人生事业的成功与失败，很多时候重要的不是你做了什么，而是你如何去做。据统计，在选错职业的人中，有至少80%的人在事业上是失败者。由此可见，职业生涯的选择是生涯目标制订的关键因素，在进行生涯决策时，应注意以下几个方面：

（1）性格与职业所需特质的匹配。这种匹配即你的个性是否与职业所要求的性格相匹配。例如，性格外向的人从事与人打交道的职业更为合适，性格内向的人从事与事打交道的职业更为匹配。

（2）兴趣与职业内容的匹配。这是指你是否真正对某职业感兴趣，这是关乎你对某职业是否具有内在职业兴趣的问题。你可以思考一下自己的经历中最让你投入的事，如果你在做这些事时，可以废寝忘食，能够全身心地投入，说明你对这些事有真正的兴趣，你可以从中发现你喜欢的职业。

（3）特长与职业所需能力的匹配。这是看你能否胜任该职业。从事某项职业时，你需要具备从事该职业的相关专业技能、知识结构、相关能力等。例如，财会人员除了要具备一定的资格证书以外，还必须具备财务管理的相关知识、良好的财务技能、认真细致的工作态度等。

（4）价值观与职业报酬率的匹配。在进行职业的选择时，有的人看重精神的满足，有的人看重高薪，有的人看重职业带来的荣誉……同时，每种职业给予人们的报酬和意义也大不相同，因此认清你的职业价值观可以帮助你选择适合自己的职业。

（四）选择职业生涯发展路线

在职业目标确定后，你将面临向哪一条职业道路发展的抉择。在职业发展的道路中有两种发展方向可供选择，即是向行政管理路线发展，还是向专业技术路线发展；或者先走技术路线，再转向行政管理路线。由于发展路线不同，对职业发展的要求也不同。因此，在职业生涯规划中，要尽早做出抉择，以便使自己的学习、工作以及各种行动沿着你设定的职业生涯路线或预定的方向前进。

（五）设定职业生涯目标，细化职业生涯任务

职业生涯目标的设定是职业生涯规划的核心。在进行职业生涯目标的设定时，是以自己的最佳才能、最优性格、最大兴趣、最有利的环境等信息为依据的。职业生涯目标通常分为短期目标、中期目标、长期目标和人生目标。

（六）制订行动计划，实现职业生涯目标

在确定了职业生涯目标后，行动便成了关键的环节。没有朝着目标前进的行动，目标就难以实现，也就谈不上事业的成功。这里所指的行动，是指落实目标的具体措施，主要包括工作、训练、教育、轮岗等方面。

（七）评估与回馈，及时修正职业生涯目标

所谓计划赶不上变化，影响职业生涯规划的因素有很多，有的变化因素是可以预测的，而有的变化因素则难以预测。在此状况下，要使所制订的职业生涯规划行之有效，就必须不断地对职业生涯规划进行评估与修订。修订的内容包括职业的重新选择、职业生涯路线的重新调整、人生目标的修正、实施措施与计划的变更等。

三、纠正职业生涯规划中的偏差

（一）片面的职业规划

大学生由于社会经验不足，对用人单位的需求不甚了解，不能从整体上对自己进行职业生涯规划，仅仅是考虑自己主观想做什么？做什么难度小、发展快等，这种缺乏系统的观念而进行的职业生涯规划往往是片面的。

（二）短暂的职业规划

多数大学生由于受到眼前条件的限制，所以只能就眼前紧急的事情做出规划，这样的

规划是缺少弹性和适用广度的。人的一生可能要扮演很多角色，而职业生涯具有连续性，后期的发展离不开前面职业生涯的经验借鉴。大学生设计短暂的职业生涯往往考虑的是就业，实质上职业生涯规划是做自己的人生设计，要建立整体的发展蓝图和行动步骤。短暂的职业规划不能真正地实现人生价值。

(三）功利性职业规划

大学生择业难免不带有功利心理。功利心理是指从择业的趋利避害出发，片面扩大自我利益的追求而缺乏对就业环境的客观评价，将个人得失作为个体行为准则的心理倾向。在这种心理影响下的职业规划，会急功近利，希望自己一蹴而就、一劳永逸；一厢情愿地思考待遇问题，不思考能为企业做多少贡献，忘记了“工资永远是你创造的价值的一部分”的道理。这样的职业生涯规划不会得到用人单位的认同，自然是无效的职业规划。

(四）自我管理的偏差

自我管理上的偏差主要体现在：有想法缺策划；有计划缺行动。不是脚踏实地地按照计划逐步提高自己的就业能力，而是心血来潮、脱离实际，成了“开始轰轰烈烈，中间松松懈懈，一段时间后自消自灭”。

四、大学生在校期间职业规划的任务

大学生在校期间每个学期职业规划的任务是不同的，见表9-2。

表9-2 大学生在校期间职业规划的任务

学期	特 点	任 务
第一学期	对大学生活充满了憧憬与幻想，每个人都为自己确定了远大的目标，初期对大学生活不完全了解，职业规划显得空洞。随着对所学专业的进一步了解及大学生活的深入，每一位学生的具体目标逐渐凸显出来	适应大学生活，积极进行自我探索；了解社会职业、职位设置；制订切实可行的大学阶段成长计划；参加校园文化活动和社会实践活动；进行专业的心理咨询和职业咨询；进行相应的素质测评；参加能力提升训练
第二学期	经过大学生活的亲身体验和专业课程的学习，各方面能力有了一定的提高，对自我的探索逐渐深入，并且开始探索职业发展方向	继续了解自己的职业发展方向，了解社会相关的职业资讯；对大学生涯进行合理的规划；制订大学期间阶段性目标并积极行动；参加校园文化活动和社会实践活动；参加成长训练
第三学期	掌握了大学生活规律，建立了一定的社会人际关系，开始真正从现实角度关注自己的成长。对自己的性格、能力、优势、劣势、职业兴趣以及将来的职业方向、社会对各种人才的需求、社会经济政治的发展、社会各职业发展的趋势等状况的探索。受经历、经验、阅历的影响，该阶段开始考虑职业目标社会需要与个人需要的结合	进一步进行自我探索；了解将来的就业环境及职业方向；了解社会政治、经济、文化发展状况及职业、职位状况，制订自己的职业生涯规划；参加校园文化活动和社会实践活动
第四学期	大学生对于自我的认识和社会的认知达到了一定的水平，职业生涯发展方向进一步明确，更加切合实际、更具有可操作性。提高了自我掌控及自我设计的能力，通过训练综合能力、个人价值观快速提升，为将来的职业实践奠定了良好的基础	学习并掌握职业生涯中目标建立方法和生涯抉择方法；围绕职业生涯规划制订相应的成长计划；参加校园文化活动和社会实践活动；参加专项行为训练，提升实现目标的行动力；掌握与就业相关的信息；掌握与就业相关的法律、政策、就业程序；树立正确的职业道德观念

续表 9-2

学期	特点	任务
第五学期	大学生出现了职业生涯发展方向的差异，继续深造的大学生开始为考研备战，准备就业的大学生继续参加各种活动，有些学生开始到相关单位去职业实习，近期目标规划具体明确	进一步明确自己的职业方向；发现自身职业竞争力的不足之处，制订职业竞争力的提升计划；参加职业实践；参加校园文化活动和社会实践活动；继续参加专项行为训练，提升实现目标的行动力
第六学期	通过相应的职业实习，发现自己的能力与职位要求之间的差距，重新建立切合现实的工作理念及自我认知，职业生涯目标得到了有效修正，进一步反映了个人理想与社会现实的结合	对自己的职业生涯进行合理的规划；确定职业发展方向和目标；寻求适合自己的职业生涯发展的有效途径；掌握职业生涯评估方法；对职业生涯规划相关问题进行评估、发现问题；继续能力提升训练
第七学期	掌握了一定的专业理论和技能，人际交往能力、思维能力、创新意识、团队精神都得到相应的提高，通过对环境的探索和职位实习，逐渐发现了适合自己的工作。职业生涯目标具有可操作性	结合自己的职业实践和职业发展理想，寻找现实自我和理想职业人之间的差距；参加快速提升训练；进一步了解社会及职位的发展变化；了解本届大学生就业相关政策及相关程序
第八学期	即将走入社会，进入自己的职业生涯，能否真正地适应将来的岗位及工作环境，成为大学生关心的问题。职业生涯目标更加具体，更接近社会需求	了解相关就业及创业的信息；参加相关的快速提升训练；与相关单位及个人建立稳定的关系

第三节　大学生择业就业心理调适

一、消除就业焦虑心理

大学生就业焦虑心理种类较多，对毕业前景的焦虑、对个人条件的焦虑、对用人单位苛刻条件的焦虑、对个人收入期望的焦虑……

（一）焦虑心理与表现

1. 焦虑心理产生

就业焦虑主观认知上是来自大学生本身潜在的惰性，其动机包括：焦虑可以为回避现实问题找到借口，“不是我不去寻找就业机会，没看到我正在焦虑……”；焦虑可以成为无所事事的理由，比积极投入就业来得轻松；就业焦虑能让别人怜悯自己；就业焦虑可以转嫁危机，似乎有理由抱怨社会等。

就业焦虑的客观原因是，高校的连年扩招，就业市场供过于求，使大学生多了一份焦虑；高校专业结构与市场脱节，招生热门变成了就业冷门，增加了大学生就业焦虑；就业的负面信息铺天盖地，无形中给大学生造成了更为严重的就业焦虑。

2. 就业焦虑表现

（1）烦躁不安、举棋不定。就业焦虑体现在就业前，因为了解到学长的情况和社会上一些传言、惯例，为自己缺少某些优势而陷入烦恼，甚至人为地给自己戴上“我不行”的标签。越临近毕业越感觉不安，无心做事。

（2）信息强迫症。这种行为主要表现在那些自信心不足、专业知识技能差的应届生的身上。生活中神情恍惚，做事不在状态。抑制不住地网上查找、手机阅览，就连洗澡、上厕所都担心错过了用人单位的录用通知。经常感觉手机在响，以至于别人说话都听而不闻。

（3）身体不适感。心理焦虑会出现不良的情绪反应，导致身体上也会发生变化——头晕、失眠、易紧张、易激动；白天坐立不安、浑身乏力、不思茶饭；晚上辗转反侧、夜不成眠。

（4）应聘恐惧。在应聘之前，过高地估计别人，将别人的优点放大，同时过多地注意个人的弱点。一进应聘现场，就觉得自己好像不行，尤其看见别人的轻松表情，就对自己的能力产生怀疑，在精神上自我挫败。

（二）焦虑心理的调控

1. 更新观念

要克服焦虑的心理，主要是要更新观念，打破事事求稳、求顺的思想，树立市场竞争的新观念。大学生求职过程就是竞争过程，有竞争必定会有风险和失败，确立了竞争意识，不怕风险和挫折，焦虑的心理必定得到缓解或克服。

2. 适度宣泄法

择业遇到挫折而产生焦虑和紧张时，不能一味地把不良情绪藏在心底，应进行适度的宣泄。宣泄情绪比较好的方法是向好朋友、老师倾诉，以及参加打球、爬山等运动，宣泄时一定要注意场合、身份、气氛，注意适度。

3. 积极的心理暗示

心理学家巴甫洛夫认为：暗示是人类最简单、最典型的条件反射。从心理机制上讲，它是一种被主观意愿肯定的假设，不一定有根据，但由于主观上已肯定了它的存在，心理上便竭力趋向于这项内容。应届大学生在产生就业焦虑时，可以给自己一些积极的心理暗示。让自己的内心充满积极向上的因子，诸如“我能行”“我是最好的”“我能做得比现在还好”“加油、成功”等，这些简单的话语可以增强自信心。有自信心不一定成功，但是，没有自信心肯定失败。

二、避免就业自负心理

（一）自负心理与表现

1. 自负心理产生

就业自负心理是择业就业过程中的自我欺骗行为，自负心理的起因是过高地估计自己，自命不凡、盲目自大，在择业就业过程中表现出眼高手低的心态。

择业就业自负心理的消极作用，一方面会给用人单位留下不好的印象，或者在择业中失去机遇，或者被录用后也打下不好的烙印；另一方面，择业就业自负也会挫伤毕业生就业的积极性，心理失衡后沉浸在牢骚、不满、冲动的心理痛苦之中。

2. 就业自负心理表现

（1）因专业紧俏而自负。这种自负心理多来自应届大学毕业生所学专业紧俏，或因就读学校为名牌学府，或因被不少用人单位垂青。于是，这个单位不顺眼，那个单位也不如意，总能挑出不满意的地方，从而错过不少适合自己发展的用人单位。或者同是紧俏专业同是名校，因为校友获得的招聘单位令人羡慕，就要求自己也必须和校友一样，否则就是委屈自己。专业紧俏可以避开供过于求的状态，但不等于用人单位对专业紧俏的大学生的能力不考查，他们对应届生是否适合具体岗位的要求会进行详细的考核。

（2）恃己之长而自负。己有所长是择业就业优势条件，但表现出“恃才傲物”就变成了自负。一些大学生特长很突出，本来用人单位非常认可，但是，用人单位越是喜欢、越想重点培养，在面试时就越要貌似刁难地质问一些弱点方面的问题。一些大学生不能理解，导致不能好好地回答用人单位对自己短板方面的询问。还有一些大学生担任过学生干部工作，参加过社会活动，在本校同学面前一直是佼佼者，而自认为是大学精英，在社会上也应该高人一头。这种自负心理，通过语言或细微动作表现出来，会引起用人单位的反感。

（3）为掩盖自卑而自负。遇到招聘单位的苛刻面试，一旦表现平平甚至答非所问或缺乏实践能力被对方指出，会表现为难堪、羞涩，内心难免有了自卑感觉。但出于不服气、顾面子的心理，一些大学生用一些大话、空话进行示威性表述，抱有“此处不留爷，自有留爷处”的想法。这种为掩盖自卑的做法如果由此变成真实的自负心理，就会影响以后的择业就业。

（4）因文凭至上而自负。有些大学生获得社会信息“农民工月收入都很高”，于是，自我定位工资必须达到多少才行。其实，我国目前最急缺的往往是高技能的技术工人，他们在重要岗位发挥着不可或缺的作用，企业当然要高薪留人。

（二）自负心理的调控

1. 正确认识自我

适度地设计自我并追求与社会需要相适应的自我价值，养成良好的自我意识，对大学生择业具有重要的意义。大学毕业并不代表自己就是一个能满足社会需求的人，要客观冷静地做一些自我分析，清楚自己的优势、特长与不足，对自己有一个全面、客观、正确的评价。自我认识模糊不清是大学生产生自负心理的一个重要原因，教师、家长和大学生本人都应认识到大学生正确认识自己、正确评价自己的重要性。

2. 合理确定就业期望值

调整就业期望值不是降低职业理想，而是说在迈出择业的第一步时，不要过于追求职业声望，不要对职业条件要求太高，不能过于讲求工作条件和物质生活待遇，避免因此而失去机会。大学生经过几年专业文化知识学习之后，进入社会发现待遇和一些低文化的劳动者差别不大，难免会形成“心理落差”，这种“心理落差”说明个体对现实的自我需求与环境、目标以及他人要求的判断和估价产生了一定偏离。

3. 保持乐观的择业心态

择业心理是与个人的思想、品质、修养分不开的。大学生应不断加强自我修养，宽容悦纳，对不尽如人意之事莫耿耿于怀，自己力所不能及之事莫强求。找一个好工作是每个毕业生的共同愿望，在择业的过程中，不能一步到位属正常现象，但毕业生不能因此而沮丧。只要保持一种谦虚平和的心态，不急不躁，不图虚荣，能退而求其次，毕业生还是有很多就业机会可以选择。

案例

小张是一名成绩十分优秀的学生。在求职期间，很多用人单位都抢着要她。但小张自视过高，对那些令其他同学羡慕不已的单位不屑一顾，迟迟不愿签约。最后当她有危机感时，以前的那些用人单位都拒她于千里之外。

分析：小张存在典型的自负心理。虽然她是一名优秀的学生，可自负感和超优越感使她头脑发热，无法正视自己与用人单位之间的关系，结果错失良机。其实，高自我价值感是优秀学生中一种较为普遍的心理。他们自信、有活力，这并非坏事，但是在求职期间，人才济济，职位供不应求，用人单位的选择也绝不会是唯一的，而且他们对这种缺乏自知之明、自视清高的毕业生是最有戒心的。因而需要毕业生正确地看待自己，权衡利弊，勿失良机。

高自我价值者在求职期间应保持一种谦虚平和的心态，多与周围的同学交流，多听听别人的想法和意见，这样可以有效防止想法极端。在与用人单位交流的时候，要尊重对方，客观评价自己的实力，正确处理双方关系。必要时，还应该向家人和老师征求意见，以便明智地做出决定。

三、纠正就业从众心理

（一）从众心理与表现

1. 从众心理产生

从众心理是指大学生在择业就业中，受到外界人群行为的影响，而在自己对择业就业的知觉、判断、认识上表现出符合公众舆论或多数人的行为方式，通俗地说就是“随大流”。择业就业的从众心理是择业就业中缺乏主动自我策划的行为表现。大学生在面对求职缺乏确定性了解，又担心自主选择会产生失误风险的情况下，非常容易产生一种惧怕与众不同的心理，于是追随、唱和、求稳的心理成为首选。

2. 就业从众心理表现

（1）习惯成自然。平时做事习惯征求别人意见的人，在面对择业就业未知变量较多的问题时，更是拿不定主意。平时习惯倾听别人意见，对独闯天下心存恐惧，于是选择跟着同学跑，忽略自身特点，盲目跟从，觉得大家都向往，我也应该追随；或者别人认为好的职业我也该从事，别人不选择的职业我也应该放弃。

（2）信息模糊。网络通信技术的发达，使现在的大学生在择业就业方面，不是信息量不足，而是信息量过剩。正确的信息与虚假的信息混淆流传，信息模糊在所难免。在多数人无法确定信息的准确性的情形下，大学生会认为“大家的做法相对安全些”，自然而然地形成从众行为。

（3）宿舍效应。宿舍效应是指在高等院校宿舍中，个人受到同寝室人群行为的影响，而在自己的知觉、判断、认识上表现出从众行为的一种现象。在择业就业方面，宿舍是交流意见最多的地方，宿舍效应就是同宿舍的同学在择业认知、行为等方面，会带有相似性特征。

（4）“二老”影响。校园的“二老”是指“老生”和“老乡”，在择业就业方面，大学生会很容易接受老乡的意见，参考学长就业的经验。而“二老”中的主流意识如果是积极的，从众会减少风险。而“二老”消极因素占主流时，从众会直接导致不良的就业行为发生。

（二）从众心理的调控

1. 创造自由空间培养独立思考的能力

大学生要认识到自由空间、独立思考是一个现代社会不可或缺的条件，也是个人能在社会中有效发挥自身价值的基础。大学生应该从自己生活的小环境入手，大家齐心努力来创造自由空间，避免形成一言堂或者压抑独立思考风气的产生。

2. 破除“权威定势”，消除盲从

权威定势是指在思维领域，人们习惯引证权威的观点，不加思考地以权威的是非为是非，一旦发现与权威相违背的观点，就认为是错误的现象。权威的确有不同于一般人的能力和判断，学习、参考权威的观点，模仿权威的行为一定程度上可以收到事半功倍的效果。但不是说对权威就该盲从。在择业就业上，对客观环境的分析虽决定着就业的成功，但自我个性特征的不同，也决定了每个人适合的岗位。权威无法知道每个人的个性特点，其观点也不可能是不分场合、条件“放之四海而皆准”的。

3. 鼓励个性发展

个性的发展可以有利于减少从众心理，而参加活动展示自己会帮助大学生按照自己的观点准备活动内容，即逐步养成突出自我的个性。鼓励个性发展能促进挖掘个人潜能，个性发展有利于强化创新意识，这都有利于减少从众心理。

4. 有计划地自我调节

消除自己身上的消极从众行为，最终要靠自己。自己应该做出自我调节的计划，逐步地减少消极性的从众行为。有些从众行为是应该保留的，如有些权威、成功者的经验，是正确的、可以模仿的，就不应该与之相背。

四、端正就业的公平心理

（一）公平心理与表现

1. 公平心理产生

公平心理是指社会成员对自己在社会中所处的地位、获得的收入与其他人进行比较时所产生的一种主观评价。大学生就业公平心理是指在就业机会、应聘过程和被录用及待遇，与其他大学生相比较，或与自己的期望目标相比较的主观评价，是期望在应聘求职、工作机会、待遇、晋升等方面，能得到公正对待的心态。

端正就业的公平心理，研究的是大学生的公平心理在择业就业中的作用，公平心理运用得好，有助于就业行为的策划和实行。公平心理也能起消极作用，因为这种心理导致对现实中的做法不满，引发心理偏差，无心做事，牢骚满腹，就是不可取的。

2. 就业公平心理的行为偏差

（1）抱怨客观论公平。不涉及自己利益时，大学生往往不考虑“就业难”之事，就业公平就不放在自己的思考范围内。一旦择业遇到不如意时，第一反应是不分理由地责怪客观如何的不公平，这种主观评价会引发牢骚、抱怨和忧虑，进而影响个人的就业计划。

（2）消极等待盼公平。公平心理的特点是与周围对比，通过相对比较而产生主观评价。大学生择业就业亦是如此，当看到都是类似的工作，主观上就能相安无事。如果同学被同样的单位招聘，开始能觉得公平。然而到具体岗位分配时，同学被安排的岗位更重要一些，则会产生不舒服的感觉，觉得“他在能力方面不如我啊，面试时我没好好讲，我好好展示的话，肯定该是我去重要岗位”。

（3）脱离实际讲公平。一位高校毕业生在某单位实习时，老员工对他爱答不理的，领导却批评他“见到老员工为什么连招呼都不打?”这位大学生感觉非常不公平，都是你们不理我却挑剔我不主动打招呼。诸如“熟练工人收入都比大学生工资高”“同样是‘白领’，为什么让我干工作外的杂活”等。公平心理的追求并无错误，社会也应该趋于公平和谐。然而，社会比校园的复杂有时是大学生无法想象的。因此，在这种追求公平的心理支配下，就业行为也会挫败。

（4）自相矛盾求公平。择业之前脑海里就充满了“有些人通过关系找到工作”“有些同学家里有势力，肯定会走后门”等论调，就业时道听途说一些负面信息，就抱怨社会不公，发现学校帮助联系寻找的就业单位没有满足所有学生的要求，更是牢骚满腹。而一旦听到自己家长在找关系、托人帮忙联系工作，却没有丝毫拒绝的意识，这说明很多大学生是自相矛盾求公平。

（二）公平心理的调控

1. 认识就业率的本质，不能以自己就业状态为依据

当今大学生是校园里按照专业教学计划进行知识学习，按照学分满足要求作为毕业合格标准的，而这与社会能提供的岗位和岗位对综合能力的要求，存在“错位”，必然使一部分大学生不能马上就业。如果这些人现身说法，消极地抱怨社会就业不公平，虽然值得同情却也于事无补。合理的做法是找出自己落聘的原因，能力不足补充能力、个性缺陷赶紧弥补、心理偏激及时调整，这才是从根本上改变自己命运的最佳选择。

2. 不能追求绝对的公平

当高校某专业学生批量毕业时，而社会满意的岗位却不能同时间批量提供，上岗的和暂时低配转岗的，会有不同的主观评价。被淘汰者可能认为是不公平的，被录取者也许认为是公平的。

3. 公平也要靠实力获取

很多岗位是“供过于求”的状态，个人改变不了现实，却可以改变自己。用人单位有一个共同遵守的原则，就是“择优录用、高薪求才”。因此，要减少自己遇到的不公平，提高自己的实力是最重要的。

4. 有计划地自我调节

对个体而言，心理公平感的获得与个人的主观心理感受有着密切的关系，存在很大的个体差异性。个人的价值选择不同，价值标准不同，比较的参照系不同，所获得的心理公

平感就不同。对社会而言，社会公平心理是通过大多数社会成员的心理公平感体现出来的，是社会成员对社会分配现状的心理体验与反映。因此，提高个人的心理公平感是基础，要有计划地通过自我调节，使自己的价值标准不断提高，即使在最平凡的岗位也能创造出不平凡的业绩。

心理训练

霍兰德六角模型兴趣岛测试：你适合什么职位？

你获得了一次免费度假游的机会，有机会去下列6个岛屿中的一个。唯一的要求是你必须要在你所选择的岛上和岛上的居民一起生活至少半年的时间。请不要考虑其他因素，仅凭自己的兴趣挑出你最想前往的岛屿。

R：自然原始的岛屿

岛上的自然生态保持得很好，有各种野生动物。居民以手工见长，自己种植花果蔬菜、修缮房屋、打造器物、制作工具，喜欢户外运动。

I：深思冥想的岛屿

有多处天文馆、科技博物馆及图书馆。居民喜好观察学习，崇尚和追求真知。常有机会和来自各地的哲学家、科学家、心理学家等交换心得。

A：美丽浪漫的岛屿

有许多美术馆、音乐厅，街头雕塑和街边艺人。弥漫着浓厚的艺术文化气息。居民保留了传统的舞蹈、音乐与绘画。许多文艺界的朋友都喜欢来这个地方找寻灵感。

C：现代、井然的岛屿

岛上建筑十分现代化，是进步的都市形态，以完善的户政管理、地政管理、金融管理见长。岛民个性冷静保守，处事有条不紊，善于组织规划，细心高效。

E：显赫富庶的岛屿

居民善于企业经营和贸易，能言善道。经济高度发展，处处是高级饭店、俱乐部、高尔夫球场。往来者多是企业家、经理人、政治家、律师等。

S：友善亲切的岛屿

居民个性温和、友善、乐于助人，社区拥有一个密切互动的服务网络，人们重视互助合作，重视教育，关怀他人，充满人文气息。

你最想去的岛屿是哪个呢？

然后，在剩下的5个岛屿中你最想去的是哪个呢？

最后，在剩下的4个岛屿中你最想去的是哪个呢？

依次写下来：1. 2. 3.

6个岛屿代表着6种典型的职业生涯兴趣类型（其中，第一个是主要兴趣，第二、第三个是辅助兴趣）。

选择R岛——类型：实用型（Realistic）

喜欢的活动：愿意从事事务性的工作，喜欢户外活动或操作机器，倾向于有规则的具体劳动和需要基本技能的工作，而不喜欢在办公室工作。

喜欢的职业：制造业（木匠、农民、技师、工程师、机械师）、渔业、野外生活管理业（鱼类和野生动物专家）、技术贸易业、机械业、农业、技术、林业、特种工程师和军事工作（车工、钳工、电工、报务员、火车司机、机械制图员、电器师、机器修理工、长途公共汽车司机）等。

这类职业一般是指熟练的手工行业和技术工作，通常要运用手工工具或机器进行劳动，这类人往往缺乏社交能力。

选择I岛——类型：研究型（Investigative）

喜欢的活动：处理信息（观点、理论），喜欢智力的、抽象的、分析的、推理的、独立的任务。

喜欢的职业：实验室工作人员、生物学家、化学家、社会学家、工程设计师、物理学家、程序设计员、天文气象学者、药剂师、动物学者、科学报刊编辑、地质学者、数学家等。

这类职业主要指科学研究和实验方面的工作，这类人往往缺乏领导能力。

选择A岛——类型：艺术型（Artistic）

喜欢的活动：喜欢通过艺术作品来达到自我表现，爱想象，感情丰富，不顺从，有创造性，能反省，喜欢写作、音乐、艺术和戏剧。

喜欢的职业：艺术型的人缺乏办事员的能力，适合作家、艺术家、摄影师、音乐家、诗人、雕刻家、漫画家、演员、戏剧导演或编剧、作曲家、音乐教师、记者和室内装潢专家等。

选择C岛——类型：事务型（Conventional）

喜欢的活动：喜欢系统的有条理的工作任务，具有实际、自控、友善、保守的特点。组织和处理数据，喜欢固定的、有秩序的工作或活动，希望确切地知道工作的要求和标准。愿意在一个大的机构中处于从属地位。

喜欢的职业：这类人往往缺乏艺术能力，适合会计师、银行出纳、簿记、行政助理、秘书、档案文书税务专家、计算机操作员、成本估算员、核对员、打字员、办公室职员、统计员、计算机操作员、法庭速记员等。

选择E岛——类型：企业型（Enterprising）

喜欢的活动：性格外向，爱冒险活动，喜欢担任领导角色，具有支配、劝说和言语技能。喜欢领导和影响别人，或为了达到个人或组织的目的而善于说服别人，希望成就一番事业。

喜欢的职业：这类人往往缺乏科学研究能力，适合商业管理、律师、政治家、福利机构工作者、旅馆经理、广告宣传员、营销人员、市场或销售经理、公关人员、采购员、调度员、投资商、电视制片人和保险代理等。

选择S岛——类型：社会型（Social）

喜欢的活动：喜欢社会交往，常出席社交场所，关心社会问题，愿为别人服务，对教育活动感兴趣。

喜欢的职业：这类人往往缺乏机械能力，适于做导游、教师、社会工作者、牧师、心理咨询员、服务性行业人员、福利机构工作者、公共保健护士等。

第十章　绿色网络，绿色心情——大学生网络心理健康

心语心愿

要善于网上学习，不浏览不良信息。
要诚实友好交流，不辱骂欺诈他人。
要增强自护意识，不随意约会网友。
要维护网络安全，不破坏网络秩序。
要有益身心健康，不沉溺虚拟时空。
要树立良好榜样，不违反行为准则。

——《全国青少年网络文明公约》

案例导入

这是网络的错么?

一位大一女生在玩劲舞团游戏时认识了一名网友，两人从网上夫妻变成现实生活中的情侣。一次，女孩给男孩打电话，电话那边突然传来一个女人的声音，“他是我的老公！你别找他了！他不想理你!”这句话如晴天霹雳。由于受不了这样的刺激，女孩精神崩溃，用剃须刀割腕自杀。幸亏室友及时发现，将她送往医院救治。

第一节　大学生网络心理及调适

如今，网络已经成为大学生活不可或缺的一部分，与之相关，大学生上网的心理动因及网络心理障碍都应引起足够的关注。

一、大学生上网心理

从整体上了解大学生上网心理，是开展大学生网络心理健康教育的重要前提。从整体上将大学生上网心理分为积极的心理需求与消极的心理需求。

（一）积极的心理需求

1. 强烈的求知欲与好奇求新心理

互联网以其信息快、内容新、手段先进等优势极大地吸引了大学生的好奇心，引起了他们的特别关注和兴趣，激发了他们学习和掌握网络知识和应用技能的欲望。

2. 自由平等的参与意识与自我实现欲望

网络平等自由的氛围适应了当代社会中对自由、平等呼声最高的大学生群体。在网络

这个虚拟空间里，种种现实社会的限制都消失了，只要参与进来，任何人都是互联网的“主人”，都可以在网上按自己的意愿和口味，虚拟社会，做自己想做的事。

3. 追求开放性和多元性

网络是一个开放的信息源，各种文化、思想、观念都可以在这里争鸣。这就为大学生追求开放性和多元性的文化、观念提供了平台。

（二）消极的心理需求

（1）猎奇心理，追求感官刺激。很大一部分大学生上网的目的是猎奇，即追寻一种在现实生活中难以了解，通过正当渠道难以获得的奇艳事物或信息，并借以获得感官刺激。他们往往会出于好奇或冲动的心理刻意去寻找一些色情、暴力信息。

（2）急功近利心理。网络信息的丰富与快捷使许多大学生把上网当作通往成功的捷径和有利条件。在他们眼里，网络就是商机，网络就是生财之道。同时，一定程度上的社会误导（包括网络上基于商业目的的信息误导）也使大学生对“成功”的理解产生了偏差。于是，电子商务、留学资讯、成才捷径、求职之路就备受一部分大学生的关注。他们渴望凭借这些信息省一些力气，先走一步棋，成为网络时代的成功人士。

（3）发泄欲求。在互联网上，大学生们可以比在学校里、家庭里更随便地发表自己的高见，抒发自己的爱与憎，表达自己的思想信仰，而不必担心会受到限制或承担责任。平时对学校不敢提无处提的意见可以贴到校园贴吧上去，平时对女同学不敢表达的感情则可以在通过网络淋漓尽致地抒发。

（4）逃避现实的解脱心理。大部分学生在大学生活中都会遇到这样那样的挫折和危机，诸如学习上的、感情上的、人际关系上的。同时，复杂的社会生活也会使思想相对不成熟的青年学生感到难以应对。但遗憾的是，部分学生在现实中受挫时，往往愿意到虚幻的网络空间去倾诉，互联网成了他们逃避现实、寻求自我解脱的一个良好的渠道和环境。

（5）虚拟的自我实现心理。强烈的自我意识是大学生群体的一个显著特征，虚拟的网络可以成为大学生实现自我的一个理想王国。在网络上，大学生可以享受到网络特有的平等、自由、成功、刺激的感觉，学习与就业的压力、社会与家长的希望造成的心理上的压抑与孤独，在网络上一扫而光；他们可以突破社会及他人对自己行为的匡正与评价，轻松地实现从小梦想成为的侠客、富翁，可以在模拟战争中指挥千军万马搏杀疆场。部分大学生上网为了玩游戏，在游戏获胜后有一种成就感。这是因为网络游戏能够部分满足他们的自我实现需要。

虚拟的自我实现心理还会导致一些不道德的行为甚至是犯罪行为。有些大学生不能很好地理解自我实现、自我价值的真实含义，往往意图在网络中“大展宏图”，他们为了能展示自己的能力，大胆地制造网络病毒，盗用他人电脑信息，刺探他人隐私，非法通过银行和信用卡盗窃和诈骗，给社会和他人带来严重的损失。例如，2020 年 6 月初，17 岁少年因新冠疫情滞留在国外疫情重区，因无法买到回国机票而产生不满情绪。冲动之下，他向国内某航空公司发送威胁邮件，并在境外网站购买攻击套餐，利用 DDOS 等攻击手段，多次、持续攻击某航空公司客票等计算机系统，造成某航空公司对外服务网络全部瘫痪，给某航空公司造成了巨大经济损失与负面网络舆论评价。

（6）焦虑心理。网络使大学生产生焦虑心理的原因主要有以下两个方面：一方面，由于网络技术的迅速发展，使大学生担心自己的知识更新赶不上网络的发展，被新技术淘汰，而产生心理焦虑；另一方面，网络通道拥挤，传输速度缓慢，网上人际关系的不确定性与隐匿性、内容庞杂无序、良莠不齐的内容、访问速度太慢等缺陷，使大学生上网者无所适从，连连“碰壁”之下产生焦虑心理。

（7）自卑心理与抵触情绪。自卑是不信任自己的能力因而用失败衡量自己及未来的一种心理体验，它来源于心理上消极的自我暗示。这种心理常见于那些初次尝试的大学生，当他们怀着兴奋与好奇的心理来到网上，但由于缺乏系统的网络知识和检索技能，操作不熟练，英语水平有限，与身旁那些操作娴熟、进出自如的用户相比，差距甚远。在羡慕的同时会产生出某种无形的心理压力，初始的兴奋、喜悦之情自然被自卑心理所代替。还有些人，他们自己习惯于传统文献的检索、查阅程序，当他们面对上网查询这一全新的检索方式时，可能会产生一种以往的经验被抛弃，自己会落伍，被置于自动化系统之外的不安，因而产生一些抵触情绪。

也有人认为，迷恋上网实际上是大学生内心寻求理想化状态的一种途径，他们认为大学生活比想象中的有较大的出入，面对现实与梦想的冲突，他们找不到自己的位置和坐标，盲目寻求自己的精神寄托，一部分学生就开始“触网”。随着其上网时间不断延长，记忆力开始下降，对学习也逐渐产生厌烦感，而对于上网的渴望却逐渐加深。随着网络性心理障碍的加重，这些学生对网络的依赖更加严重，其表现为逃课上网，导致学业的荒废；对大学生活中的各种活动漠不关心，进取意识减弱；性格孤僻，与周围同学关系紧张。同时，在现实生活中受到打击或者遭遇挫折的大学生，其自我控制和调节能力较弱，而网络的理想化和成就感恰恰弥补了现实的缺憾。随着这些学生上网时间的增加和对现实的漠视，其精神世界由于得不到充实，造成了对网络依恋的进一步加深。

应当指出的是，过多地依赖网络，将使亲自阅读书本、亲身实践、面对面交流的能力弱化。因为网上提供的知识是有限的，它只给出“何时”“何地”“何事”等基本信息，这些都是结果，无法代替人们去思考和解决问题的方法，这必然造成知识匮乏、文化落后。而且，网上获得的知识是一种“快餐文化”模式，网络技术的高速发展使得网络知识更具有高度的综合性、声像多维一体化和高度图像化等特点，其结果造成人的思维能力、实践能力、表达能力、抽象能力和阅读能力下降。这对大学生的成长是不利的。

扩展阅读

网络：另一种毒品？

英国精神紧张症专家对500个经常上网的人进行了一项抽样调查，承认上网后感到烦躁和恼火的人数达1/3。20岁以下的网迷们则有44%承认上网时感觉紧张和烦躁。《互联网周刊》1998年6月一篇题为《网络：另一种毒品?》的文章介绍了美国辛辛那提大学医学院精神病学家夏皮罗临床研究中的发现：在他的14名对互联网上瘾的大学生患者中，有3人已成为狂躁抑郁症患者，研究表明，这14名大学生都在互联网上耗费了过多的时间，使得他们的学业成绩和人际关系大受影响。这些对于大学生身心的健康成长和人格的健全发展都有很不利的影响。

二、网络带来的积极影响

（一）发展自我意识

“网络面前，人人平等”。网络的隐匿性决定了大学生在网络世界中无须像在现实世界那样，处处需要看别人的“脸色”。无论在现实世界中人们拥有多高的社会地位或是学问，多大的权力或是财富，在网络世界中大家都是平等的。在网络世界里，你只需要注册一个 ID，就可以发言。只要你的言论不违反国家的法律法规，在网络上是不会有人来约束你的。这就使得学生可以在网络上畅所欲言而不用受太多现实的限制。

网络的特性使得大学生可以通过网络实现很多想法。人们可以在网上充分表达自己对各种问题的看法；可以通过网络建立自己的网站、主页、博客，并且通过这些网络媒介来充分表达自己；可以参与网络游戏，并且在网络游戏中扮演自己喜爱的角色；还可以将自己的视频、声音、照片等代表个人形象的文件上传到网络上，使更多的人了解自己……这对于自我意识发展正处于整合时期的大学生来说是非常重要的，因为所有这些都有助于大学生增加自我了解的深度。

（二）扩大人际交往范围

就像前面所说，大学生能够将代表自己形象的文件上传至网络，从而方便其他人了解自己。同样的道理，自己也能够通过网络很方便地认识和了解他人。理论上，通过聊天软件你就能够接触到世界上的任何一个人，而不用支付任何费用。因此，这就拓宽了大学生的人际交往范围，可以做到“足不出户”遍识天下好友。

（三）拓宽视野

网络的海量信息为大学生提供了丰富的资源，拓宽了他们的视野。只要一个回车键，他们就可以搜集到许多信息，及时了解天下大事。通过网络，可以真正做到一秒钟内全球新闻皆知。网络作为一个开放的平台，各种文化、思想、信息、知识都可以在这里找到，为大学生扩展视野提供了非常便利的条件。

尽管如此，人们仍然需要警惕网络可能会对大学生带来的负面影响。因为任何事物都具有两面性。在面对网络大潮的风卷云涌中，一些伴随网络而诞生的心理障碍也随之出现。

三、大学生常见的网络心理障碍及调适

网络性心理障碍是指因无节制地上网导致行为异常、人格障碍、交感神经功能失调。其表现症状为：开始是精神上的依赖，渴望上网；随后发展为身体上的依赖，不上网则情绪低落疲乏无力、外表憔悴、茫然失措，只有上网后精神才能恢复正常。大学生网络心理障碍大多数表现为感情上迷失自我、角色上混淆自我、道德上失范自我、心理上自我脆弱、交往上自我失落。大学生网络心理障碍主要包括四类：网络恐惧、网络沉迷、网络孤独、网络自我迷失。

（一）大学生常见的网络心理障碍

1. 网络恐惧

网络恐惧是指人因互联网及其相关要素而体验到的一种非理性的逃避情绪。网络恐惧

常见于大学新生，尤其是来自偏远落后地区的学生。他们在进入大学之前，很少有机会接触到电脑，尤其是互联网。而在发达地区，很多中小学早已普及了电脑及互联网教育。因此，在大学校园中学生就分成了两类：一是对电脑及互联网有相当了解的学生，他们能够比较熟练地使用电脑上网浏览网页、聊天等；二是对电脑及互联网所知相当有限的学生，他们中的一部分人甚至可能是第一次接触电脑。因此，这部分学生很容易出现网络恐惧的心理。

他们中的有些人是害怕自己学不好或者学不会计算机操作，进而影响到网络知识与技巧的学习，因而导致焦虑不安；有的是担心因为自己不会使用网络，是个“网盲”而受到其他同学的嘲弄，或是产生“低人一等”的念头；有的是因为各种各样的电脑书籍及软件让他们不知从何学起，从而产生迷茫感或无能感。另外，少数对网络比较熟悉的学生，由于需要不断更新网络知识，紧跟网络潮流，掌握网络新技术，在长期的压力之下也会产生这样的恐惧感。总之，大学生的网络恐惧，其成因多种多样，但均表现为由于恐惧而对网络进行回避。其常见的表现形式包括不上网、逃避相关课程的学习（逃课）、不参与同学之间网络话题的讨论、憎恨网络等。

2. 网络沉迷

虚拟网络里的世界，信息多种多样，很容易让人沉迷于其中。大学生常见的网络沉迷类型大致有以下六种：

（1）网络色情沉迷——迷恋网络上的色情视频、图片及聊天室；

（2）网络交际沉迷——沉迷于利用各种聊天软件或者在聊天室长时间聊天；

（3）网络游戏沉迷——沉迷于各种网络游戏；

（4）网恋沉迷——沉迷于网络所创造的虚幻的浪漫的恋情之中；

（5）网络浏览沉迷——醉心于网络信息的搜集和传播，而忽视这些信息是否是必要的；

（6）网络制作沉迷——利用各种网页制作软件制作网页，以追求完美的网页和以编制多种程序为嗜好。

长时间的网络沉迷，不仅会对个人的生理健康带来损害，而且也会导致正常的学习、生活及社会功能受到严重影响。

3. 网络孤独

许多大学生在现实世界中往往感觉生活得并不如意，他们觉得自己要么缺乏足够的魅力，要么有较强的孤独感，要么生活得很压抑。因此，他们希望通过网络来改变自己的人际关系，或者改善自我。但频繁上网不但不能够解除这种孤独感，甚至有可能会加重原有的孤独感。网络会造成网民脱离社会及其心理幸福感的降低，表现为孤独感和抑郁感增加。究其原因是沉迷于网络的网民每天将大量时间用于网络聊天，网络游戏，并且沉迷于在网络游戏里与自己的盟友交流，而对现实世界中的同学、朋友、亲人漠不关心，缺乏沟通。这样的情况多与内向的性格及较低的现实世界满意度有关。通常的表现形式是沉默寡言，脱离现实，情绪低落，社交面狭窄，人际关系较差。

4. 网络自我迷失

网络世界是匿名的，在隐藏自己的真实身份之后，许多现实社会中的规范、道德就失去了原有的意义。大学生在网络上表现自我的同时，也将自己在现实世界中的自我抛弃了。由于缺乏现实的有效约束，网络黑客、网络犯罪、网络暴力事件层出不穷。一个现实生活中温文尔雅的人可能会在网络上脏话连篇，沉默寡言的人在网上可能会变得风趣幽默。总之，有些大学生在网络上扮演的角色经常是与现实的实际情况截然相反的。这就使得他们不得不在现实与虚拟之间频繁地转换角色。当这种情况过度出现时，他们很容易出现心理危机。

（二）大学生网络心理障碍的克服

1. 正确的网络认知

互联网的出现，宣告着人类信息时代的真正到来。它消除了人类跨地域沟通的“时滞”，拓展了人类的交往空间，深刻地改变着人与人、人与社会的关系，给人类带来了一个全新的时代，在家办公、网上学校、电子商场、电子银行等新生事物的出现，使人类的生活方式发生着深刻的变革。但是，互联网是一把双刃剑，网络世界既是一个充满自由、开放、平等的世界，也是一个充满着诱惑与陷阱的危险之地。对于大学生而言，应该看到网络只是一个工具，网络资源是人类社会不可缺少的财富，对网络的破坏与滥用就是对社会正常秩序的极大破坏，会危及我们每一个人；应该认清网络社会并非真实的社会，网上暂时的成功并非是真实的成功，虚拟的情感的宣泄与满足也并非能得到真正的快乐，应该认清网络带来的并非是鲜花与美酒，也会给自己带来苦涩的恶果。那些迷恋上网而不能自拔的大学生，随着上网时间不断延长，他们的记忆力下降，对学习也逐渐产生厌烦感，并进而出现逃课上网、对各种活动漠不关心、进取意识减弱、与周围同学关系紧张等现象。

夸大网络的功能并进而认为网络是解决一切问题的灵丹妙药或认为网络是带来人的自我迷失、人与人之间的相互欺骗、社会秩序紊乱的症结而否定网络的作用都是错误的。大学生只有对网络树立正确的认知，才有可能正确地面对网络，合理地使用网络资源，准确把握自我，认清自己的真实需要，处理好现实社会与虚拟社会的关系，避免网络心理问题的产生。

2. 自律与自我管理

自律有两层含义：其一，自律总是与自由和理性联系在一起的，即要体现出人格尊严和道德觉悟，而不是被内在本能和外在必然性所决定；其二，自律是指自做主宰、自我约束、自我控制。对于一个人来说，只有自律才能既充分体现其自尊、自主与自由，又充分培养其自我控制力，养成良好的“慎独”习惯。在网络社会里，由于信息含量十分巨大，各种文化与价值理念交织纷纭，各种论断莫衷一是，各色诱惑比比皆是；另外，网络社会又是一个充满自由的社会，缺乏非常强大的外在约束。面对这一虚实难辨、是非难断却又无明确而强力约束的多彩世界，大学生会因认知偏差或侥幸心理而产生心理困惑与矛盾，以致产生各种各样的网络心理问题。

但是，过多地沉迷于网络是对现实的一种逃避，一种退缩，也是一种社会责任感的淡化，它不仅不能真正地解决大学生正在面临的现实问题，反而会更多地产生自我迷失，生活重心丧失、人际沟通障碍，产生非理性的甚至是反社会的行为。如大学生中流行的“网恋”与“网婚”现象。由于网上情缘不需要任何承诺，也没有任何约束，大学生的风花雪月就能通过网络实现。然而，大学生从网络世界的虚拟婚姻得到的快感又迫切希望回到现实中来，现实生活中，这样的理想容易破灭，于是大学生又不得不回到网络世界，造成空虚的心理更加空虚，以至于导致大学生在现实情感交往中出现冷漠与抑郁，在交往上自我失落，造成心理上自我脆弱。

在缺乏较强他律或几乎难以感受到较为直接的他律影响力的网络社会，自律的重要性与意义显得尤为突出。一个缺乏自律的人不可能是一个自尊自重的人，也是一个不能获得自由与自我价值实现的人。大学生应合理安排好自己的日常生活，保持正常的生活、工作、学习规律，控制上网时间。同时，要勇于直面现实，直面人生，积极面对现实，应多参加有益的社会活动，从网络的迷恋中解脱出来。

3. 改善网络环境

随着计算机网络技术的不断发展更新，网络环境将会成为人们生存和发展环境的一个重要组成部分，人们将越来越难以离开网络。网络环境不仅造就人们崭新的学习和交流环境，而且会改变人，甚至改进人。良好的网络环境培育健全的人格，恶劣的网络环境造就有缺陷的人格。为了保障大学生网络心理的健康发展，还需要社会、学校等多方力量共同关注大学生的成长，优化网络环境，为大学生提供一个良好的发展平台。

（1）加快网络信息控制技术研究，净化网络信息。净化网络信息，必须对网络及网络信息进行有效的管理，从技术上解决网络管理的难题。网络信息的控制在于对信息的过滤、选择。通过对信息的过滤，净化信息，从技术上保证大学生免受互联网上非法内容的侵害，为网络心理健康发展提供技术保证。加强信息的控制还需要建立网络行为监督机制，将道德监督和法律约束机制引入电子空间，健全有关电子信息网络的法律规定，对违规者进行必要处罚。

（2）积极组织优秀传统文化与先进文化上网，这是优化网络环境的积极态度。随着国际互联网络的发展，全球化不可逆转的挺进，东西文化将受到全方位的巨大的碰撞、冲突、交流、消融和吸收，会对大学生原有的价值观念带来许多影响，使其认知偏差与心理矛盾。改革开放的中国，不仅要与世界进行经济与物质的双向交流，更要进行文化与精神的双向交流。只有用进步的思想与文化教育大学生网民，才有可能塑造出健康成长的大学生。

（3）适应网络时代特点，改进高校教育与管理。高校教育与管理工作的重点是培养大学生鉴别是非的能力，积极开展各种网络活动，自身装备“网络心理健康防火墙”，使大学生自觉地维护和保护自己的身心健康。高校应该帮助建立各种团体，在学生参加团体组织的活动过程中，满足他们被接纳、关爱和归属的需要。为了加强大学生的网络责任意识，高校还应制订《上网学生行为规范》及《大学生上网违章行为处罚条例》，加强法规制度的宣传教育，一旦发现网络违法行为则严加处罚。

（4）开展网上心理咨询。开展网络咨询应以从各方面入手：一是利用网络快捷、保密性好、传播面广的优势，开设网上心理咨询，如设立心理咨询网站，传播心理知识，进行网上行为训练的指导，开设在线心理咨询；二是抓好学生上网的心理、网络人际交往的心理特征、网络心理障碍、虚拟与现实的人际关系的比较等大学生网络心理问题的研究，确立一套可操作的、有效性强的网络心理障碍咨询方案。

第二节 大学生网络成瘾问题及应对

一、网络成瘾的原因

（一）网络成瘾的心理机制

网络成瘾是一种比较严重的网络心理问题。国内有学者指出，患网瘾大学生的人格特征普遍倾向于易烦恼、情绪激动、忧虑抑郁、缺乏自信，在生活中表现为无法面对现实，急躁不安，易受环境的支配。

网络成瘾行为与个体特定的人格特征相联系。

1. 孤独、性格内向、喜欢独处、不喜欢参加社会性活动

人生活在社会中，都有爱和归属的需要。在现实生活中，孤独、性格内向、喜欢独处、不喜欢社交活动的人很难敞开心扉，自由展现自我，因此也很难交到合适的朋友。但在网络中，他们可以重新描绘出一个新的自我，找到和自己志趣相投的人，从而获得在现实中很难感受到的认同感和归属感，他们因此不想回到现实中，甘愿深陷网络泥潭。

2. 低自尊、自我形象不佳、具有很高的人际敏感性和警惕性

在现实生活中，有些大学生在进行人际交往时，其不佳的外表、较差的自我形象、僵硬的身体语言、高度的敏感性和警惕性，使他们体会到的更多的是挫折和失败。同时，他们又害怕在别人面前留下不好的印象，因而时时小心，处处留意，十分辛苦。而网络可以使他们戴上人格面具，较好地掩饰这些缺陷，为他们麻痹自我和不适应现实提供了借口和空间。

3. 喜欢标新立异、不服从社会规范

大学阶段是自我确立的时期，这个时候的人自我意识非常强烈，经常会通过标新立异的见解和与众不同的行动来证明自己的个性。大学生常会做出一些家长和老师都不认可的行为来证明自己的存在，他们希望建立起一座“堡垒”，让老师家长们无法进入，而自己可以在里面尽情享受。网络正好为他们提供了这样的“堡垒”，使他们在其中无所顾忌，展示自己。

4. 高水平的厌倦倾向、社交焦虑、自我封闭

美国心理学家 Young 发现，过分依赖网络的人易患其他心理障碍，特别是忧郁症和焦虑症。网络的隐蔽性为有人际交往困难倾向、有神经症性或精神病性心理障碍的人提供了逃避问题的方式，使他们在网络中暂时解决了某些问题，降低了他们现实交往过程中的焦虑。

（二）网络成瘾的生理机制

网络成瘾者具体的生理反应过程可以分为以下四个阶段：

（1）上网持续时间比较长，大脑神经中枢长期处于高度兴奋状态，引起肾上腺皮质激素等物质释放异常增高。

（2）脑细胞传达物质感受器，在人体各种分泌的异常激素值之间进行调节，抑制异常状态的发生。

（3）感受器数值异常，个体感觉精力、情绪、活动难以达到兴奋状态。

（4）为达到兴奋状态，个体只有延长上网时间，从而产生网络活动过剩或强迫性活动倾向，并导致植物神经功能紊乱，体内激素水平失衡，人体免疫系统损伤，诱发种种病理性症状出现，如心血管疾病、胃肠神经官能症、紧张性头痛、抑郁症、焦虑症等。同时由于长时间盯着屏幕，个体视网膜感光物质消耗较多，若不及时补充维生素A和相关蛋白质，会导致眼痛、怕光、视力下降、感光性降低等不同程度的视力问题。

扩展阅读

网络成瘾的临床诊断标准

症状标准

长期反复使用网络，使用目的不是为了学习和工作，或因使用网络对自己的学习和工作产生不利影响，符合如下症状：

（1）对网络的使用有强烈的渴望或冲动感。

（2）减少或停止上网时会出现周身不适、烦躁、易激怒、注意力不集中、睡眠障碍等戒断反应。上述戒断反应可通过使用其他类似的电子媒介（如电视、掌上游戏机等）来缓解。

（3）下述五条内至少符合一条：

1）为达到满足感而不断增加使用网络的时间和投入的程度；

2）使用网络的开始、结束及持续时间难以控制，经多次努力后均未成功；

3）固执的使用网络而不顾其明显的危害性后果，即使知道网络使用的危害仍难以停止；

4）因使用网络而减少或放弃了其他兴趣、娱乐或社交活动；

5）将使用网络作为一种逃避问题或缓解不良情绪的途径。

严重程度标准

日常生活和社会交际能力受损（如社交、学习或工作能力方面）。

病程标准

平均每日连续使用网络的时间达到或超过6小时，且符合症状标准已达到或超过3个月。

二、网络成瘾的危害

大量的研究表明，长期的网络滥用会对网民的身心健康带来负面影响。美国网络行为研究中心的Greenfield博士认为，网络上的某些活动能够诱使网民出现人格分裂、时间感扭曲及快感的满足，并且有6%的网民感觉到这些现象已经对他们的现实生活产生了明显的影响。美国的研究表明，有超过半数的网瘾患者还存在酒精、药物、烟草或者性成瘾问题。我国的研究也表明，网络成瘾不但会对身心造成影响，而且还会造成各种社会问题。

（一）生理问题

有的大学生喜欢通宵上网或连续多天不间断上网，这会导致生物钟混乱，以及睡眠失调等，从而会进一步导致生理问题的出现。长时间上网，人的兴趣点都集中在网络信息上面，会使人忽略身体所发出的各种超负荷信号，从而患上急性和慢性生理疾病，比如神经衰弱、免疫力下降、晕厥等。长时间上网，容易使人的眼部过度疲劳，从而诱发各种眼部疾病。另外，长时间坐在电脑前面，人的躯体长期保持一种姿势，容易出现颈椎病、腰椎病、肌肉劳损、肩周炎、腕关节综合征等各种问题。此外，很多大学生为生活条件所限，会选择在网吧上网。由于各种各样的原因，部分网吧的上网环境并不理想，比如环境拥挤、空气混浊、嘈杂等，这会进一步加重上网者的身体负担，导致身体疾病的发生。

（二）心理问题

缺乏节制的上网行为不但会对身体造成伤害，而且还会对人的心理状态造成负面影响。最明显的影响就是，网络成瘾综合征的患者会出现强迫性上网行为，即一旦患者终止上网，便会产生强烈的上网愿望，而且这种愿望强烈到让患者无法从事其他活动。因此，这样的状态会影响到个体的生活、工作、学习等任务的完成。另外，长期无节制上网，会使患者出现注意力不集中、不持久，记忆力减退等问题。

（三）社会和家庭问题

长期无节制上网会导致个体的各种社会功能受损，并且会造成各种社会和家庭问题。许多网民因为长时间上网，造成其在现实社会中的社交技能与愿望大减，并且出现意志减退、情绪紊乱等现象，严重影响到个人的正常工作、生活和学习。沉溺于网恋、网络游戏、网络色情网络暴力等活动不但会给患者身心带来伤害，而且还会引发一系列的社会问题。同时，网络成瘾的患者，有时会出现虚拟与现实不分的情况，从而给自己或他人带来伤害。另外，由于长期沉溺于网络，会使患者学习兴趣减退，成绩下滑，并且逃课、退学等情况日益增多。而这一现象，又会进一步激化患者的家庭矛盾。

三、网络成瘾的类型

网络成瘾的表现形式多样，常见的包括网络游戏成瘾、网络交友成瘾、网络色情成瘾。

（一）网络游戏成瘾

网络游戏成瘾是最早被提出来的一种网络成瘾形式。患者长时间沉迷于网络游戏而无法自拔。患者为了寻求网络游戏的刺激，可以不择手段，包括花掉学费、生活费，欺骗家人、朋友，甚至通过暴力抢劫来获取上网费用。

（二）网络交友成瘾

网络交友成瘾是指利用各种网络交流工具（如各种网络聊天工具、微博等）与人进行交流，并达到成瘾的程度。网恋是网络交友成瘾的主要表现形式之一。通过网络与陌生人交流，并且建立恋爱关系，甚至在网络中建立婚姻关系（网婚），这样的情况已不少见。然而，毕竟网络虚拟的成分比较大，网络中的恋爱最终演变成现实恋爱，并且最终走向成功的可能性很小。更多的则是进一步激化了一系列的社会问题，例如性滥交、性暴力、婚外恋、对爱情观的异化等。

（三）网络色情成瘾

网络上，色情网站和信息随处可见。面对各种淫秽文字、图片、声音、视频信息等，大学生很容易沉溺其中而无法自拔，却没有认识到其中潜在的危害。网络色情成瘾的患者，会在网络中不断查询、浏览色情信息，并且通过这样的行为来逃避现实生活的具体困难。

课堂讨论

怎样看待大学生网络成瘾的问题？

四、网络成瘾的预防与克服

（一）网络成瘾的预防

1. 社会层面

网络成瘾是一个综合性的社会课题，要想防止或减少这种现象发生，政府和社会有关职能部门必须做好综合治理工作。

首先，要规范电子游戏市场，创建良好的社会文化环境。虽然我国网络游戏产业起步仅十年，但已形成了一个强势新产业，造就了一个个“富豪”传奇，诞生了盛大、九城、网易等一批实力企业。面对如此诱人的“利润蛋糕”，很多游戏开发商挥舞着刀叉前来分食。企业的目的是追求利润，天津某游戏公司的设计人员一语道破天机：“不能让人上瘾的游戏就不是好游戏，游戏商就要追逐最大的经济效益，目标自然是让更多的人一玩上便欲罢不能。”企业追求利润无可厚非，但是也应该具备相应的社会责任感。目前已经有游戏设置了防沉迷系统，在限制玩家每天玩游戏的时间上取得了一定的成效。

其次，公安部门要加强对校园周边环境的治理，尤其是规范网络经营活动，加大执法力度，以防止大学生在校外网吧无节制地上网。

2. 学校层面

首先，要加强大学生心理健康教育。网络成瘾的原因包含很多心理因素，因此，高校在预防网络成瘾的工作中，应把重点放在培养大学生健康的个性品质，加强大学生与社会的沟通和交流，使他们学会正确对待人际关系，适应不断变化的社会环境上。同时应开展有针对性的心理咨询工作，引导大学生正确使用网络。

其次，要大力开展健康向上、丰富多彩的科技、文娱、体育和社会实践等校园文化活动，营造良好的校园文化氛围。开阔学生的眼界，促使他们认识到现实生活的丰富与美好，提高自身文化底蕴和审美情趣。

最后，要营造良好的校园网络文化氛围，通过开办学生喜闻乐见的网站，提高大学生的点击率，从而把大学生的眼球吸引到寓教于乐的网页中来。

3. 家庭层面

首先，要建立良好的亲子关系。家庭的温暖是任何力量都无法替代的，家庭关系融洽，父母关系和睦，有利于学生身心健康地发展。

其次，家长要学会与子女进行有效的交流与沟通。家长要学习一些心理学知识，从而不仅能给孩子提供物质上的保障，更能在情绪调整、人际关系处理、感情困扰等心理方面给予孩子相应的支持。

4. 自身层面

网络本身仅仅是对现实的一种投射和反映，现实生活中的问题和困难不可能因为逃避到网络中就消失，也不可能在网上得到解决。虚拟世界中说得再好听的话，表现得再亲密的关系，再让人激奋的情景，到头来也只是一些看不见摸不着的数据。因此，大学生要提高自我心理调适能力。确立正确的网络理念，科学．理智地上网，预防网络成魔。

首先，要培养对所学专业的热爱，努力学习专业知识。专业知识是大多数学生将来求职立业的基础，乐业才能敬业，才能把专业学好，生活才会充实，有意义。

其次，要丰富自己的业余生活，培养广泛的兴趣爱好，多参加社会实践，用现实生活中其他健康的爱好和休闲娱乐方式来冲淡网络的诱惑，将网络仅仅当作自己生活中的工具和消遣。

再次，要养成良好的上网习惯。例如，规定每次上网的时间，并严格遵守；上网时列出计划，目标明确后再上网，不在网上漫无目的地游逛。另外，还要记住拒绝进入不健康的网站。

最后，要培养自己的意志品质，增强自我约束能力，增强抵御网络负面信息影响的能力。

（二）网络成瘾的治疗

1. 正视网络成瘾

治疗网络成瘾症最重要的一点是患者必须具有改变自己的愿望。换句话说，就是先要让成瘾者承认并正视自己的网络成瘾问题。因为在实际生活中，很多人都不认为自己沉迷于网络是一种病症，他们在网络中更多地体验到的是兴奋和愉快，根本没有想改变这种状况的念头。所以，治疗网络成瘾的第一步就是要让网络成瘾者意识到，从网络中获取的快乐无法转移到现实当中来，有意义的快乐感要在现实的生活中去寻找。

2. 几种主要治疗方法

（1）行为治疗。在成瘾行为的心理治疗中，行为疗法的使用频率较高，效果也较好。该方法认为，个体在行为过程中获得快感，为了将这种快感保留下来，他会形成强迫寻求快感行为的习惯，成瘾行为因此建立。既然这种行为可通过重复强化的方式加以习得，那么也可通过重复强化的方式予以消退。放松疗法、系统脱敏疗法、厌恶疗法、模仿学习、角色扮演或行为排演、代币法、自我管理法等都是常用的有效手段。网络成瘾的形成机制和其他成瘾行为一样，也是因为上网感受到快感，这种快感在网络刺激的不断强化下，形成了稳定的行为模式，所以在戒除网瘾的过程中，行为疗法侧重于消除上网带来的快感和无法上网造成的心理压力。按照方法的简易程度和可操作性，在此主要介绍想象厌恶疗法和橡皮筋疗法。

1）想象厌恶疗法要求网络成瘾者闭上眼睛，想象因为过度上网而导致情绪低落，眼花、双手颤抖、疲乏无力、食欲不振等不良症状，还有因上网导致学习下降，以至于退学，老师、父母、亲戚的责怪，同学的讥笑等情景，越生动、具体，效果越好。这种想象必须每天达到一定的次数，次数与问题严重程度相应，同时要伴有放松疗法。

2）橡皮筋疗法简单易行，但要求患者有较强的自制力。具体方法是在成瘾者手腕上戴一根橡皮筋，如果上网时间超过规定时间或者在非上网时间感到自己有上网的冲动时，立即给予自我弹击，所带来的疼痛反应会使个体逐渐丧失上网的兴趣。

（2）认知疗法。网络成瘾者由于具有错误的思维方式，往往夸大克服网瘾所面临的困难，同时缩小克服困难的可能性，因此，要从思想认知上帮助成瘾者正确认识摆脱网瘾的可行性和必要性。具体方法是让成瘾者在两张卡片上分别列出网络成瘾导致的主要问题和摆脱网络成瘾将带来的主要益处，然后让成瘾者随身携带这两张卡片，时时处处约束自己的行为。认知疗法的另一种做法是让成瘾者列出网络成瘾后所忽略的现实生活中的活动，并按照重要性进行排序，使其意识到自己所错过的现实世界，认识到现实生活中也能够体验到满足感和愉悦感，从而降低其从网络环境中寻求情感满足的内驱力。

（3）团体治疗。网络成瘾团体治疗的心理调适一般包括以下几方面的内容：

1）缓解成瘾者的心理紧张和焦虑情绪，利用成员的相互介绍和游戏活动转移他们对心理障碍的过度关注，放松心情，初步建立团队信任。

2）在此基础上，让成员讲述各自的成长经历，并做自我评价，使成员获得“和别人一样的体验”，产生情感与心灵的共鸣。

3）开展对网络的讨论交流，引导他们正确评价网上信息，共同为提高自身的信息素养出谋划策。

4）展开网络与网络技术的研讨，使他们明了网络的两面性、技术中立性和网络技术的工具性。

5）运用“头脑风暴法”让成员把网络与现实的异同一一列举出来，并进行归因。之后，再让全体成员倾诉各自在现实中的困惑，成员间进行相互辅导。

6）设定现实生活中成员们感到困惑的情境，进行模拟学习，学会应对处理现实事务。

7）小组讨论上网行为的自我管理，彼此订立互相监督上网的契约。

一般来说，成瘾者仅凭自身的力量是难以摆脱成瘾行为的，需要成瘾者自身、专业人员及家人、老师朋友和室友相互的配合、关心、支持和帮助，同时成瘾者还要坚信，网瘾是一定能够戒除的，自己没有理由放弃。

心理训练

网络成瘾自测

本测试有助于你了解自己对网络的依赖程度，请根据你的实际情况，如实进行选择。

（1）你觉得上网的时间比你预期的要长吗？

①几乎没有　②偶尔　③有时　④经常　⑤总是

（2）你会因为上网而忽略自己要做的事情吗？

①几乎没有　②偶尔　③有时　④经常　⑤总是

（3）你更愿意上网而不是和亲密的朋友待在一起吗？

①几乎没有　②偶尔　③有时　④经常　⑤总是

（4）你经常在网上结交新朋友吗？
①几乎没有 ②偶尔 ③有时 ④经常 ⑤总是
（5）生活中，朋友、家人会抱怨你上网时间太长吗？
①几乎没有 ②偶尔 ③有时 ④经常 ⑤总是
（6）你因为上网影响学习了吗？
①几乎没有 ②偶尔 ③有时 ④经常 ⑤总是
（7）你是否会不顾身边需要解决的一些问题而上网查 E-mail 或看留言？
①几乎没有 ②偶尔 ③有时 ④经常 ⑤总是
（8）你因为上网而影响到你的日常生活了吗？
①几乎没有 ②偶尔 ③有时 ④经常 ⑤总是
（9）你是否担心网上的隐私被人知道？
①几乎没有 ②偶尔 ③有时 ④经常 ⑤总是
（10）你会因为心情不好去上网吗？
①几乎没有 ②偶尔 ③有时 ④经常 ⑤总是
（11）你在一次上网后会渴望下一次上网吗？
①几乎没有 ②偶尔 ③有时 ④经常 ⑤总是
（12）如果无法上网你会觉得生活空虚无聊吗？
①几乎没有 ②偶尔 ③有时 ④经常 ⑤总是
（13）你会因为别人打搅你上网发脾气吗？
①几乎没有 ②偶尔 ③有时 ④经常 ⑤总是
（14）你会上网到深夜不去睡觉吗？
①几乎没有 ②偶尔 ③有时 ④经常 ⑤总是
（15）你在离开网络后会想着网上的事情吗？
①几乎没有 ②偶尔 ③有时 ④经常 ⑤总是
（16）你在上网时会对自己说：“就再玩一会儿。”
①几乎没有 ②偶尔 ③有时 ④经常 ⑤总是
（17）你会想方法减少上网时间而最终失败吗？
①几乎没有 ②偶尔 ③有时 ④经常 ⑤总是
（18）你会对人隐瞒你上网多长时间吗？
①几乎没有 ②偶尔 ③有时 ④经常 ⑤总是
（19）你宁愿上网而不愿意和朋友们出去玩吗？
①几乎没有 ②偶尔 ③有时 ④经常 ⑤总是
（20）你会因为不能上网变得烦躁不安、喜怒无常，而一旦能上网就不会这样吗？
①几乎没有 ②偶尔 ③有时 ④经常 ⑤总是

每个选项前面的数字即为对应的分值，将所有选项得分汇总。

40 ~ 60 分：你对网络的依赖程度较轻。

61 ~ 80 分：你对网络的依赖程度为中等。

81 ~ 100 分：你的网络成瘾为重度，请求助心理医生。

得分越少表示你对网络的依赖越不明显。

第十一章 珍爱生命，砥砺前行
——大学生生命教育

心语心愿

我为生命的本身而欢喜。对我而言，生命并非短暂的蜡烛。它是一种光辉的火炬，此刻为我所拥有；在交给将来的世代之前，我要使它尽量烧得光亮。

——［爱尔兰］萧伯纳

案例导入

大学生的墓志铭

作家毕淑敏在一次大学演讲快结束时，请大学生们再拿出纸来，给自己写墓志铭。“这里躺的是在奇迹中生活过的人”“我觉得我能活在这个世界上，本身就是一个奇迹”“我爱过，我哭过，我活过，我是一个完整的人”“我不是一颗流星”……

写下你的墓志铭，在某种意义上讲，你就总结了一生。年轻的大学生用诗一般的语言表现他们对人生的思考。这个游戏的好处是，你还有足够的时间来重新拟定你的墓志铭。如果你对自己的平庸不满意，你还有时间重振雄风；如果你对自己的浅薄不满意，你还有时间走向深沉；如果你对自己的专业不满意，你还可以选择职业；如果你对自己的性格不满意，你还来得及重塑形象。毕淑敏打开自己的本子，用一段哲人的话作为结束：“死亡将导致我们的毁灭，但对死亡的察觉，又能拯救我们。追寻生命意义的价值感和目的，是人类最显著的特性。能够存在于孤独且必须面对死亡的世界，才是我们最真实的挑战。”

第一节 人生的意义

对生命意义的追问，可能每个人都在内心有过苦苦的思索，但究竟谁能给出一个明确的答案呢？以下三个问题可以引导你更好地思索自己人生的意义。

Who？——我是谁？

Why？——我为什么活着？

How？——我该怎样活着？

一、我是谁

自从人类诞生以来，“我是谁？”这个问题一直困扰着人们。人们对“自我”的不同追求催生出了不同的哲学，但这些哲学都在试图认识自我，解释世界。自我意识作为哲学的一个中心问题，是通向自我的大门。

（1）德尔菲的阿波罗神庙上镌刻着“认识你自己”的箴言。

（2）苏格拉底说：“我只知道一件事，那就是我一无所知。”

（3）在日常生活中，关于“我是谁”的可能回答有：

（4）我叫×××，我来自×××。

（5）我是×××，我的兴趣爱好是……。

（6）我是一名男大学生，是×××的朋友。

相同的问题，每个人的答案都不尽相同。即便同一个人，在不同的语境中，答案也会发生变化。当我们在思考“我是谁”这样一个问题时，我们的自我意识发挥了很大的作用。

自我意识是人对自己以及自己与周围世界关系的评价与认识，以及对自身行动的支配和控制能力。健全的自我意识的标准：是一个有自知之明的人，既知道自己的优势，也知道自己的劣势，能正确评价自我和自我发展；自我意识健全的人，应该是自我认识、自我体验和自我控制相协调一致的人；自我意识健全的人，应该是积极自我肯定的、独立的并与外界保持一致的人；自我意识健全的人，应该是理想自我与现实自我统一的人，有积极的目标意识和内省意识，积极进取、永无止境。

二、我为什么活着

自我意识使人向更高层次和更深层面探索自我，这种探索贯穿生命的每个阶段，而每个阶段不同的自我追问，也使得人生的意义更加充实丰富。

关于“生命的意义”的讨论，每个人都会有自己的思考和解答。活着为了什么？生命的意义如何？这也是人们最关心，也是讨论和思考最多的人生话题之一。

毕淑敏在一次演讲中，有学生问道：“人生究竟有什么意义？”毕老师的回答让所有人大吃一惊，“人生本没有意义”。她接着说：“但每个人必须为自己的人生确定意义。没有人会替你确定人生的意义，但如果你无法确定人生的意义，你将一辈子活在无意义的状态里面。大到每一天，小到每一件事，你都会感到无名的痛苦，因为你不知道往什么地方走。所以，每个人必须为自己的人生确定意义。”

每个人都是芸芸众生中的一员，衣食住行，七情六欲，生老病死，不在此间寻找意义，又到何处去寻找？

三、我该怎么活着

生活是一门艺术，我们也会听到“人生无处不辩证，生活无处不哲学”的认识。而生活真谛是靠自己在生活中亲自实践、细心体会中来发掘的。下面几个词汇传达了一种积极的人生态度，能够帮助大学生对抗人生的虚无感，更好地生活。

（一）珍惜时间

《明日歌》中：“明日复明日，明日何其多，我生待明日，万事成蹉跎。”从侧面让我们了解到生命短暂与时间易逝。大学生拥有美好的青春年华，要倍加珍惜，充实度过每一段光阴。珍惜时间，也就等于变相延长了生命，增加了人生更多的可能性。

（二）努力充实

人们需要积极主动的学习，通过学习，充实人生。学习的内容丰富多彩，首先要面对如何做人、做好人和做好事三大难题，而学习的形式多种多样，阅读和旅行是学习的两种方式。

读史使人明智，读诗使人聪慧。通过阅读，发掘个人的思想宝藏，在阅读中，既可以与古今中外的伟人对话，亦可进入历史长河中与普通人沟通，感受他人的生活方式与生命历程，感悟生命的丰富多彩，突破自身生命局限。

俗话说：读万卷书，行万里路。旅行能够开拓个人的视野，丰富人生体验，增加人生的厚度，扩展生命的广度。

（三）保持快乐

开阔心胸，保持乐观。自从来到这个世界，我们就开始面对各种事情，我们都渴望快乐，但生活并不总是一帆风顺，我们经历快乐，也会面对挫折。这就要求我们做人心胸开阔，保持乐观，做事全力以赴，积极创造，同时兼顾运动休闲。

（四）主动创造

美好生活是靠人的意志力主动创造出来的。在创造者眼中，每一天都是充实的、充满希望的，创造者秉持着一种开拓进取的人生格言，他们满怀探索的欲望、尝试的体验、创造的喜悦。

第二节 悦纳生命

生命构成了世界存在的基础，世界正是因为有了生命才精彩。生命主要包括新陈代谢、生长、发育、遗传、变异、感应、运动等。生长和发育是生命的基本过程，而新陈代谢则是生命最基本的过程，是其他一切生命现象的基础。

现代科学认为，生命是蛋白质和核酸物质的运动形式，是一种特殊的、高级的、复杂的物质运动形式。原始生命是由无机物生成有机小分子后逐步演化而成的。它在同体外环境进行物质、能量、信息的交换过程中，实现自我保存、自我更新、自我复制和自我组织。生命的一般形态具有某种“目的性”的行为，而作为生命高级形态的人类则具有自觉的目的性行为。

一、生命的结构

生命，特别是人的生命，应当由三个因素构成，即形体、心理（精神）和社会性。这一点，我国古代已有所记载。例如，墨子说：“生，刑（形）与知处也。”意即生命乃形体与心理的合一：只有形体，没有精神，不能构成生命，反之亦然。荀子云：“水火有气而无生，草木有生而无知，禽兽有知而无义；人有气、有生、有知亦且有义，故最为天下贵也。”意思是说，无机物（水火）是没有生命的，发展到植物才有生命，但没有心理；发展到动物才有心理，但没有社会性的“义”；只有人具备气、生、知、义，亦即形体、心理与社会性的统一，所以人的生命才是天下最可贵的。

（一）形体

形体是生命最基本的特性，是人生命的社会性、精神性存在的基础和前提。人的生命作为一个自然生理性的肉体生命而存在，人的生长和发展就必然要服从生物界的法则和规律。所以，衣食住行、吃喝拉撒、生老病死是每一个人都必须具有的，也是每一个人无法逃避的。

（二）心理（精神）

人之所以为人，就在于人不仅仅是为了满足自己的自然生命而活着，还要追求超越生物性存在的精神性存在。人要规划自己的人生，创造自己的价值，指导和提升生物性的存在。正是有了生命的精神性的存在，才使人的生命有了人文意义和价值，有了理性的意蕴和道德的升华。

（三）社会性

每个人要想生存下去，就必须参与和融入社会活动中，在与人的沟通、交往和互动中延续自己的生命，追求自己生命的意义，实现自己生命的价值。正是这种社会性的存在使人在面对千差万别的社会生活时，能够有一种生存的智慧和坚定的信念；在面对有生有死、有爱有恨、有聚有散、有得有失的人生和命运时，能够有一种豁达的胸怀和安然的态度。

二、生命的特点

从生命教育的角度看，生命应当有如下几个特点。

（1）生命的不可逆性。从胚胎起，生命便一直生长、发育，最终衰亡。它绝不会“倒行逆施”，返老还童也绝非现实。

（2）生命的不可再生性。生命，对任何人来说都只有一次。“人死不得复生”，所谓来世转生，不过是自欺欺人之谈。

（3）生命的不可换性。生命为个体所私有，相互不得交换，彼此不可替代。

（4）生命的不可创性。生命是自然孕育而成，非为某种神秘力量所创造。

（5）生命的有限性。生命存在时间的有限，人的自然寿命一般七八十岁，最多百十来岁。

（6）生命的无常性，表现在生老病死、旦夕祸福等不可预测方面，任何人都逃脱不了，任何人必然走向死亡。

（7）个体生命的存在不能离群索居，不食人间烟火，每个人都需要别人的帮助、支持和关怀。

正是生命的这些特点促使人去努力思考，发奋创造，积极生活，从而实现自己生命的意义。

三、生命的历程

人的发展是一个持续不断的过程，整个过程分成若干个阶段，每个阶段有每个阶段的特征，每个阶段都是在前一个阶段的基础上发展起来，又为下一阶段打下基础。美国心理学家埃里克森（Erikson）认为个人心理成长分为八个最具代表性的阶段。他认为在每个阶段中，每个人都会遇到某种心理成长所必须解决的问题。如果在每个阶段中，个人都能成功地解决所遇到的社会化问题，那么就会在心理和行为上表现出积极的反应；相反就会做出消极的反应，并给以后的发展留下隐患。

（一）婴儿期（0~1.5 岁）

婴儿期是基本信任和不信任的心理冲突期。基本信任是婴儿的需要与外界对他需要的满足保持一致。这一阶段婴儿对母亲或其他看护人表示信任，婴儿感到所处的环境是个安全的地方，周围人们是可以信任的，由此就会扩展为对一般人的信任。婴儿如果得不到周围人们的关心与照顾，他就会对外界特别是对周围的人产生害怕与怀疑的心理，以致会影响到下一阶段的顺利发展。

（二）儿童期（1.5~3 岁）

儿童期是获得自主感而避免怀疑感与羞耻感的阶段。个体在第一阶段处于依赖性较强的状态，什么都由成人照顾。到了第二阶段，儿童开始有了独立自主的要求，他们开始去探索周围的世界。这时候，如果父母及其他照顾他们的成人，允许他们独立地去干一些力所能及的事情，并且表扬他们完成的工作，就能培养他们的意志力，使他们获得了一种自主感，能够自己控制自己。相反，如果成人过分爱护他们，处处包办代替；或过分严厉，稍有差错就粗暴地斥责，使孩子一直遭到许多失败的体验，就会令其产生自我怀疑与羞耻之感。

（三）学龄初期（3~5 岁）

学龄初期是获得主动感而克服内疚感的阶段。这一时期如果幼儿表现出的主动探究行为受到鼓励，就会形成主动性，这为他将来成为一个有责任感有创造力的人奠定了基础。如果成人讥笑幼儿的独创行为和想象力，那么幼儿就会逐渐失去自信心，这使他们更倾向于生活在别人为他们安排好的狭窄圈子里，缺乏自己开创幸福生活的主动性。

（四）学龄期（6~12 岁）

学龄期是获得勤奋感避免自卑感的阶段。学龄初期儿童的智力不断地得到发展，特别是逻辑思维能力发展迅速，他们提出的问题很广泛，而且有一定的深度，他们的能力也日益发展。这一阶段的儿童都应在学校接受教育。学校是训练儿童适应社会、掌握今后生活所必需的知识和技能的地方。如果他们能顺利地完成学习课程，他们就会获得勤奋感，这使他们在今后的独立生活和承担工作任务中充满信心，反之就会产生自卑感。

（五）青春期（12~18 岁）

青春期的核心问题是建立自我同一性和避免角色混乱的冲突。一方面，青少年本能冲动的高涨会带来问题；另一方面，青少年面临新的社会要求和社会的冲突，从而感到困扰和混乱。所以，青少年期的主要任务是建立一个新的同一感或自己在别人眼中的形象，以及他在社会集体中所占的情感位置。这一阶段的危机是角色混乱。

（六）成年早期（18~25 岁）

成年早期是获得亲密感，避免孤独感的阶段。亲密感是人与人之间的亲密关系，包括友谊与爱情。亲密的社会意义是个人能与他人同甘共苦、相互关怀。亲密感在危急情况下往往会发展为一种互相承担义务的感情，它是在共同完成任务的过程中建立起来的。如果一个人不能与他人分享快乐与痛苦，不能与他人进行思想情感的交流，不相互关心与帮助，就会陷入孤独，寂寞的苦恼情境之中。

（七）成年期（25~65 岁）

成年期是获得创造力感，避免“自我专注”阶段。这一阶段有两种发展的可能性，一种可能是向积极方面发展，个人除关怀家庭成员外，还会扩展到关心社会上其他人，关心下一代以至子孙后代的幸福。他们在工作上勇于创造，追求事业的成功，而不仅是满足个人需要。另一种可能性是向消极方面发展，只顾自己以及自己家庭的幸福，而不顾他人的困难和痛苦，即使有创造，其目的也完全是为了自己的利益。在这一时期，人们不仅要生育孩子，同时要承担社会工作，这是一个人对下一代的关心和创造力最旺盛的时期，人们将获得关心和创造力的品质。

（八）成熟期（65 岁以上）

成熟期是自我调整与绝望期的冲突阶段。当老人们回顾过去时，可能怀着充实的感情与世告别，也可能怀着绝望走向死亡。自我调整是一种接受自我、承认现实的感受；一种超脱的智慧之感。如果一个人的自我调整大于绝望，他将获得智慧的品质，埃里克森把它定义为："以超然的态度对待生活和死亡。"老年人对死亡的态度直接影响下一代儿童时期信任感的形成。因此，第 8 阶段和第 1 阶段首尾相连，构成一个循环或生命的周期。

四、培养积极的生命态度

苏格拉底说，生命中最有价值的事，莫过于生命本身了。人的生命是有限的。但是，是什么导致了发生在身边的自残、自杀行为？是生活中的挫折和痛苦，也是对人生的一种绝望，这让我们开始关注生命教育，而生命教育的核心则是对生命态度的教育。

（一）积极的态度创造积极的心理环境

苏格拉底说，生命中最有价值的事，莫过于生命本身了。人的生命是有限的。但是，是什么导致了发生在身边的自残、自杀行为？是生活中的挫折和痛苦，也是对人生的一种绝望，这让我们开始关注生命教育，而生命教育的核心则是对生命态度的教育。

案例

以前有一位老人，去城里看望儿子。儿子给他买了很多东西，其中有一双鞋子令他爱不释手。坐在回乡的火车上，他不停地把玩这双心爱的新鞋子，自豪地告诉邻座的人，这是他儿子孝顺他的礼物。忽然间老人一不小心，一只鞋子滑落到窗外。还在高谈阔论的旅客一时间一片肃静，大家都看得出老人有多喜欢这双鞋子，可是出乎大家意料的是，老人随即将另一只鞋也拿起来，用力扔出窗外。旁边的乘客大惑不解，问他为什么要把另一只鞋也丢掉，老人说：这只鞋子对我来说已经没有用了，但如果一个人正好从铁路旁经过，他就可以得到一双鞋，而不是一只鞋。有时候，当我们试着换个角度思考问题时，调整一下心态，会发现事情的发展没有想象的那么糟，它可能意味着一个新的开始。

（二）积极的态度创造生命的奇迹

美国成功大师拿破仑·希尔说："人与人之间只有很小的差异，但是这种很小的差异却造成了巨大的差异，这种很小的差异就是你所具备的心态是积极的还是消极的，巨大的差异就是成功和失败的差异！"

积极的心态会促进你的身心健康，延长你的寿命。有些人由于适当地运用他的积极心态，从而挽救了亲人的生命。记住：当你有了生活目标时，下意识心理会把强大的激励因素加到你的意识心理上，使你在危急情况中能够生存下去。

2008 年汶川地震、2021 年 7 月河南的暴雨引发的特大洪涝灾害，给人们带来了巨大的悲伤，同时也留下了丰富的精神财富——爱、顽强和奉献。生命奇迹在一次次创造，2008 年汶川地震的 72 小时的黄金救援期后，李青松、李明翠、赖正平、肖永军等幸存者陆续被发现；在地下车库被泡了 72 个小时的李先生被山东救援队救上来，正是凭着良好的心态和心理承受能力，他们才能从灾难中走出，而这些也是人生在世的处世之道。

（三）积极的心态成就精彩人生

哈佛大学的威廉·詹姆斯博士发现：这个时代最伟大的发现就是可以通过改变他们的思想来改变他们的生活。这里所说的思想，指的就是态度和观念。

现如今，人们的财富不断增加，但是快乐却越来越少；沟通工具越来越多。但是心灵的沟通却越来越少；认识的人越来越多，真正的朋友却越来越少，其实这一切很大程度上是因为我们的心态出了问题！人生在世，不如意之事十之八九。在日常生活中，人们经常会遇到各中麻烦和困扰，因此，要善于调整和保持积极的心态，从而成就美好的人生。

第三节　识别和帮助处于危机中的大学生

生与死从来都是永恒的话题，是人生成长历程中所必经的一个阶段。根据世界卫生组织的估计，一个人自杀平均会使六个家人或朋友的生活深受影响，而如今，作为象牙塔中的天之骄子频频发生自杀事件，这让我们在为之惋惜之余，更加引导我们去思考对生命该持怎样的态度？

高校大学生面临着人格发展、情绪情感、学习、人际关系、求职择业等多方面的压力，由于每个人的人生经历、认识体验不尽相同，导致所采取的行为方式和产生的行为结果也存在很大差异。

预测人的行为是一件比较困难的事，预测自杀行为就更困难了。因为自杀的原因非常复杂，往往连与自杀者交往极其密切的人都难以觉察其细小的变化。而且自杀行为常常带有突发性，令周围人措手不及。即使通过种种征兆发现了自杀的迹象，进行危机干预也并非易事。直接对当事人说，会使当事人感到自己的隐私被侵犯，反而增加危险性。但是，自杀的预防又是可能的，因为自杀行为有一定规律可循。因此，只要抓住机会，因势利导，及时提供心理支持和帮助，预防自杀行为的可能性是有的。

一、大学生处于危机中的表现

（一）导致青少年自杀的危险因素

（1）家庭变故。

（2）与同学或朋友绝交。

（3）自己敬爱的人或对自己有重要意义的人死亡。

（4）恋爱关系破裂。

（5）与他人的纷争而感到丧失尊严。

（6）发生违法、违纪事故。

（7）受到同学排斥、孤立。

（8）受人欺负或迫害。

（9）学习成绩不理想或考试失败。

（10）在考试期间承受过多的压力。

（11）经济困难。

（二）自杀的征兆

自杀并非突发。一般而言，自杀者在自杀前处于想死同时渴望被救助的矛盾心态，从其行为与态度变化中可以看出蛛丝马迹。大约2/3的人都有可观察到的征兆。据南京市心理危机干预中心调查，在61例自杀的大学生中，有22人曾明显流露出各种消极言行以引起周围人的注意。日本心理学家长冈利贞认为自杀前会有种种信号，可以从以下三方面观察：

（1）言语。有自杀意念的人会间接、委婉地说出来，或者谨慎地暗示周围，如“想逃学”“想出走”“活着没有意思”。

（2）身体。有自杀意念的人会有一些身体症状反应，比如感到疲劳、体重减轻、食欲不好、头晕等。这往往是抑郁情绪所致，不能简单地认为是身体有病，应引起注意。

（3）行为。当自杀意念增强时，在日常生活中会表现出不同于平常的行为。如无故缺课、频繁洗澡、看有关死亡的书籍，甚至出走、自伤手腕等。根据以上种种征兆，可以为自杀预防提供线索和可能。

（三）改变对自杀的模糊观念

社会上对自杀这种行为所持的态度和认识差别很大，其中有一些错误的观念。若不加以纠正，对自杀预防不利。

1. 自杀无规律可循

自杀事件常常带有突发性，一旦发生，周围的人常感意外诧异。其实大部分自杀者都曾有过明显的直接或间接的求助信息。他们在决定自杀前会因为内心的痛苦和犹豫而发出种种信号。

2. 宣称自杀的人不会自杀

当有些人向他人透露自己会自杀，尤其当用语带有恐吓成分时，他人以为他不过是说说而已，真正想死的人是不会把自己的打算告诉别人的。其实研究表明，80%的自杀企图者在自杀前曾向他人谈论过自杀，因此谈论过自杀的人很可能会有自杀的举动，必须高度重视。

3. 一般人不会有自杀念头

很多人以为一般人不会存有自杀念头。但是国内外研究结果显示，30%～50%的成年人都曾有过一次或多次自杀念头。对于性格健康、家庭关系和谐的人，自杀意念可能只是一闪而过，很少发展为真正的自杀行动；而性格或精神卫生状况存在问题的人在缺乏社会支持时，自杀念头有可能转变为自杀的行为。

4. 所有自杀的人都是精神异常者

有人认为只有精神病患者才会自杀，但事实证明，自杀的人大多不是精神病患者，只有20%的自杀者患有抑郁症或精神分裂症。大多数自杀者是正常人，他们只是有暂时性的情绪障碍。

5. 自杀危机改善后就不会再有问题

有自杀企图的人经过危机干预状态改善后，情绪会好转。周围的人常常误以为自杀危险性减低了，而放松防范措施。但自杀危机改善后，至少在3个月内还有再度自杀的可能，尤其是抑郁症患者在症状好转时最具危险性。

6. 对有自杀危险的人不能提及自杀

很多人担心，对那些有情绪困扰的人，有自杀意念的人，主动谈及自杀会加强他们自杀的意欲。事实恰好相反，严重情绪困扰的人往往愿意别人与他倾谈，听他诉说有关自杀的看法。如果故意避开不谈，反而会使他们因被困扰的情绪无从化解而加重情绪问题。

7. 学业问题是青少年学生自杀的主要原因

不少人认为青少年正处在求学阶段，因此，学业问题的困扰是导致青少年学生自杀的主要原因。但学者研究发现，50%以上青少年自杀者的自杀原因涉及与父母的关系，其次是男女感情，最后才是学业问题。

二、如何帮助处于危机中的大学生

日本心理咨询学家松原达哉认为，从自杀者的性格特征来看，过于内向、孤独、偏执、过分认真、责任感过强、缺乏兴趣爱好、情绪不稳定、心情多变的人容易陷入焦虑与绝望感中。自杀者的心理特征常常表现出自罚倾向、回避现实、自我评价低。国内有研究报道，自杀者中性格内向与较内向的占95.2%，孤僻的占52.4%，虚荣心强的占71.4%。

（一）自杀者的临床表现

根据临床经验，有以下表现者一般具有自杀的危险性，应给予更多的关注。

（1）具有明显外部精神因素的刺激者，如突然受打击、失恋等。

（2）情绪低落、悲观抑郁者。

（3）性格孤僻内向，与周围人缺乏正常的感情交流者。

（4）在严重不良家庭环境中成长，缺乏温暖关怀者，如父母离异、家庭破裂、亲子关系恶化等。

（5）曾谈论过自杀并考虑过自杀方法者。

（6）过去曾有过自杀企图或行为者。

（7）亲友中曾有人自杀者。一旦发现有以上表现的人，应及时干预援助。

（二）心理危机预防与危机干预的工作环节

心理危机干预是指针对处于心理危机状态的个人及时给予适当的心理援助，使之尽快摆脱困难。心理危机是指由于突然遭受严重灾难、重大生活事件或精神压力，使生活状况发生明显的变化，尤其是出现了用现有的生活条件和经验难以克服的困难，以致当事人陷于痛苦、不安状态，常伴有绝望、麻木不仁、焦虑以及植物神经症状和行为障碍。

1. 发现和识别

定期对教职员工和学生进行心理健康和安全防范方面的教育及培训，普及有关自杀预防和相关症状的基本常识，教导他们如何辨别这类有潜在危险的学生，提高大家对这一问题的认识和警惕性，以便及时发现和报告问题。

（1）定期对大学生开展心理健康测评。

（2）建立学生心理档案。

（3）学校要开展危机人群重点排查工作。

（4）建立快速反应通道。

（5）对有危机的学生做到及时发现及时干预。

（6）唤起最接近人群的注意。

2. 监控

对有自杀意念的学生，一旦发现应立即将其转移到安全的环境，并成立监护小组，实行24小时全程监护，确保学生人身安全，并通知学生家长到校共同采取干预措施。需要注意的是，在此过程中不要给被监控的学生造成心理上的伤害。重要的是，对这样的学生给予更多的关注，让其感受到人与人之间的关怀和温暖。

（1）进行心理鉴别。

（2）监控容易出现心理危机的高危人群。

3. 干预

（1）及时汇报，慎重对待。

（2）恰当评估。

（3）及时寻求专业心理咨询。

（4）通知家长。

（5）通力合作。

（6）接受专业支持。

（7）查找相关政策和措施。

（8）做好相关记录。

4. 转移

（1）请相关部门或专家进行心理评估。

（2）对有严重心理障碍或心理疾病的学生应该转移到精神卫生机构，以便及时采取心理治疗或住院治疗等措施。

（3）对有自杀意念的学生，以及已经实施了自杀行动但没有完成的学生，应立即送到专门机构进行救治。

5. 善后

（1）传递信息、不企图隐瞒。

（2）警惕模仿行为。

（3）心理咨询、哀伤辅导。

（4）后续追踪。

（6）关爱自我。

6. 其他

当某位同学出现自杀征兆时，周围的老师和同学要注意帮助他保持冷静，耐心倾听他的想法，引导他谈一谈内心的感受。在这个时候，一定要接纳而不对他做任何评价，也不要试图说服他改变自己的感受。

当老师和同学要去关注有自杀倾向的同学时，应注意询问的技巧。比如可以这样问：“有时候一个人处于困境的时候，他会有结束生命的想法，你有那种感受吗？”而不能这样问：“你没有打算自杀，是吧？”同时，对有自杀倾向者的任何自杀迹象都要认真对待，让他相信别人是可以给予他帮助的，并鼓励他主动寻求帮助。如果你认为他即刻自杀的危险很高，要立即采取措施，处理与自杀有关的危险物品，不能让他独处，或者可以先把他转移到安全的地方，再陪他去心理咨询机构寻求专业人员的帮助。

当自己出现自杀倾向的时候，不要等待，要相信会有人愿意帮助你。如果你的倾诉对象不知所措，可以向学校的心理咨询中心寻求帮助。如果你不愿让周围人知道，可以去校外的心理咨询机构。解决心理危机通常需要一个过程，坚持下去，你一定能走出心理阴影，解除心理危机。

扩展阅读

十个珍惜生命的态度

（1）为爱而生。只有爱，能使世界转得更圆；只有爱，能创造奇迹。能够看见别人的好，就会提升自己的好；能够说出别人的好，就会强化对方与自己要更好。爱是一切的原动力。

（2）做自己的心灵捕手。把实现自己生命第一优先考虑，善待内向的小孩，给他勇气、信心和生命，想念自己，做你自己，宽恕自己，对自己负责，善用感觉，热情行动，活出真正的自己。

（3）别为小事抓狂。你为什么生气？塞车、买票插队、同事争执、服务生态度恶劣……生气之前，思考哪些才是真正值得生气的情况，如虐待儿童、人民遭受饥饿之苦、战争……相较之下，就可以知道这些事多不值得生气。将怒气转向值得生气的事上，并且想想自己可以为这些情况做什么。

（4）找寻老友。爱情常来来去去，朋友总是越陈越香。曾经同甘共苦的朋友是上帝赐予我们的礼物，花点时间列出老朋友清单，拨个电话聊聊或访友，寻回那曾有的感动与契合。

（5）说谢谢你。一日平安，一日感谢。培养强烈的感恩心，每天至少谢谢一个人，告诉他们你喜欢、仰慕或欣赏他的地方。

（6）活到老学到老。学习不一定只在学生时代，学习是更好生活的开始。无论是选门不算学分的课，还是学习某些兴趣，试着从不同方向找出兴趣，生命会更开阔。

（7）奉献给予。奉献能让你花小钱拥有极大快乐，助人渡过难关的方式很多，给予食物、衣物、工作金钱、时间，你可以由简单的方式开始，如捐出收入的5%，仔细考虑哪些是真正需要你帮助的人，把有限的钱放在最需要帮助的人身上，最能产生无限的功效。

（8）活出健康的人生。分析自己的饮食习惯，找出需要改进的地方，让营养更均衡。每周至少运动三次，持之以恒，至少上一次恢复精力的课程（如瑜伽或太极），使自己身心健康，精力充沛。

(9) 分享。分享阅读心得或是生活偶得，启发彼此生命。经由感受每个人不同的经验，赋予生命全新的刺激与成长，世界将变得更好。

(10) 让快乐贴身相随。快乐的人会微笑或哼唱，甚至吹口哨。有快乐的想法，你就会飞起来。专注地想快乐的事，让自己产生向上飞跃的力量。日积月累，快乐会变成一种习惯。

第四节 学会感恩

一、感恩和感恩教育

《现代汉语词典》对感恩做出的解释是：对别人所给的帮助表示感激；感恩的英文为“thanksgiving”，《牛津字典》对此给出的定义是：乐于把得到好处的感激呈现出来回馈他人（译文）。其中心意思都是给予感激。

感恩教育是教育者运用一定的教育方法与手段，创造一定的教育氛围，对受教育者实施的以“知恩图报”和“施恩不图报”为教育内容的人文教育。感恩教育既是道德教育，也是一种情感教育、人性教育。可以认为，感恩教育的本质任务是完善人的生命，特别是完善人的精神生命。

感恩是中华民族的传统美德，“羔羊跪乳，乌鸦反哺”，“滴水之恩，当涌泉相报”，“投我以木桃，报之以琼瑶”，“知恩不报非君子”，“谁知盘中餐，粒粒皆辛苦”等名言，都是中华传统文化崇尚感恩的典范。感恩意识是社会文明进步和人际关系和睦融洽的重要因素，是一个人具有健全人格和优秀品质的标志，是和谐社会要求公民尤其是大学生应该具有的基本素质。感恩也是一种社会责任。

扩展阅读

感恩节的由来

感恩节（Thanksgiving Day），是美国和加拿大的法定节日，由美国首创，原意是为了感谢印第安人，后来人们常在这一天感谢他人。感恩节的由来要一直追溯到美国历史的发端。1620 年，首批欧洲移民从英国普利茅斯出发，著名的“五月花号”船满载不堪忍受英国国内宗教迫害的清教徒 102 人到达美洲（后来他们把这个登陆点也命名为普利茅斯）。1620 年和 1621 年之交的冬天，当时适逢大雪覆盖原野，寒冷和饥饿令移民们陷入绝境，一些人死去了。冬天过后，活下来的移民只剩 50 来人。基于“来者是客”的信念与习俗，印第安人给这些移民送来了生活必需品，并且教导他们狩猎捕鱼和种植玉米、南瓜等生存方法。幸亏印第安人发现他们，并且给予慷慨援助，才令其绝处逢生。在印第安人的帮助下，来自欧洲大陆的新移民逐渐习惯了在当地的生存方式。第二年秋，新移民获得大丰收，邀来曾帮助过他们的印第安人举杯同庆，以示感激，欢宴持续了三天三夜。

二、大学生感恩教育的内容

大学生感恩教育是高校德育工作者针对大学生感恩意识的缺失、遵循大学生心理和行为的发展特点，运用一定的教育方法和手段，通过一定的感恩教育内容对大学生实施的人文教育。大学生感恩教育是培养大学生道德意识能力的重要手段，也是大学德育的本意。从其内涵来讲，它是一种教育理念和思想，是更高层次的感恩教育。大学生感恩教育包括三个层次，即认知层次、情感层次和实践层次。

（一）认知层次

感恩的认知层次是指认识和了解自身所获得的恩惠和方便，并在内心产生认可。在认识层面上，我们要从小事情开始。往往在日常生活中所获得的恩惠和方便都是一些小事情，比如别人帮自己打开水，住下铺的兄弟总给住上铺的兄弟递东西、捡东西等，这些小事情给人带来的恩惠和方便，也是最容易被忽视的。

（二）情感层次

感恩的情感层次是指要在认知基础上，生出一种愉悦温暖和幸福的情感，从而转化为一种回报恩情的冲动。由于我们往往会忽略生活中别人对自己做的一些有益的小事情，因此很少因为这些小事情而产生温暖、幸福和感激之情，大部分情况下这些小事情会被认为是理所当然。当一个人开始注意这些小事情给自己带来的益处和方便时，才会产生温暖幸福和感激的情感从而转化为报恩的冲动。

（三）实践层次

感恩的实践层次是指将感恩的意识和回报的冲动转化为报恩乃至施恩的行为，并形成习惯。当一个人意识到别人对自己做的事情有益，且产生感激之情时，会将感恩的意识和回报的冲动转化为报答的行为。

这三个层次相辅相成，形成一个有机的统一体。认知是产生情感的基础，有了认知和情感会促发实践。当个人学会感恩，实践感恩时，会得到别人更多积极的反馈和帮助，形成一个助人的良性循环。

三、当前大学生感恩意识缺失的现状分析

（一）社会环境中缺乏产生感恩意识的土壤

当前，社会正处于转型期，一些最为基本的人之常情，在道德的缺失之下遭受到严重的挑战。人们普遍不再自我关注，既不在意和他人之间的关系，也不在意社会的不断发展，还淡忘了我们永远不可能独自获得幸福的道理。现在学生面临很大的就业压力，在面临巨大压力的同时，考虑比较多的是学习和如何发展的问题，容易忽略感恩。

（二）家庭教育中缺少大学生感恩教育

现在90后的大学生大多是独生子女，始终是家人所关注的中心。正所谓权利无限，而义务是零。在现实生活当中，父母所关注的只是孩子的学习而已，一切都围绕着智能，将上重点学校、读名牌大学、成就事业为首要事务，却忽略了最为基本的道德与感恩教育，忘记了怎样教育孩子做堂堂正正的人。大学生在这样过于宠溺的家庭之中，只会受人

恩惠，不知道知恩图报，不会去感激与珍惜，不愿用自身的付出来回馈他人与社会，这就是感恩意识缺乏的具体体现。

案例

被宠坏的小孩

小黄住的宿舍有6个同学，她特别难以忍受的就是小杜。小杜是家里的独生女，可能是在家被父母宠坏了，不仅娇生惯养，而且对每个人都是呼来喝去，似乎大家都要围着她转。她更是把宿舍所有人的东西都当成是自己的，用别人的东西觉得理所当然，从来不说谢谢，很少主动承担宿舍的清洁打扫、采购等任务。刚开始大家都让着她、忍着她，期待她可以有所改变。但是一个学期过去了，她依然我行我素。大家实在是难以忍受小杜的“恶行”，有一天就集体“教训”了她太自私，不尊重别人，不承担宿舍的任务等。小杜觉得自己特别委屈——为什么大家会这样说她？在她的脑子里，这样很正常啊，在家里自己一贯这样，为什么大家不能接纳她？

（三）学校教育过于重视知识教育

各类学校在思想道德教育上，往往都拿一些高、大、全人物来作为大学生学习的榜样，大学生所崇尚的永远是英雄主义和理想主义，相反对身边的生活和小事缺乏足够的感受，因而体验不到感恩的感觉。因此，正因为教育系统未能在学生们的心中播下对身边的人和事的感恩种子，所以这种环境下成长起来的大学生缺少机会学会为他人着想，因而也就并不具备感恩之心。

心理训练

心理训练一：人生价值拍卖会

一、活动目的

（1）激发学生思考自己的价值观念，学会抓住机会，不轻易放弃。
（2）帮助学生体验澄清自己的人生态度。

二、活动时间

大约25分钟。

三、活动道具

足够的道具钱、不同颜色的硬纸板，拍卖槌。

四、活动场地

室内。

五、活动程序

（一）事前准备

将拍卖的东西写在硬纸板上（最好是不同的颜色），以增加拍卖的趣味性及方便拍卖进行。

（二）宣布游戏规则

每个学生手中有5000元（道具钱），它代表了一个人一生的时间和精力。每个人可以根据自己对人生的理解随意竞拍买下表中的东西。每样东西都有底价，每次出价都以500元为单位，价高者得到东西，有出价5000元的，立即成交。

（1）爱情：500元。

（2）友情：500元。

（3）健康：1000元。

（4）美貌：500元。

（5）礼貌：1000元。

（6）名望：500元。

（7）自由：500元。

（8）爱心：500元。

（9）权力：1000元。

（10）拥有自己的图书馆：1000元。

（11）聪明：1000元。

（12）金钱：1000元。

（13）欢乐：500元。

（14）长命百岁：500元。

（15）豪宅名车：500元。

（16）每天都能吃美食：500元。

（17）良心：1000元。

（18）孝心：1000元。

（19）诚信：1000元。

（20）智慧：1000元。

（21）名牌大学录取通知书：500元。

（22）冒险精神：1000元。

（三）举行拍卖会

（1）由一名学生主持拍卖。

（2）按游戏方式进行，直到所有的东西都拍卖完为止。然后请学生认真思考买回来的东西。

六、讨论交流

（1）你是否后悔你买到的东西，为什么？

（2）在拍卖的过程中，你的心情如何？

（3）有没有同学什么都没有买，为什么不买？

（4）你是否后悔自己刚才争取的东西太少？

（5）争取过来的东西是否是你最想要的？

（6）钱是否一定会带来快乐？

（7）有没有一种东西比金钱更重要，或比金钱带来更大的满足感呢？

（8）你是否甘愿为了金钱、名望而放弃一切呢？有没有除了比上面所说的这些更值得追寻的东西呢？

心理训练二：歌词欣赏

生命的意义

词：曹秦

黑夜来临是否感到孤单，独自一人是否会彷徨，
这世界有多少这样的你我，就让我们彼此关爱。
爱你的家人，爱你的朋友，用心去爱你的爱人，
爱这个世界所有人们，这就是生命的意义。
没有人愿做离群之雁，谁又愿靠向无人港湾，
当这个世界越来越冷漠，就让我们相互关怀。
爱你的家人，爱你的朋友，用心去爱你的爱人，
在这个世界彼此温暖，这就是存在的意义。
爱这个世界所有人们，这就是生命的意义。

感悟：生命很难用某种理论来解释，人们所能做的，就是揭开生命神秘面纱的一角，去探索属于自己的那一部分。曹秦用最简单的语句揭示了生命的意义这个终极命题的答案：生命的意义就是爱。用爱来诠释生命，从男女之间的纯真爱情，到人与人之间的相互关爱；从对家人的疼爱，到对他人的爱护；从对生活的热爱，到对全世界人们的博爱。这就是生命的意义。

参考文献

［1］黄希庭，郑涌．大学生心理健康教育［M］．上海：华东师范大学出版社，2020.
［2］夏翠翠．大学生心理健康教育：慕课版［M］．北京：人民邮电出版社，2019.
［3］丁俊兰．大学生心理健康教育［M］．北京：科学出版社，2019.
［4］程龙泉．职业院校大学生心理健康教育与指导［M］．上海：上海交通大学出版社，2019.
［5］夏兆敢，杨喜梅，彭良平．人力资源管理教程［M］．北京：北京大学出版社，2014.
［6］夏小林，李晓军，李光．大学生心理健康教育［M］．镇江：江苏大学出版社，2016.
［7］李景龙．大学生心理健康教育［M］．南京：江苏凤凰科学技术出版社，2016.
［8］刘晓明．大学生心理健康教育［M］．长春：吉林大学出版，2012.
［9］杨白群．成长心灵给力人生：大学生心理健康［M］．厦门：厦门大学出版社，2014.
［10］罗晓路，夏翠翠．大学生心理健康教育［M］．上海：上海交通大学出版社，2012.